1000
erros de português da atualidade

LUIZ ANTONIO SACCONI

1000 erros de português da atualidade

Matrix

© 2021 - Luiz Antonio Sacconi
Direitos em língua portuguesa para o Brasil:
Matrix Editora
www.matrixeditora.com.br

Diretor editorial
Paulo Tadeu

Capa, projeto gráfico e diagramação
Heloisa Campos
Marcelo Correia da Silva

Ilustração de capa
Felix Reiners

CIP-BRASIL - CATALOGAÇÃO NA PUBLICAÇÃO
SINDICATO NACIONAL DOS EDITORES DE LIVROS, RJ

Sacconi, Luiz Antonio
1000 erros de português da atualidade / Luiz Antonio Sacconi. - 3. ed. - São Paulo: Matrix, 2021.
240 p. ; 23 cm

ISBN 978-65-5616-087-0

1. Língua portuguesa - Vícios de linguagem . 2. Língua portuguesa - Erros. I. Título.

21-69468
CDD: 469.83
CDU: 821.134.3'271.1

Meri Gleice Rodrigues de Souza - Bibliotecária - CRB-7/6439

Apresentação

Um livro de consulta, sim (v. o índice alfabético), mas sobretudo um livro para ser lido do começo ao fim, de cabo a rabo.

Há transgressões à norma padrão, os chamados popularmente de erros, que se repetem tantas vezes em nosso dia a dia em jornais, revistas, material promocional, televisão, rádio, etc., que acabam confundindo as pessoas, levando-as automaticamente a cometer os mesmos "erros" ou equívocos. Justamente para que tais transgressões não se perpetuem é que surgiu esta obra, que se torna acessível a todos, pelo modo simples de tratar cada caso, extremamente didático, às vezes irônico, em estilo coloquial.

Diferentemente das gramáticas e dos dicionários, este livro, agora na sua terceira edição, reformulada e bastante aumentada, surge para os que buscam aprender de modo prático, objetivo, sem enredar-se num emaranhado de regras e torneios desnecessários e estéreis.

Nele, você encontrará os casos mais frequentes de nossa língua cotidiana, à luz da norma padrão. A riqueza desta obra se mede pelo seu **índice alfabético**, que lhe dá uma ideia exata do número de casos aqui tratados, que extrapolam (e muito) a quantidade limitada do título da própria obra. Procuramos tornar sua leitura agradável, com explicações dadas em tom coloquial, para que você aprenda divertindo-se, especialmente neste momento agudo de nossa existência. Ademais, para aprender português – é nosso princípio básico – não há que ser necessariamente desagradável, cansativo, prolixo, difícil, chato.

Para outras possíveis edições, contamos com sua valiosa colaboração, pois uma obra como esta, sobre aspectos curiosos da nossa língua, nunca está completa, terminada. Ela precisa ser tão dinâmica quanto nosso idioma. Juntos poderemos transformá-la de tempos em tempos, como bastante transformada ela já foi nesta edição, a fim de deixá-la sempre viva para esta e futuras gerações.

Desde já, ficamos-lhe imensamente gratos.

Luiz Antonio Sacconi

P.S. Antes que apareçam distintas figuras a criticar, urge fazer a ressalva: no título do livro, "erros" está por *transgressões da norma padrão*.

1. o para-brisa<u>s</u>, um para-brisa<u>s</u>

Cada carro só tem um *para-brisa*. Mas há quem ache por aí que carro tem "para-brisas". Só se forem dois carros...

Em tempo – Sabe-se que o pronome *quem* se refere a pessoas e *que* se refere a coisas. Ex.: *Quem chegou?* (só pode ser pessoa) *** *O que chegou?* (só pode ser coisa). Veja, porém, o que conseguiu um jornalista, nesta informação publicada em manchete pelo portal Terra: **Onix, Hyundai HB20 e Toyota Corolla: "quem" desvalorizou mais?** Carro para esse jornalista é gente... Trata-se de uma revelação tão bombástica, tão extraordinária, que o mundo todo precisa saber...

2. <u>todo mundo</u> riu

Em português a expressão inteira é *todo o mundo*, com o artigo. Alguns professores "ensinam" assim: "*todo mundo* = todas as pessoas e *todo o mundo* = no mundo todo". Ensinam errado. A expressão *todo o mundo* se usa nos dois casos: *Todo o mundo riu.* *** *As medusas estão nos oceanos de todo o mundo.* Repare como é em francês: *tout le monde*. E como é em espanhol: *todo el mundo*. E, agora, como é em português: *todo o mundo*...

3. o para-lama<u>s</u>, um para-lama<u>s</u>

A exemplo de *para-brisa*, só existe *um para-lama*, *o para-lama*. Claro está que seu carro, assim como o de todo **o** mundo, tem *para-lamas*: dois para-lamas na dianteira, um *para-lama* de cada lado; e dois para-lamas na traseira, também um de cada lado. Dia desses, deparei na rua uma motorista todo nervosa, em pleno trânsito, reclamando: *Bateram no meu "para-lamas"!!!* Não pude avaliar o tamanho do dano no carro, mas na língua o dano já estava feito. O fato é que bateram no *para-lama* dela. E é isso o que nos importa...

4. o para-choque<u>s</u>, um para-choque<u>s</u>

Todo automóvel traz um *para-choque* na dianteira e um *para-choque* na traseira. Assim como só traz um *para-brisa*.

5. <u>o</u> <u>C</u>ovid-19

Não existe isso, mas muita gente ainda insiste em usar algo que não existe. Todo **o** mundo foi afetado pel**a covid**-19 (repare: inicial minúscula), em que **co** está por **corona**; **vi** está por **vírus** e **d** está por **disease** (inglês) = **doença**. Ora, se *doença* é palavra feminina, *"o" covid-19* só pode existir mesmo na mente de infelizes, que, também, para combatê-la, com certeza usam "álcool gel"...

Em tempo (1) – O povo acostumou a usar "álcool gel", mas o que ora temos utilizado em grande escala é mesmo o *álcool **em** gel*, ou seja, o mesmo velho álcool etílico, com textura em gel. Na Internet existe um *site*, Educa+Brasil, que, além de usar "o Covid-19", ainda nos afirma que é indiferente o uso tanto de "álcool gel" quanto de **álcool em gel**. Ao longo deste nosso livro vamos mostrar outras aberrações constantes da rede, que é um perigo para quem quer dirimir dúvidas ou mesmo se atualizar.

Em tempo (2) – Os acrônimos se escrevem ou com inicial minúscula, ou com todas as letras em caixa-alta: *aids* ou *AIDS*, *covid-19* ou *COVID-19*, etc. Os jornalistas brasileiros encontram, então, uma terceira via, inexistente: "Aids", "Covid-19", etc. Normal...

Em tempo (3) – *Acrônimo* é o nome que se dá à palavra formada pela junção de letras ou sílabas iniciais de um grupo de palavras, pronunciada como se fosse uma palavra comum. Ex.: *Petrobras, Bradesco, Ceasa*, etc. Pode vir apenas com inicial maiúscula ou com todas as letras em caixa-alta. Não se confunde com *sigla*, tipo de abreviatura soletrada, formada pela redução de um grupo de palavras às suas iniciais. Ex.: *INSS, TRE, SOS,* etc.

Em tempo (4) – Durante a pandemia do coronavírus, nossos jornalistas resolveram confiar nos dois mais antigos dicionários brasileiros, que trazem as formas "intubação" e "intubar". Esqueceram-se, todavia, de que a obra que tem força de lei é o VOLP, que não registra nem uma nem outra forma, mas apenas **entubar** e **entubação**. Entubaram-se... Dicionaristas não são imunes a equívocos, alguns graves demais. Arrolo inúmeros deles no meu **Dicionário de erros, dúvidas, dificuldades e curiosidades da língua portuguesa**, 2.ª edição.

6. o quebra-cabeça̲s̲

No singular, use apenas *o quebra-**cabeça***, mas volta e meia se ouve na televisão narradores usarem *o "quebra-cabeças"*, *um "quebra-cabeças"*. Devem ter algum problema...

Em tempo – Também se usa *o chupa-cabra*, e não o "chupa-cabras" e *cartão de visita*, e não *cartão de "visitas"*.

7. exoplaneta: pronúncia correta

Narradores e repórteres de televisão e até astrônomos costumam dizer "ékzo" planeta, por influência da pronúncia inglesa. Em Portugal e no Brasil, no entanto, só existe *êzo-planeta*.

Em tempo – O elemento *exo* tem origem no grego ἔξω, *ékso*, que significa para fora, externo, presente também em *exoesqueleto*.

8. as crianças parece<u>m</u> que estão dormindo

O verbo *parecer* aí é impessoal; sendo assim, tem quase sempre como sujeito uma oração (no caso: *que as crianças estão dormindo*). Por isso, *parecer* só pode ficar no singular: *as crianças **parece** que estão dormindo*, frase que equivale a esta: ***parece** que as crianças estão dormindo*. *** *Quando eu estava com ela, as horas **parecia** que voavam*. Agora, veja como escreveu um jornalista: *Nos últimos 25 minutos os dois times "pareciam" que não estavam tão preocupados com goleada, tanto que se abriram e buscaram o gol*. E ainda há pseudopedagogos por aí defendendo a tese de que é supérfluo conhecer análise sintática!

Em tempo – Quando *parecer* é verbo auxiliar, varia normalmente, se o sujeito estiver no plural: *As crianças **parecem** gostar da festa*. Usado como verbo intransitivo, torna-se impessoal, como nas primeiras frases vistas acima e, então, fica invariável: *As crianças **parece** gostarem da festa*. Essa frase equivale a esta: ***Parece** gostarem da festa as crianças*, em que toda a segunda oração exerce a função de sujeito.

9. aqueles governos arrasaram <u>com</u> a economia

Para ser correto e mais preciso: *aqueles governos **arrasaram a** economia do país*. O verbo *arrasar*, na acepção de *arruinar, destruir, acabar com*, é transitivo direto, por isso não se usa com preposição: *arrasar o inimigo; a chuva de granizo **arrasou a** plantação de alface*. Agora, um fato, uma verdade: os pseudopedagogos modernos arrasaram o ensino brasileiro.

10. fui eu quem procedeu o sorteio

O verbo *proceder*, no sentido de *realizar*, é transitivo indireto e pede a preposição *a*: *fui eu quem procedeu **ao** sorteio. Os participantes da assembleia já procederam **à** votação.* *** *O governo já procedeu **às** reformas?* Agora, só por curiosidade, veja o que encontramos num formulário de depósito bancário: *A disponibilidade do depósito em cheque ocorrerá após a respectiva cobrança que **procederemos** por sua conta e risco*. Pois bem: onde está a preposição exigida pelo verbo? Sumiu-se? O autor desse pequeno texto deveria tê-la usado antes do *que*: *a que procederemos*.

Em tempo – São admissíveis estas duas construções: *fui eu **quem procedeu** ao sorteio* e *fui eu **que procedi** ao sorteio*. O pronome *quem* sempre leva o verbo para a 3.ª pessoa do singular, já que aquela frase equivale a esta: *Quem procedeu ao sorteio fui eu*.

11. aproveito da oportunidade para convidá-lo

O verbo *aproveitar*, no sentido de *servir-se, valer-se*, é pronominal, quando usado com a preposição **de**. Portanto, aproveitemo-**nos d**a oportunidade para convidá-lo a ver estes exemplos: *Os ladrões aproveitaram-**se d**a confusão para fugir.* *** *O rapaz aproveitou-**se d**a confiança que nele depositaram e surripiou a patroa*. Não usada a preposição *de*, construímos: *Aproveito a oportunidade para convidá-lo a comparecer à comemoração de meu aniversário*.

12. depor à polícia

Ninguém faz isso sem cometer um engano. Jornalista brasileiro precisa aprender que **depor**, no sentido *de testemunhar ou declarar em juízo*, é verbo intransitivo. Sendo assim, ninguém depõe "à" polícia, mas **na** polícia. Resta saber agora, porém, se jornalista brasileiro sabe o que é verbo intransitivo... Frase de um deles, em manchete, publicada no portal G1, do Grupo Globo: **Caso Flordelis: testemunhas de acusação depõem "à" Justiça**. Pois é...

13. inexorável e máximo: pronúncia correta

Pronuncia-se *inezorável*, *mássimo*. Mas os "sábios" e pernósticos só dizem "ineksorável", "máksimo". Eles acham que, pronunciando assim, estão manifestando erudição. Como são pobres!

14. o Acordo Ortográfico e a forma verbal para

Antes do Acordo Ortográfico, essa forma verbal, de *parar*, tinha acento: **pára**, justamente para diferençar da preposição *para*, que é palavra átona. Esse acento servia para desfazer muitas más leituras ou más interpretações, como num título de notícia assim: *Chuva **pára** São Paulo*. A justificativa apresentada para a retirada do acento foi esta: *tratando-se de pares cujos elementos pertencem a classes gramaticais diferentes, o contexto sintático permite distinguir claramente tais homógrafas*. Cabe, então, a pergunta: por que essa mesma justificativa não serviu para o verbo *pôr* e a preposição *por*? A meu ver, uma das maiores virtudes de um indivíduo, entidade, etc. é pautar-se pela coerência. Houve coerência aí?

15. meu óculos

Há quem use assim, ou seja, "meu" (singular) com *óculos* (plural). Isso não é nem nunca foi português. **Óculos** é palavra que se usa apenas no plural, assim como *núpcias*: *meus óculos, os óculos, óculos escuros*, óculos novos, etc. *Onde estão meus óculos?* *** *Quem não tem colírio usa óculos escuros...* É assim que gente grande diz.

16. o bastidor, no bastidor

Ligue a televisão. Você só ouve *"o bastidor", "no bastidor", notícia de "bastidor"*. De gente despreparada. Sim, porque os preparados preferem usar essa palavra sempre no plural: *os bastidores, nos bastidores, notícia de bastidores*. Mas não se iluda: os despreparados são muitos e estão por todos os cantos, a superar os preparados. Daí por que você vai continuar ouvindo essa palavra apenas no singular. Há castigos que duram a vida toda...

17. políticos são alvo<u>s</u> da Polícia Federal

Após verbo de ligação, ***alvo*** não varia, ainda que se refira a sujeito no plural. Jornalista brasileiro desconhece o assunto. No portal G1 (do Grupo Globo), título de notícia apareceu: **Prefeito de Niterói e diretor de Faroeste Caboclo são "alvos" de operação**. A falta de conhecimento da língua é geral e impressiona. O que também impressiona é a corrupção desenfreada. Mas não há com que se preocupar: os políticos corruptos sempre serão **alvo** da polícia e irão para a cadeia... (Ou só que não?...) Exemplos semelhantes, em que o predicativo não varia: *Esses fatos não são* **novidade** *para mim*. *** *Tais prisões são* **fruto** *de investigação policial*.

18. impecílio ou empecilho?

A palavra é **empecilho**, que muitos escrevem "impecilho". Mas o que mais me causou admiração foi ver um "adevogado" escrever "impecílio": *A mulher não quer ser um "impecílio" na vida do marido*. Fosse eu um magistrado, rejeitaria todas as petições que contivessem erros palmares de ortografia, como esse. E me dirigiria sempre ao "adevogado" chamando-o rábula.

19. quinquemestre = período de cinco meses?

Apesar de não ter registro oficial, podemos usar, sim, a palavra **quinquemestre** (do latim *quinquemestris, e*) para designar o período de cinco meses de cada ano, sendo *quinquemestral* o adjetivo a ela referente. Nela, os dois **uu são sonoros:** *kuinkue*. Ainda temos, todas com registro oficial: *setimestre* (período de sete meses), com a variante *septimestre*, e *decemestre* (período de dez meses).

20. em função de e junto a

A locução **em função de** só deve ser usada quando exprime relação de finalidade ou dependência, como neste exemplo: *Há pessoas que vivem* **em função** *do dinheiro*. (ou seja, somente para o dinheiro) *** *O avô, agora, vive* **em função** *dos netos*. (ou seja, somente para os netos) Empregada por *devido a, por causa de*, deve ser evitada. Como nestes exemplos: *O jogo foi adiado "em função das"* *fortes chuvas.* *** *Cheguei atrasado "em função do" trânsito.* *** *Morreu "em função da" covid-19.* Já a locução **junto a** se usa quando equivaler a *perto de*, *ao lado de*, como nestes exemplos: *Fiquei o tempo todo **junto a** ela.* *** *Assisti à peça toda **junto a**o palco.* É recomendado seu emprego, ainda, quando há ideia de credenciamento ou de contiguidade. Assim, por exemplo: *A delegação do Brasil **junto à** Unesco.* *** *O embaixador brasileiro **junto à** ONU.* *** *O Procon, órgão de defesa e proteção do consumidor, passa a atender os interessados **junto a**o departamento jurídico.* Não sendo assim, evite-a! Como nestes exemplos, muito a gosto de jornalista brasileiro: *A pesquisa foi feita "junto a" mil eleitores.* *** *O Brasil negociou a dívida "junto aos" credores internacionais.* *** *O jogador foi contratado "junto ao" Náutico.* *** *Reclamei "junto ao" Procon.*

21. fazer o máximo de gols possíve<u>is</u>

Nessa expressão (**o máximo possível**) e em outras semelhantes, o adjetivo *possível* fica sempre no singular se o artigo estiver no singular. Portanto: *O time procura fazer **o** máximo de gols **possível**.* *** *Ajudei **o** maior número de pessoas **possível**.* *** *Os ex-cônjuges deveriam ficar **o** mais afastados **possível**, segundo decisão judicial.* *** *Elas foram **o** mais antipáticas **possível**.* Mas: *As perspectivas são **as** piores **possíveis*** (agora, sim, no plural o adjetivo, em razão de o artigo estar no plural). *** *No dia do seu aniversário contava sempre com **os** presentes mais caros **possíveis**.* *** *Ele escolhia **as** tarefas menos penosas **possíveis**.* *** *Procurei escolher **as** garotas mais simpáticas **possíveis**.* Veja, agora, esta frase, de um jornalista do *site* Motor1: *Por vir importado da Alemanha, o Passat era oferecido somente na variante topo de linha Highline, com o máximo de equipamentos "possíveis".* Pois é...

22. Manuela <u>D'</u>Ávila

*Manuela **d**'Ávila* já foi candidata a vice-presidente do Brasil e a prefeito de Porto Alegre. As preposições se escrevem com inicial minúscula: *Estrela **d**'Oeste, Walter **d**'Ávila, Santa Bárbara **d**'Oeste, Pau **d**'Alho*, etc. Quem respeita essa escrita? Os jornalistas? De jeito nenhum. Mas a cidade baiana de *Dias **d**'Ávila* respeita. Quero, também, cumprimentar efusivamente o advogado Fernando Mendonça, que escreveu um artigo no *Jornalistas Livres*, jornal paulistano, em que só usou *Manuela **d**'Ávila*.

23. se não e senão

Se não usa-se por: **1)** *caso não*: *Se não vier a noiva, como será?* (= caso não venha a noiva) *** *Todo artigo precede o substantivo; **se não**, vejamos: o guaraná, a xérox, etc.* (= caso não seja assim) **2)** *ou*: *Ele é rico, **se não** riquíssimo!* (= Ele é rico, *ou* riquíssimo!) *** *Deu um milhão de reais a cada filho, **se não** mais*. (= Deu um milhão de reais a cada filho, *ou* mais.) **3) quando não**: *Havia duas pessoas interessadas na casa, **se não** três*. (= *quando não* três) Nos demais casos, usa-se **senão**: **1)** *Estude, **senão** não passará*. (*senão* = do contrário) **2)** *Não fiz isso com a intenção de magoá-lo, **senão** de adverti-lo*. (*senão* = mas sim) **3)** *Você nada faz **senão** reclamar*. (*senão* = a não ser) **4)** *Ela não diz duas palavras **senão** saia um palavrão*. (*senão* = sem que) **5)** *O aprendizado não depende somente do professor, **senão** do esforço do aluno*. (*senão* = mas também) **6)** *Encontrei não só um **senão** no VOLP, como muitos senões*. (*senão* = falha, erro).

24. fornos: pronúncia correta

Pronuncia-se com o primeiro **o** aberto: *fórnus*. Hoje, as residências modernas têm dois **fornos**: *o elétrico e o micro-ondas*. Mas veja como os repórteres pronunciam. (E não os imite!...)

25. prontos-socorros: pronúncia correta

Socorros se pronuncia *sokórrus*. *Só na minha rua existem dois prontos-**socorros***. Mas veja como os repórteres pronunciam. (E não os imite!...)

26. champanhe francês

Redundância. Todo champanhe é francês: *um champanhe bem gelado*. Fora da França produzem-se *espumantes*, e não "champanhes". Note que a palavra é masculina. Usa-se também a forma *champanha*.

Em tempo – O *Vocabulário Ortográfico da Língua Portuguesa* (VOLP) registra as duas formas: *champanha* e *champanhe*, mas a primeira como substantivo masculino e a segunda como substantivo de dois gêneros. Sendo assim, para esse vocabulário, que é oficial e tem força de lei, podemos usar também "a" champanhe. Só que não...

27. os norte-americanos

Procure referir-se aos habitantes dos Estados Unidos apenas como *americanos*: é mais apropriado. Os próprios residentes desse país se dizem *americanos* (*We are americans*), e não "norte-americanos".

28. por conta de

A expressão "por conta de", usada por *devido a, por causa de*, está na moda: *Não pude viajar "por conta dessa" pandemia*. Trata-se de mais uma invenção dos nossos criativos jornalistas, que costumam escrever: *Ministros não andam se bicando "por conta dos" últimos pitos do presidente*. *** *A demissão se deu* *"por conta de"* uma canetada do presidente. Essa locução só é admissível quando possível sua substituição por *a cargo de, sob a responsabilidade de*, como nestes exemplos: *A arrecadação do dinheiro ficou* **por conta d***a filha do casal.* *** *As despesas do casamento ficaram* **por conta d***o pai da noiva.*

29. Ifigênia é gênia!
Não. Ifigênia só pode ser *gênio* (embora haja feministas por aí que já estão a reivindicar o contrário...).

30. saia justa
A recente Reforma Ortográfica retirou o hífen de muitas palavras, fato que em muitos casos vimos como desnecessário. Ora, se existe **saia justa** (sem hífen, a significar *saia apertada, colada ao corpo*), haveremos de usar **saia-justa** (com hífen, para o sentido figurado). Por isso, construo assim: *Por usar* **saia justa***, a aluna passou por* **saia-justa** *na escola*. E *zé fini...*

31. Carmem, Lourdes, Cacilda
A grafia correta desses nomes próprios femininos é **Cármen**, **Lurdes** e **Cassilda**.

32. comediante = humorista?
Não, não se trata de sinônimos perfeitos. O **comediante** é aquele sujeito cujo objetivo é fazer rir, contando piada, errando propositadamente palavras, ou agindo de forma a suscitar risos e gargalhadas. Tiririca é um bom exemplo de *comediante,* assim como foi Ronald Golias. Já o **humorista** é mais sutil, mais fino, ao desejar arrancar-nos o riso, raramente a gargalhada. Chico Anysio é o melhor exemplo de *humorista*, ao qual taxo de gênio do humor brasileiro. Não haverá igual tão cedo.

33. biopsar ou biopsiar?
Não há registro oficial de nenhuma dessas formas, porém, de *biópsia* só pode sair o neologismo **biopsiar**, assim como de *notícia* sai *noticiar*. Texto encontrado na Internet: *A biópsia do embrião é um procedimento seguro, porém, muito delicado. Por isso é preciso saber identificar quando vale a pena* **biopsiar** *um embrião com base na morfologia embrionária.*

Em tempo – A conjunção *portanto* e a locução conjuntiva *por isso* podem vir ou não antecedidas de vírgula, principalmente quando iniciam período, como visto acima.

34. a soldado
Considero esse uso um verdadeiro acinte tanto à língua quanto à pessoa. Não

hesite em usar **a** sold**a**d**a** *Cármen*, **a** sold**a**d**a** *Cassilda*, etc. Os apresentadores de telejornais são useiros e vezeiros em usar "a soldado" e até (pasme!) "uma mulher soldado". Eles são ótimos!

Em tempo (1) – Anote mais estes femininos que quase ninguém usa, por serem tidos por inexistentes: *adida, alfaiata, apóstola, aprendiza, bacharela, capitã, carteira, comandanta, coronela, fariseia, mecânica, música, oficiala, oficiala-generala, paraninfa, perita, petiza, pilota, política, primeira-sargenta, sargenta, suboficiala, técnica* e *tribuna*. *Comediante*, assim como *chefe*, é nome comum de dois (*o/a comediante, o/a chefe*), mas no caso de *comediante*, não há nenhuma inconveniência no uso do feminino *comedianta*, em que as duas últimas sílabas definem com precisão o que já tivemos na presidência da República...

Em tempo (2) – Quanto aos femininos militares, cabe a ressalva de que não nos interessa a prática ou o uso adotado dentro dos quartéis; o que nos importa é o uso fora deles.

Em tempo (3) – A forma "chefa", usada como feminino de *chefe*, só é admissível na língua falada informal, já que não tem nenhum respaldo gramatical.

35. o arroz pegou no fundo da panela

Quando o arroz, ou qualquer outro alimento cozido, fica no fundo da panela, geralmente esturricado, adquirindo por isso um gosto de queimado, ele *se pega ao fundo da panela*. O verbo é *pegar-se*, pronominal, que rege a preposição **a**. No português do Brasil, costuma-se substituir **a** por *em*.

36. Roraima: pronúncia

Pronuncia-se **Rorãima**, e não "Roráima", que é, exatamente, como dizem repórteres e apresentadores de programas de televisão. Talvez porque o próprio roraimense pronuncie com "ái" e não com **ãi**. Mas o roraimense se equivoca tanto quanto o acriano, que não aceita tal grafia, exigindo que lhe chamem "acreano". Ora, a língua não se guia por desejos inconsequentes. O fato é que em Roraima existe uma grande variedade linguística, com inúmeras etnias indígenas. Sabe-se que os índios têm grande dificuldade de pronunciar sons nasalados. Daí dizerem *Roráima*. Mas essa faculdade se deve reservar aos indígenas, não ao homem civilizado, culto, letrado, televisivo, tecnológico e enormemente predador...

37. concerto e conserto

Há quem confunda música com ferramenta... **Concerto** é palavra relacionada com música, com maestro: *No Teatro Municipal assisti a muitos concertos de orquestras sinfônicas*. Pode, ainda, ser forma verbal de *concertar* (= combinar, ajustar ou conciliar): **Concerto** *com meus amigos uma viagem a Miami*.

*** *Concerto as opiniões divergentes de meus amigos.* **Conserto** é palavra relacionada com *ferramenta*, que possibilita reparo em coisas quebradas ou que não funcionam: *O* **conserto** *do carro não ficou barato.* *** *Quem vai pagar pelo* **conserto** *do celular?* Também é forma verbal de *consertar*: *Eu* **conserto** *qualquer coisa.*

38. mulher pode ser poeta?

A meu ver, não. Mulher, mesmo a melhor das versistas, diz-se **poetisa**. Foi Cecília Meireles quem primeiro se autodenominou "poeta", para distinguir-se das *poetisas* que, segundo ela, era termo próprio para as versistas menores. Portanto, "a poeta" surgiu de visível preconceito. Se a moda pega, daqui a pouco aparece uma *profetisa* por aí reivindicando ser chamada de *a profeta*, porque ela é a tal, superior às outras...

Em tempo – Usa-se, de preferência, *a meu ver, a teu ver, a seu ver, a nosso ver*, isto é, sem o artigo: *A meu ver ele é bem-intencionado. E* ***a*** *seu ver?* Admite-se ainda *em* no lugar do *a*.

39. impassividade

Essa palavra não existe. Use sempre **impassibilidade**, qualidade de impassível: *é revoltante a* **impassibilidade** *do governo perante a violência que campeia em todo o país.*

40. abaixar e baixar

Quando usar um verbo e outro? Simples: **abaixar** você usa em todos os casos: ***abaixar*** *o volume do rádio,* ***abaixar*** *as calças,* ***abaixar*** *o tom de voz*, etc., exceto em dois outros casos, em que se dá preferência ao emprego de **baixar**: **1.º)** quando não há complemento (*o custo de vida* ***baixou****, o nível das águas do rio* ***baixa*** *dia a dia;* ***baixou*** *o dólar, tem de* ***baixar*** *o preço da gasolina*) e **2.º)** quando o complemento é nome da economia, da informática ou de parte do corpo (***baixou*** *mil reais da poupança,* ***baixei*** *dois aplicativos e muitas músicas;* ***baixe*** *o dedinho, querida!*).

41. um binóculos

Recentemente ouvimos isso aí na televisão. O correto, porém, é *um binóculo, o binóculo*. No Mercado Livre Brasil, no entanto, se vendem "Binóculos profissional". No Magazine Luiza você pode encontrar ainda "Binóculos noturno" em oferta. Aproveite!...

42. bater o récorde

Embora seja mais generalizada e eufônica tal pronúncia, que é inglesa, o que se deve mesmo é *bater* o *recorde*. Existe, no entanto, até dicionário por aí que registra "récorde". Não vá por aí, mesmo porque esse dicionário já provou que não é nada confiável.

43. ap<u>to</u>.

Apartamento se abrevia de duas maneiras: **ap.** ou **apart.** Há, no entanto, sempre quem prefira uma terceira. Normal...

Em tempo – A abreviatura de *atenciosamente* não é "att.", como usa a maioria das secretárias, mas **at.te**.

44. o feminino de tigre é tigresa?

Tigre melhor se usa como epiceno: *o tigre macho, o tigre fêmea*. A forma *tigresa* é a preferida em sentido figurado, em referência à mulher extremamente sedutora, encantadora, enfim, a um avião, como diz o povo.

Em tempo – Ainda a respeito de femininos, convém ressaltar que, ao contrário do que muitos imaginam, existe *a pinta, a dragoa* (apenas em sentido figurado), *a giganta* (como adjetivo é invariável: *homem gigante, mulher gigante*), *a hipopótama* e *a papagaia* (que muitos só têm como epiceno). A fêmea do *peixe-boi* é a *peixe-mulher* (e não "peixe-vaca"). O *cupim* tem *arará* como heterônimo feminino. Outro caso interessante é o de *pierrô*, comum de dois entre nós (*o/a pierrô*), porque o povo não aceitou o feminino *pierrette*. O substantivo *colombina* surgiu ao ritmo de muita folia, entre um uísque e muitos outros. Nem duvide!

45. a mega-sena

A Caixa que nos perdoe, mas isso é bobagem. Em português só existe **megassena**; *mega* é um elemento prefixal que só se liga por hífen a substantivo iniciado por **a** ou por **h**: *mega-assembleia, mega-hospital*, etc. Do contrário, sempre sem hífen: *megaloja, megainvestimento, megaempresário, megarreforma, megassistema* e, naturalmente, *megassena*. Mas a Caixa é useira e vezeira em difundir erros de português em suas publicidades. Esse é só mais um.

Em tempo – Também "Tele-Sena" (ou "Tele Sena") é uma grafia infeliz daquele que criou esse título de capitalização, em 1991. Se optasse por escrever em português, o homem do baú teria preferido *Telessena*.

46. preste atenção <u>no</u> que ele diz

Não, **atenção** rege a preposição **a**, e não "em". Portanto: *Preste atenção ao que ele diz!* *** *Os alunos prestam tanta atenção à professora, que mal percebem o que se passa em derredor*. Aí, na Internet nos aparece um *site* que se propõe ensinar a diferença entre *abaixar* e *baixar*. Começa assim: *Você é daquelas pessoas que prestam atenção "em" tudo que os amigos escrevem nas redes sociais só para ficar corrigindo os possíveis erros?* Repito: essa rede é um perigo!

Em tempo (1) – *Internet* se grafa, indiferentemente, com inicial maiúscula ou com inicial minúscula.

Em tempo (2) – Usa-se, também indiferentemente, *em redor* e *em derredor*; *ao redor* e *ao derredor*.

Em tempo (3) – Constrói-se, ainda indiferentemente, *eu me propus ensiná-los* e *eu me propus a ensiná-los*; *ela se propôs ajudar* e *ela se propôs a ajudar*.

47. longevo: pronúncia correta

Os jornalistas (principalmente esportivos) quando saem de sua seara costumam cometer tolices. **Longevo** é uma palavra que não pertence ao mundo vocabular deles; então, quando a usam, erram, dizendo "longêvu". Claro que a pronúncia correta é com **e** aberto, embora a sua derivada (*longevidade*) tenha **e** fechado.

48. o Flamengo perdeu de 5 a 0

Não, o Flamengo deu vexame e perdeu de **0 a 5** de um pequeno e inexpressivo time equatoriano. Note: **perdeu** (que não combina com placar positivo). A frase acima só estaria perfeita se tivesse vencido: o Flamengo *venceu* de *5 a 0*. Os jornalistas esportivos brasileiros desconhecem completamente o assunto. Normal...

49. qual o plural de *pixel*?

Pixel é um anglicismo perfeito, que se pronuncia *píksel* e tem como plural *pixels*. Seu aportuguesamento é *píxel*, não admitido oficialmente, mas já assim tem registro em alguns dicionários portugueses. Seu plural é *píxeis*.

Em tempo – Convém ressaltar, contudo, que *pixel* é uma unidade e, do ponto de vista científico, unidades não devem ter plural; por isso, não deveria ser, em rigor, nem *pixels* nem *píxeis*, mas **Pixel**.

50. O Corinthians foi goleado: 5 a 4.

Dois inconvenientes aí: se **perdeu**, então, foi por **4 a 5**; e uma goleada só se confirma quando existe **diferença** de **três** gols ou mais numa partida. *Goleada* não significa número de gols havidos num jogo. Veja a definição da palavra no **Grande dicionário Sacconi**.

Em tempo – Quem torce pelo Corinthians é *corintiano*, sem "th". Note que o verbo *torcer* se usa com a preposição **por**. Ninguém torce "para" o Corinthians. Já quando se constrói *ele torce **para que** todos cheguem bem*, a construção é perfeita, porque *para que* inicia uma oração subordinada final: *ele torce **a fim de que** todos cheguem bem*.

51. descomentar

Nenhum dicionário, nenhum vocabulário brasileiro, registra, mas tem amplo emprego na Internet e trata-se de verbo bem-formado. Significa retirar o caráter de comentário de: *O programador **descomentou** algumas linhas do código do programa.*

Em tempo – Alguém quer saber, pela rede, o que significa exatamente *descomentar*; depois de receber a resposta, satisfeito, ele agradece. Assim: *sakei kra, vlw mesmo... são essas duvidas q parecem ser bobas, mas as vezes agente vai levando e levando e qndo chega la na frente, agente empaca... mas vlw kra*. **A gente** vai levando, levando, e quando chega lá na frente, **a gente** empaca. (Poderia ser diferente?)

52. ruim: pronúncia correta

Pronuncia-se **ru-im**, assim como fazemos com *tuim*. Mas se ouve muito "rúim", na língua popular, que transforma hiato em ditongo: *esse menino é muito "rúim"*. Por que, diabos, também não se diz "túim"?...

Em tempo – Hoje correm duas gírias por aí, uma interrogativa (*é ruim?*) e outra afirmativa (*deu ruim*). Como você as pronuncia?

53. ir a̲o̲ Sergipe, ir a̲o̲ Pernambuco

Ninguém vai "ao" Sergipe sem ter muita culpa. Esse nome nunca se usa com artigo. Por isso, prefira ir **a** Sergipe. Ninguém vai "ao" Pernambuco sem cometer bobagem. Esse nome, assim como *Sergipe*, nunca se usa com artigo, mas há uma verdadeira febre na mídia brasileira de *"no" Pernambuco, "do" Pernambuco*. Jornalista brasileiro deveria receber prêmio por sua enorme criatividade...

Em tempo (1) – O nome da capital de Pernambuco pode ser usado com o artigo ou sem ele: *O Recife é lindo*. *** *Já morei em Recife*. Mas só o nome da capital de Pernambuco.

Em tempo (2) – Notícia do *Diário do Nordeste*: Duas apostas de São Paulo e Aracaju, *"no" Sergipe*, acertaram os seis números e ganharam o prêmio máximo da Mega da Virada. Parabéns aos ganhadores!

54. demais e de mais

Na maioria das vezes, é **demais**, advérbio, que se usa, equivalente de *fora do comum ou do normal* (*essa mulher é **demais***) e de *muito* (*falei **demais**; ela* *batalhou demais para conseguir esse emprego; ela fica bonita demais com esse vestido; é cedo demais para me levantar; sua casa é longe demais; café doce demais*), bastante (*ganhou dinheiro demais trabalhando como mascate*). Modifica sempre verbo, adjetivo ou outro advérbio. Note que no último exemplo, *demais* está modificando o verbo *ganhar*, e não o substantivo "dinheiro": não se trata de dinheiro ganho "a mais", mas sim de ter ganho demais. Usa-se também como pronome indefinido, por *o restante, os outros*: *A passagem é gratuita apenas para idosos; os demais pagam*. **De mais**, locução adjetiva antônima de *de menos*, indica quantia ou quantidade em excesso e facilmente se substitui por *a mais, em excesso* (*devolveram-me troco de mais; café com açúcar de mais eu não tomo; onde há problemas de mais há paciência de menos; ela fez comida de mais; saúde, assim como dinheiro, nunca é de mais; ele achou que deu esmola de mais para o mendigo; passageiros de mais e ônibus de menos: prenúncio do caos; um dos grandes problemas do Brasil é ter advogados de mais e médicos de menos*). Modifica sempre um substantivo. Antecedido de *nada*, equivale a *de incomum* ou *de extraordinário*: *Nunca vi nada de mais nessa mulher, para ela ser miss; não aconteceu nada de mais em nossa viagem, falei alguma coisa de mais?*

Em tempo – Em *A obra precisa de mais tijolos*, temos a preposição *de* e o pronome *mais*, união que, porém, não constitui unidade semântica. Outro exemplo semelhante: *Este café está precisando de mais açúcar.*

55. estaremos enviando a mercadoria amanhã

Há uma febre hoje na língua cotidiana de usar o gerúndio antecedido do verbo *estar*, em vez do futuro do presente do verbo principal (no caso, *enviar*), que até deu margem ao surgimento da palavra *gerundismo*. Em português sem invencionice essa frase fica assim: **Enviaremos** *a mercadoria amanhã*. Até mesmo o ouvido agradece. Outros exemplos inadmissíveis: *"Vou estar transferindo" sua ligação.* (em vez de *transferirei*) *** *Você poderá "estar sacando" o fundo de garantia este mês.* (em vez de *poderá sacar*)

56. o árbitro deu três minutos de acréscimos

Árbitros só dão, em verdade, minutos de *acréscimo*. Mas houve um narrador de futebol do canal SporTV, felizmente hoje – e com a graça dos deuses – afastado das narrações, que usava "acréscimos" nesse caso, demonstrando sua total ignorância das normas mais elementares da nossa língua: em locução não há variação. V. **485**.

57. não desfrutou **do** dinheiro que ganhou

Trabalhar a vida toda e não **desfrutar o** dinheiro que ganhou é um castigo do destino... Esse verbo, assim como seu sinônimo, **usufruir**, não se usa com "de", que só aparece com tais verbos por influência de *gozar*, que admite duas construções: *gozar boa saúde* e *gozar **de** boa saúde*. Por isso, **usufrua a** vida quanto puder: ela é curta demais!

58. Peçanha

Em verdade, esse sobrenome se escreve com **ss: Pessanha**. Tem origem no sobrenome de um almirante italiano chamado Emanuele *Pessagno* (diz-se *Pessânho*), navegador e almirante português do século XIII, que o rei D. Dinis contratou para dirigir toda a navegação portuguesa. Por isso, pelas normas ortográficas vigentes, deveríamos ter apenas *Nilo* **Pessanha**. Existe ainda uma cidade mineira com o nome *Peçanha*, quando deveria ser, em rigor, **Pessanha**.

Em tempo – A expressão legítima em português, equivalente de *rigorosamente*, é **em rigor**; *a rigor* é locução de origem francesa (*à la rigueur*). Não somos absolutamente contrários aos galicismos, mas quando a língua portuguesa possui nome, expressão ou construção equivalentes, não há por que usar o que a outros pertence.

59. assisti o jogo

Você, na verdade, *assistiu ao jogo*. O verbo **assistir** rege *a*, quando equivale a *ver, presenciar*. Por incrível que pareça, os jornalistas brasileiros já não cometem essa transgressão. Demorou, mas aprenderam. A novidade é que esse verbo, nessa acepção, não aceita o pronome *lhe* (ou *lhes*) como complemento, mas *a ele* (e variações). Assim, construímos: *Dizem que o jogo foi bom; vou assistir **a ele** na reprise*. Isso os jornalistas brasileiros ainda não sabem; preferem usar "assisti-lo". Também exigir deles conhecimento tão profundo já é demais...

60. duas milhões de pessoas afetadas

Bobagem das grandes: *milhão* é palavra masculina (*o milhão*, *um milhão*), então só pode haver **dois milhões** de pessoas afetadas. Boa parte dos jornalistas também já aprendeu isso, mas ainda há alguns que resistem...

Em tempo – Causou muitos danos materiais e até mortes o ciclone bomba que atingiu o estado de Santa Catarina no dia 30 de junho de 2020. Causou também danos à língua, porque exigiu que o jornalista Fábio Bispo, do *Estadão*, escrevesse: *O vendaval também causou o maior acidente na rede elétrica de Santa Catarina e afetou mais da metade "das" mais de 3 milhões de unidades consumidoras*. Fábio, por favor, indique-me o dicionário, mesmo entre aqueles que foram adquiridos pelo MEC do PT, que traz a palavra **milhão** como de gênero feminino. Se você me provar que existe *"uma" milhão*, publico uma nota de repúdio aos meus mais de cinquenta anos de ensino da língua portuguesa.

61. aconteceram uma série de problemas

O verbo **acontecer** só pode ficar no singular em frases como essa, mesmo que venha depois do sujeito. Portanto: *aconteceu uma série de problemas*.

62. o pessoal não gostaram da festa

Mas da minha festa o pessoal *gostou*... A palavra *pessoal*, mesmo dando ideia de várias pessoas, é do singular; se é do singular, o verbo não pode ir ao plural. Se no lugar de *o pessoal* for usado *a turma*, também o verbo ficará rigorosamente no singular: *a turma não **gostou** da festa*. O povão, no entanto, adora usar o verbo na 3.ª pessoa do plural em ambos os casos.

63. ratificar e retificar

Ratificar significa confirmar, reafirmar (***ratificar** um acordo, um tratado; ele é um marido inteligente: sempre **ratifica** o que a mulher diz*); **retificar** é corrigir, emendar (*ele é um marido imprudente: sempre **retifica** o que a mulher diz; ao **retificar** na última hora a sentença, o juiz gerou desconfiança*).

64. uma porção de jornalistas registraram o fato

Toda vez que houver um coletivo (*porção*), seguido de complemento no plural (*de jornalistas*), o verbo ficará rigorosamente no **singular**, embora haja alguns que também aceitem o plural. Mas esses mesmos que aceitam o plural nunca usarão *um bando de pombos "pousaram" no beiral do telhado*, nem *um bando de gafanhotos "devastaram" a plantação de milho*, nem *uma equipe de fiscais "são agredidos" durante uma inspeção*, que são construções rigorosamente iguais a estoutras: *a turma "chegaram" e o pessoal não "gostaram"*... Como se vê, assim como há motoristas e motoristas no mundo, também há professores e professores, autores e autores. É normal.

Em tempo – São perfeitamente corretas as contrações *estoutro* (esta + outro), *destoutro* (deste + outro), *nestoutro* (neste + outro) e *daqueloutro* (daquele + outro), que se verão aqui algumas vezes.

65. mas que coisa, heim?

Não, não é assim que se escreve essa interjeição. Existem duas formas interjetivas: *hem!* e *hein!*, que se equivalem. *Mas que coisa, **hem**!* *** *Que mico, **hein**!*

66. companhia: pronúncia correta

Como você escreve essa palavra: com "n" ou com **nh**? Obrigado pela resposta. Se assim é, como, então, se justifica a pronúncia "compania"? Você também diz "acompanar", "companeiro"? Obrigado pela resposta. Então, como se justifica a pronúncia "compania"? Doravante, portanto, só diga **compaNHia**, em qualquer circunstância: *companhia de aviação, andar em más companhias, companhia limitada*, etc.

▶ 67. quem ama não olha defeitos

Há apaixonados que dizem melhor: quem ama não *olha a* defeitos. O verbo *olhar*, quando significa *levar em conta*, é transitivo indireto; por isso, exige a preposição **a**. Permita-me, agora, uma pergunta: você, quando vai a um restaurante com uma agradável companhia, olha a preços?... Hem!? Hein!?

▶ 68. sou daqueles que gosta desse jogador

Frase típica de comentarista esportivo, que desconhece concordância verbal. Usar o verbo *gostar* no singular, em frase como essa, é o mesmo que dizer "nós vai" e "nós volta". Será possível que o sujeito não vê, não sente que *daqueles* está no plural? Como, então, usar o verbo no singular? Só mesmo na boca de jornalista despreparado, que é – aliás – o que mais há. Um deles é campeão nessa concordância. A ESPN deveria fazer um exame de língua portuguesa antes de admitir seus comentaristas.

▶ 69. bi-campeão

Ninguém fica "bi-campeão" em lugar nenhum. Ao menos de forma legítima. Os verdadeiros campeões preferem ficar *bicampeões*, preferem conquistar *bicampeonatos*. Havia, no entanto, no estádio do Morumbi, em São Paulo, estes dizeres: **São Paulo – "bi-campeão" do mundo**. Anos depois, corrigiram. Mas demorou!

▶ 70. cem reais são suficientes para você almoçar

Sempre que o verbo *ser* indicar medida, peso, preço ou quantidade deverá ser usado no singular. Portanto: *cem reais é suficiente para você almoçar*. Outros exemplos: *Mil reais é muito por uma melancia.* *** *Quatro mil reais ainda é pouco como salário mínimo.* *** *Dois quilos se eu emagrecesse já seria o bastante.* *** *32% é suficiente para vencer uma eleição no primeiro turno?*

▶ 71. muito embora

Se não quiser merecer crítica nenhuma, use sempre apenas **embora**, que em português só pode ser conjunção (*embora chova, viajou*) ou palavra denotativa (*ele foi embora*). Há um dicionário que abona essa combinação. Nele, porém, tais coisas são normais.

72. terraplanagem ou terraplenagem?

A melhor forma é *terraplenagem*, por ter origem essa palavra no italiano *terrapieno*, ou seja, cheio de terra. Afinal, o serviço de *terraplenagem* consiste em deixar um terreno cheio ou **pleno** de terra, e não tornar "plano". Note que em espanhol se escreve *terrapleno* ou *terraplén*. Enfim, *terraplenagem* designa o conjunto de operações necessárias para dar início a uma construção qualquer (geralmente edifício), consistindo basicamente no desmonte e no transporte de terras num aterro. Por quê, então, teria surgido a forma "terraplanagem" em português? Por causa do fato de o trabalho de encher de terra uma depressão se relaciona diretamente com tornar **plano** um terreno.

73. o programa começa a meio-dia e meio

Quem diz assim não tem noção do que diz. Mas existe jornalista esportivo que diz assim. Um dia, alguns jornalistas vão saber que os programas de que participam começam, na verdade, *ao meio-dia* ou *ao meio-dia e meia* (isto é: ao meio-dia e *meia hora*). E se algum programa começar às 24h ou à zero hora, começará à meia-noite (com acento grave no **a**).

Em tempo – Um curioso colocou na Internet: **50 dúvidas mais comuns da Língua Portuguesa**. Ele escreve uma frase errada a par de outra, que ele considera correta, para que nós, os submetidos à sua bateria de testes, demos a resposta. Na última aparece a dupla: *A saída será meio-dia e meia./A saída será meio-dia e meio*. Ou seja, nenhuma das duas. A Internet é um perigo!

74. sua irmã é pão-dura

Não, nenhuma pessoa é "pão-dura", por mais *pão-duro* que seja. Use sempre *pão-duro*, para qualquer gênero: *turma pão-duro, gente pão-duro*. *** *Mas que mulher mais pão-duro a sua mãe!*

75. tenho uma vizinha que é pé-rapada

Não, nenhuma pessoa, é "pé-rapada", por mais pobre que seja. Sempre *pé-rapado*, tanto para homem quanto para mulher. Numa dessas telenovelas da vida, disse, porém, uma personagem: *Não tem como um moço fino e bonito como Luís viver bem com uma cabocla "pé-rapada" como Zuca.*

76. caçar e cassar

São coisas distintas. **Caçar** é apanhar animais: *caçar ursos; caçar veados*. Em sentido figurado podemos usar também em relação a pessoas: *A polícia caça os ladrões do carro-forte*. **Cassar** é anular, tornar sem efeito: *O regime militar cassou muitos deputados considerados subversivos*.

Em tempo – Note que escrevemos *veado*, com **e** na primeira sílaba. Há, no entanto, quem prefira a grafia "viado" sempre que a palavra se refira a homossexual ou *gay*.

77. sintaxe: pronúncia correta
Um famoso e velho dicionarista foi muito infeliz, ao registrar também a pronúncia "sintáksi". Diga sempre *sintássi*.

78. estar com pigarra na garganta
Pigarra é coisa de galinha. Gente pode ter *pigarro*, que rima com *cigarro*, justamente por ser ele a causa do pigarro.

79. se eu ver um táxi, vou pará-lo
Se eu "ver" não existe. Por isso, se você **vir** um táxi, pare-o, porque se eu também **vir** um táxi, vou pará-lo. Veja como é o futuro do subjuntivo do verbo *ver*: *vir, vires, vir, virmos, virdes, virem*. Seguem sua conjugação os seus derivados: *antever, entrever, prever* e *rever*. Portanto: *Quem vir um táxi, por favor, avise-me!* *** *Quem previsse o dia correto do fim do mundo seria considerado um bruxo.* *** *Os organizadores não previram a presença de tanta gente.*

Em tempo – O repórter Maurício Kubrusly, da Rede Globo, cobrindo o último dia do *Rock in Rio*, disse para todos nós ouvirmos: *Os organizadores não "preveram" o excesso de pessoas*. Mas os telespectadores também não previram erro tão infantil de tão vetusto repórter.

80. se ela não vir, não darei a festa
Vir é forma do verbo *ver*; a forma do verbo *vir* é **vier**. Por isso, se ela não **vier**, pode dar a festa!... Veja como é o futuro do subjuntivo do verbo *vir*: *vier, vieres, vier, viermos, vierdes, vierem*.

81. um terço dos passageiros morreram
Não, **um terço** nunca leva o verbo ao plural; nesse caso a concordância se faz com o numerador: 1/3 dos brasileiros **votou**; 2/3 dos brasileiros não **votaram**; 1/3 dos brasileiros **é assaltado** todos os dias; 2/3 dos brasileiros **são enganados** a cada eleição... Aí você abre o portal G1 (do Grupo Globo) e encontra títulos de notícias assim: *2/3 das infecções são "causadas" por pessoas sem diagnóstico ou sintomas*. Só mesmo jornalista brasileiro acha que **dois** são "causadas". Você poderá perguntar: *Mas não se pode fazer a concordância com o complemento (das infecções)?* Não, no caso dos números fracionários, não.

82. houve**ram** muitas reclamações

Ponha na cabeça o seguinte, para simplificar: *houveram* não existe. (A fim de evitar críticas de certos pseudoprofessores, vou consertar: *houveram* existe, mas se usa em situações tão raras, que é melhor considerar a sua inexistência.) Pensando assim, que não existe *houveram*, ninguém vai usar "houveram" reclamações, "já houveram terremotos no Brasil", etc. Use sempre **houve**; esqueça *houveram*!

Em tempo (1) – Assim como o verbo *haver* não varia quando significa *acontecer*, também não varia quando significa *existir*. Por isso, usamos: ***Havia muitos candidatos ao cargo*** (jamais "haviam"). *** **Havia** manifestantes por todo lado. *** Não **havia** policiais nas ruas.

Em tempo (2) – Os verbos que acompanham *haver* impessoal também não variam, quando este significa *existir* ou *acontecer*: **Está** havendo pichações por toda a cidade e **pode** haver vandalismos. *** ***Ia** haver mesmo manifestações antirraciais?* *** Dizem que **vai** haver muitas catástrofes naturais nos próximos anos.

Em tempo (3) - *Haviam* se usa apenas por *tinham*, antes de particípio: *Eles* **haviam chegado** *tarde.* *** *Eles* **haviam criticado** *o governo.* V. 260.

83. para **maiores** informações, ligue...

É comum aparecer no final de anúncios comerciais essa recomendação, que, porém, está errada: **maior** é comparativo e indica tamanho e peso, não quantidade, daí por que não tem sentido seu emprego nesse caso. Se a empresa quiser mesmo que obtenhamos informações adicionais sobre o produto que está anunciando, que o faça assim: *para **mais** informações, ligue para...*

84. batom **na boca**

Redundância braba! Há certas redundâncias que arrepiam todos os pelos e cabelos, até mesmo de bebês... Certa feita, uma senhora, entre admirada e crítica, disse a outra, bem a nosso lado: *Veja, aquele rapaz está usando batom "na boca"!* Ora, alguém usaria batom em outro lugar?!

85. casa ge**r**minada

Esse tipo de casa não existe. O que existe são *casas **geminadas***, isto é, gêmeas. Mas o povo gosta muito das casas "germinadas", talvez porque ache que esse tipo de casas tem a ver com germes...

86. vi**e**mos aqui hoje para resolver o caso

O presente do indicativo do verbo *vir* é: *venho, vens, vem, **vimos**, vindes, vêm*.

Por isso é que **vimos** aqui hoje. Esse verbo é muito usado nas correspondências entre empresas, nas quais secretárias responsáveis e competentes usam logo no início: ***Vimos** pela presente informar-lhes que...* *** ***Vimos** através desta solicitar...* *Viemos* é forma do pretérito perfeito, portanto, indica fato passado: *Viemos ontem aqui e nada encontramos.*

87. um mil reais

Bobagem! Para que o "um"? Não se usa "um" antes de *mil*, em nenhuma circunstância. Nem muito menos "hum", que alguns escrevem em cheques. Lembre-se de que o Brasil foi descoberto no ano de *mil e quinhentos*. Ou alguém já disse alguma vez que foi no ano de "um" mil e quinhentos? No entanto – e apesar de tudo – veja como nossos jornalistas são formidáveis! Os astrônomos descobriram um exoplaneta enorme, conhecido como *NGTS-4b* ou *planeta proibido*. Um jornalista informa: *Sua temperatura é de "1" mil graus centígrados e sua massa é 20 vezes a da Terra.* Pois é... Outro jornalista escreveu isto em manchete, no portal IG: **Mais de "1" mil sóis parecidos com o nosso já foram descobertos pelos astrônomos.** Eles devem ter nascido no ano de "um" mil novecentos e noventa...

88. vitamina E: pronúncia correta

A vitamina boa sempre será a **é**; a outra, ou seja, a vitamina "ê", estará sempre contaminada. Por isso, convém evitá-la. As vogais, quando isoladas, têm som aberto. Afinal, como todos dizemos a sequência *a e i o u*? Ou você diz *a "ê" i "ô" u*? Por isso, os torneios esportivos têm grupo **E**, grupo **O**; as escolas têm turma **E**, turma **O**; os aeroportos têm portão de embarque **E** (apesar de os comissários sempre nos mandarem para o portão ê") e assim por diante. Vamos exercitar: TRE, IBGE, lâmpada GE, TSE, OMS, OMC, SOS, H2O (alguém diz *agá dois "ô"*?), sangue tipo O (alguém tem sangue tipo "ô"?).

Em tempo (1) – Na verdade, ninguém tem sangue tipo "O", mas sangue tipo 0 (zero). Alguns médicos sabem disso...

Em tempo (2) – Ao soletrarmos palavras, também dizemos as vogais **e** e **o** com som aberto. Desse modo, *medo*, por exemplo, assim se soletra: eme, **é**, dê, **ó**. Recentemente, certo canal de televisão apresentou, aos sábados, num programa, uma espécie de concurso, em que as pessoas eram levadas a soletrar certas palavras. Entre os "jurados" estavam professores, que nunca chegaram a corrigir aquelas que diziam "ê" ou "ô" na soletração.

89. cóccix: pronúncia correta

Pronuncia-se *kóksis*. O **cóccix** é um pequeno osso multissegmentado, localizado no final da coluna lombar, abaixo do sacro. A dor no cóccix, muito comum, é chamada de *coccidínia* (kók-cidínia).

90. desmistificar e desmitificar

Há quem faça a maior confusão entre tais verbos. **Desmistificar** tem dois principais significados: **1.º)** destruir o caráter místico ou misterioso de: *o escritor português desmistifica a figura bíblica de Jesus*; **2.º)** pôr a nu ou a descoberto (no aspecto ético ou moral), desvendar o caráter enganador, falacioso ou enganoso de; desmascarar: *a Justiça desmistificou o médium João de Deus*. Já **desmitificar** tem três principais significados: **1.º)** destruir o caráter lendário de: *desmitificar o bicho-papão; com trinta anos de idade, ainda não desmitificou Papai Noel; nos dias atuais, já desmitificaram a extrema magreza como ideal de beleza*; **2.º)** destruir a fama de importante personalidade ou de semideus a: *parte da mídia americana se esforça por desmitificar Kennedy*; **3.º)** mostrar a verdadeira face ou realidade de; fazer ver (uma coisa) como ela realmente é: *esse professor desmitificou o ensino da matemática*.

91. rufar e ruflar

Rufar, usado como substantivo, é o mesmo que *rufo*, ou seja, o som surdo produzido por instrumento de percussão ou ruído semelhante a tal som: *o rufar dos tambores no carnaval de rua; grossos pingos de chuva começam a rufar nas latas vazias do quintal*. **Já ruflar** é agitar (asas) para alçar voo, fazendo um ruído abafado: *A qualquer aproximação humana, os patos fogem, ruflando as asas*. Também significa *agitar*: *O vento rufla as bandeiras nos mastros*.

92. desinteria

A palavra certa é **disenteria**. Costumo brincar, sempre com propósito didático, dizendo que, para não esquecer a correta grafia dessa palavra, basta pensar em **dizem** que ela **teria**...

93. ancioso, pretencioso

É melhor ser *ansioso* e *pretensioso*; a primeira vem de *ânsia*; a segunda, de *pretensão*. Como, então, pode haver "c" nessas palavras? Agora, faça um teste: peça a dez pessoas que escrevam **pretensioso**. Não duvide: nove escreverão "pretencioso".

94. nunca jamais: redundância?

Não, *nunca jamais* não constitui redundância. Escritores dos mais exigentes usaram essa combinação, como Machado de Assis e Camilo Castelo Branco, que escreveu em *Horas de paz*, pág. 37: *A caridade **nunca jamais** há de acabar.*

95. serviço de metereologia

Não existe isso. De *meteoro* só pode sair **meteorologia**. Por isso, agradeça ao serviço de **meteorologia** seus raros acertos...

Em tempo – Há serviços de meteorologia que falam em *"temperatura" fria* e *"temperatura" quente*; sabe-se, no entanto, que **frio** e **quente** só pode ser mesmo **o tempo**. A temperatura é *alta* ou *baixa*.

96. o para-queda não abriu

Todo **paraquedista** ou todo aquele que pratica o **paraquedismo** tem de cuidar que o **paraquedas** sempre abra. Do contrário...

97. o porta-luva, o porta-mala

Meu carro tem *porta-luvas* e *porta-malas*, palavras que, como *paraquedas*, têm **s** final, ao contrário de *para-brisa, para-choque* e *para-lama*.

98. o remédio veio sem conta-gota

Volte à farmácia e exija do farmacêutico seu *conta-gotas*! Assim como *paraquedas, porta-luvas* e *porta-malas*, só se usa *conta-gotas: um conta-gotas, o conta-gotas*. Também só se usa *o para-raios, um para-raios; o conta-giros, um conta-giros*, sempre com **s** final.

99. ele é que nem eu: louco por morenas

Não, não se usa "que nem" em frase como essa, muito comum na língua coloquial. Na língua padrão usa-se *como, feito* ou *igual a* em seu lugar: *ele é **como** eu: louco por morenas.* *** *Seu pai é **feito** a mãe: teimoso.* *** *Você é **igualzinho** a mim: gênio!*

100. nasci no dia um de dezembro

Não, ninguém nasce em dia "um", mas apenas em dia **primeiro**. O dia que inicia os meses é sempre **primeiro**. Note que o ano começa sempre no dia **primeiro**, note ainda que existe apenas o *primeiro de maio* e espero que você nunca tenha caído no conto do *primeiro de abril*. Ou você é daqueles que pregam "um" de abril em seus amigos?...

101. emitir e imitir

Possuem significados bem distintos. **Emitir** significa: **1.º**) lançar de si (luz, sinal, som, cheiro, cinzas, etc.): *O vulcão **emitia** cinzas tóxicas a cada erupção.* *** *Isótopos **emitem** partículas radiativas.* **2.º**) expressar oralmente ou por escrito: ***emitir** opinião.* **3.º**) enviar, expedir: ***emitir** nota fiscal, **emitir** boleto de pagamento.* **4.º) pôr em circulação (papéis, dinheiro, etc.):** *O governo **emitiu** muito dinheiro este ano.* O substantivo correspondente é *emissão*. Já **imitir** tem largo uso no meio jurídico e se emprega em duas situações: **1.ª**) quando impera a lei, e a justiça ordena a entrada de (pessoa física ou jurídica) na posse daquilo que lhe pertence: *O juiz **imitiu** a herdeira na posse do imóvel.* *** *A justiça **imitiu** a Volkswagen na posse do terreno invadido.* **2.ª**) quando essa mesma pessoa física ou jurídica entra na posse daquilo que lhe pertence e, então, usa-se pronominalmente: *A Volkswagen já **se imitiu** na posse do terreno invadido.* O substantivo correspondente é *imissão*.

▸ 102. absolutamente: pronúncia correta

Pronuncia-se *áb-solutamênti*, e não "abíssolutamênti". Quando perguntarem se votas em ladrão, em corrupto, certamente responderás com veemência: **Absolutamente!**

Em tempo – Diz-se o mesmo de *absoluto*, que se pronuncia *áb-solútu*, e não "abíssolútu". Votas em corrupto, em sem-vergonha? *Em* **absoluto!**

▸ 103. lagarto, lagartixa, caderneta, prateleira

Repare que em nenhuma dessas palavras há **r** no final da primeira sílaba. O povo, no entanto, adora um "largato", uma "largatixa", uma "cardeneta" e uma "parteleira". Como se vê, nem sempre a voz do povo é a voz de Deus...

▸ 104. o juiz impugu<u>i</u>na sua candidatura

Todo bom juiz **impugna** as candidaturas *sub judice*. Note: o acento prosódico está na segunda sílaba (*pug*). Também aí reside o acento prosódico em **impugne** e **impugnem**. Evite usar "impuguíni", "impuguínem"!

Em tempo (1) – Os verbos *indignar*, *designar*; *estagnar* e *repugnar* também têm, nas formas rizotônicas, acento prosódico na segunda sílaba: *é isso que me* ***indigna****; não espere que ele se* ***indigne*** *com tamanha injustiça; o juiz* ***designa*** *uma nova audiência, espero que ele* ***designe*** *logo a data; a água da chuva* ***estagna*** *ali, combates* ***estagnam*** *na Síria; a impunidade me* ***repugna***. Evite dizer "indiguína", "indíguini", "desiguína", "desiguíni", "estaguína", "estaguínãu", "repuguína", etc.

Em tempo (2) – O tratamento devido a magistrados é **meritíssimo**, que vem de *mérito*, e não "meretíssimo" nem muito menos "meretríssimo".

105. derrepente?! concerteza?! denovo?!

Difícil é aceitar que haja alguém que escreva assim. Mas há. Na internet há! Ali *com certeza* sempre aparece, por isso *de novo* afirmo: é difícil elogiar quem escreve assim. Há, ainda, os que escrevem "encontra partida" por *em contrapartida* e até "incomum" por *em comum*. É a geração G botando as manguinhas de fora...

Em tempo – Também se escrevem em duas palavras *por isso* e *por isto*.

106. mu**ss**arela

Quer queijo bom, saboroso, que não lhe vai causar nenhum problema gastrintestinal, ao menos no Brasil? Então, compre **muçarela**! Em Portugal se usa *mozarela* e, na Itália, *mozzarella*, cujo melhor aportuguesamento nem mesmo é *muçarela*, mas *moçarela*, que, porém, não tem registro no VOLP. Normal.

Em tempo – O dicionário Caldas Aulete registra "mussarela". Cuidado com esse Caldas Aulete dos tempos atuais!

107. nunca voei **com** a TAP

Nem poderia mesmo. Impossível é alguém, ser humano, voar "com" qualquer tipo de aeronave. Apenas o Superman tem o privilégio de conseguir esse feito. Quem voa, voa **por** um avião, e não "com" ele. Daí por que nós, mortais, voamos **pela** TAP, **pela** Azul, etc.

Em tempo (1) – Há quem diga, ainda, que vai "com" o avião das 7h e retorna "com" o avião das 20h. Também só o Superman tem tal privilégio.

Em tempo (2) – Note que *privilégio*, assim como *privilegiar*, tem **i** na primeira sílaba.

108. comprimento e cumprimento

Comprimento é altura, tamanho: *o **comprimento** de um muro, de um poste, de um carro*. **Cumprimento** é ato ou efeito de cumprir, de efetivar: *o **cumprimento** de uma promessa, de uma obrigação*.

109. há cin**co**enta anos **atrás** era diferente

De fato, **há cinquenta** anos tudo era muito diferente, todo o mundo voava pela Varig, pela VASP... **Cinquenta** anos **atrás** as pessoas eram diferentes, não se assaltava tanto nas ruas, não havia tanto o flagelo das drogas. **Há** cinquenta anos ou **cem** anos **atrás** as pessoas só cheiravam mesmo flores, perfumes... Em suma: ou se usa o verbo **há** (sem *atrás*), ou se usa **atrás** (sem o verbo *há*). Já em relação a *cinquenta*, nunca use a forma "cincoenta"! Nem em cheques (se é que alguém ainda usa cheque, hoje em dia).

110. irascível: pronúncia correta

Há quem diga "irracível", mas o correto mesmo é se lembrar de *ira* e dizer *irascível*. Quem nunca teve um amigo, um pai ou um chefe *irascível*, ou seja, que se irritava com a maior facilidade?

111. austero: pronúncia correta

Há quem diga "áustero", mas o correto mesmo é ser sempre *austero* (com *e* aberto), ou seja, forte de caráter, opinião e costumes. Um presidente da República, por exemplo, tem de ser **austero**. Mas em certos países costuma ocorrer sempre o oposto...

112. Hortênçia, Jussara, Cinara, Cibele

Correta grafia dos dois primeiros nomes: **Hortênsia**, **Juçara**; correta grafia e prosódia dos dois últimos: **Cínara**, **Cíbele**.

113. comercializar e comerciar

Têm usos distintos. **Comercializar** é tornar venal, objeto de comércio ou negócio: É proibido **comercializar** votos. *** *Dignidade é coisa que não se comercializa*. *** *As prostitutas comercializam o corpo*. Já **comerciar** tem dois principais significados: **1.º**) realizar operações de compra e venda de; negociar: *Os agricultores comerciaram toda a produção de soja.* *** *Você comercia frutas e legumes no Ceasa?* *** *Ele sempre comerciou carros usados.* *** *Os sírios e seus descendentes gostam de, no Brasil, comerciar com tecidos e armarinhos.* **2.º**) ter relações comerciais: *O Brasil comercia com todos os países do mundo.*

114. a ponto de e ao ponto de

A ponto de se substitui por *prestes a, na iminência de* (*a polícia esteve a ponto de perder o controle da situação; eu estava a ponto de infartar*) e por *e de tal modo que* [*ela me conhece tão bem, a ponto de eu não precisar dizer o que sinto* (*ela me conhece tão bem, e de tal modo, que eu não preciso dizer o que sinto*); *fiquei tão preocupado, a ponto de não conseguir dormir à noite* (*fiquei tão preocupado, e de tal modo, que não consegui dormir à noite*); *ela fez cirurgia plástica, a ponto de ficar irreconhecível; ele é tão enrolador, a ponto de dar nó em pingo d'água; era agressivo, a ponto de bater na mãe*]. Quando podemos substituir toda a expressão apenas pela preposição **a**, também se usa **a ponto de**: *Eles chegaram a ponto de pensar em divórcio.* (= *eles chegaram a pensar em divórcio*) Quando há um verbo dinâmico (*voltar, chegar, retornar,* etc.), *ponto* é um simples substantivo e, assim, usa-se **ao ponto de**: *Os pilotos* voltaram *ao ponto de* partida. Nunca pude imaginar que ela chegasse *ao ponto de* duvidar de mim.

115. usaram metiolato na ferida
Para não agravar ainda mais o ferimento, convém usar **mertiolate**...

116. Capela Sixtina
A Capela **Sistina**, famosa por sua arquitetura e pela decoração em afrescos, pintada pelos maiores artistas do Renascimento, fica no Vaticano.

117. rio Capiberibe
Esse rio não existe; o de Pernambuco se chama *Capibaribe*.

118. aferir e auferir
Aferir é conferir (pesos, medidas, etc.) de acordo com o estabelecido; pôr a marca da aferição em: *aferir balanças, aferir latas de óleo, aferir taxímetros*. **Auferir** é obter, colher, conseguir: *auferir lucros, auferir vantagem, auferir benefícios*.

119. visitei Antofogasta
Não. A cidade chilena se chama *Antofagasta*, que é, justamente, a que você não visitou...

120. já estou quites com o banco
Procure sempre ficar **quite** com o banco, porque as pessoas que ficam **quites** com o banco sempre dormem em paz... Você também está **quite** com o serviço militar? Nós, por aqui, já estamos **quites** faz tempo... Você notou: *quite* para o singular; *quites* para o plural.

121. brasileiras e brasileiros, acordai!
Sim, brasileiros, acordai! Se eu disser apenas **brasileiros**, como fiz aí, não estarei incluindo as mulheres? Quando dizemos que o 15 de outubro é o Dia do Professor, não estamos incluindo também as mulheres? Ou agora temos de dizer Dia do Professor "e da Professora"? No dia primeiro de maio se comemora o Dia do Trabalhador. Há necessidade de acrescentar "e da Trabalhadora"? Dia desses escrevi: *Com o advento do computador, a qualidade de vida do homem deu um enorme salto.* (Seria eu obrigado a escrever "da vida do homem e da mulher"?) Ora, vamos acabar com essa tolice! A verdade é que a expressão "brasileiras e brasileiros", inventada por

um ex-presidente da República sem noção, imitada por tantos outros, também sem noção, é simplória e estapafúrdia. Brasileiros, acordai!

122. Mogi

A palavra é de origem tupi, daí por que deve ser escrita, em rigor, com **j**: Moji. Existe, porém, uma tolerância em relação à grafia, mesmo errônea, dos nomes de cidade fundadas antes de 1943, ano em que se deu uma grande reforma da ortografia. Estão nesse caso: *Mogi, Lages, Bagé, Magé, Taboão da Serra, Cabreúva, Camocim, Cotia, Ipaussu, Iguassu, Pirassununga*, etc. Assim, as cidades com esse nome podem grafar-se *Mogimirim, Mogiguaçu* e *Mogi das Cruzes*, mas melhor mesmo é estar em **Mojimirim**, em **Mojiguaçu** e em **Moji das Cruzes**...

Em tempo (1) – As grafias atualizadas dos nomes de cidade citados são, além de *Moji*: *Lajes, Bajé, Majé, Taboão da Serra, Cabriúva, Camucim, Cutia, Ipauçu, Iguaçu, Piraçununga*. V. **123**.

Em tempo (2) – Curioso é que quem nasce na cidade de *Lages* é *lajeano* (com **j**), e não "lageano". O *Vocabulário Ortográfico da Língua Portuguesa* (VOLP) não reconhece os "lageanos". Pois é, mais uma incoerência desse vocabulário (que tem força de lei!...).

123. Jaboticabal

A palavra vem de *jabuticaba*; então, deveria ser *Jabuticabal* a única grafia correta? Sim, mas a mesma tolerância que se concede à grafia *Mogi* se concede a *Jaboticabal*. Quem nasce na cidade é, em rigor, *jabuticabalense*, mas os *jaboticabalenses* não são desprezados...

124. cliente prefer**ên**cial

As pessoas já não conseguem nem mesmo reconhecer, numa palavra, a sílaba tônica, a única que pode receber acento gráfico. Ora, em *preferência*, a sílaba tônica é **ren**; daí o acento gráfico. Já em *preferencial*, a sílaba tônica é **al**, e não *ren*, daí por que nela não deve haver acento gráfico.

125. dist**ân**ciamento social

É caso semelhante ao anterior. A palavra *distância* tem acento, mas não *distanciamento*, cuja sílaba tônica é *men*. Mas num supermercado, leu-se: *Respeite o "distânciamento" social*. Dá vontade de não respeitar...

126. subaluguel: pronúncia correta

Pronuncia-se **su-ba**luguel, e não "sub-aluguel", assim como *su-balugar*.

Da mesma forma: *su-baéreo, su-bafluente, su-balimentado, su-baquático, su-bemenda, su-bemprego, su-bestação, su-boficial*, mas *sub-legenda, sub-liminar, sub-linhar*, que muitos dizem "su-blinhar". V. **127**.

127. subumano: pronúncia correta

Pronuncia-se **su-bu**mano, se a grafia for *subumano*. Ocorre que o *Vocabulário Ortográfico da Língua Portuguesa* (VOLP) registra também a forma **sub--humano**. E, neste caso, todos pronunciaremos primeiro **sub**, depois o adjetivo. São coisas do VOLP, cujos organizadores não conseguiram decidir qual a melhor grafia. A meu ver, **sub-humano**.

Em tempo (1) – Em português, ignora-se o **h** etimológico nas palavras prefixais. Assim, *honesto* perde o **h** em *desonesto*, *hábil* perde o **h** em *inábil*, etc. E agora, após a Reforma Ortográfica, até *herdeiro* perdeu o *h*: *coerdeiro*. A língua inglesa, por exemplo, preserva o *h*, respeitando a etimologia, a origem da palavra: *dishonest, uninhabited, coheir*. Seria desejável que o português fizesse o mesmo. Não fez. É uma pena.

Em tempo (2) – Em inglês, a palavra *coinheritance* se traduz por *coerança*. Mas o VOLP, apesar de registrar *coerdar* e *coerdeiro*, duas excrescências gráficas, a par de *corré* e *corréu*, não registra *coerança*. Ninguém sabe por quê. Nem mesmo os luminares que o elaboraram.

128. Cingapura

Este caso é emblemático: desde o século XVIII que os escritores portugueses e brasileiros só usam esse nome com **S**. Note, agora, a incoerência (ou bagunça?) do VOLP: há lá registro de três formas diferentes do adjetivo pátrio (*cingapurense, cingapuriano* e – também – *singapurense,* mas não "singapuriano") e é justamente aqui que se reforça a bagunça. Primeiro, o mundo todo escreve tal nome com **S** inicial; segundo, se é para mostrar que admite ambas as formas, *Cingapura* e *Singapura* – o que já me parece uma fraqueza – por que não registrar também "singapuriano"? Enfim e em suma: se o nome do próprio país é **Singapore**, por que insistir no C?

129. seriguela

O VOLP registra *seriguela* e **ciriguela**. A meu ver, a única forma correta, no entanto, é a segunda. A primeira só pode ter surgido da cabecinha privilegiada de algum sábio de plantão. Como pode um vocabulário oficial não se decidir sobre a grafia correta de um vocábulo? Isso não ocorre só com *ciriguela*, mas também com *sub-humano* e o adjetivo pátrio de Singapura. Em nenhum vocabulário oficial de outras línguas se vê dúvida quanto à correção de grafia de palavras. Somos muito originais...

130. foi uma fre**i**ada repentina

Prefira dar **freada**. O verbo é *frear* e seu particípio é **freado**, sempre sem "i". Já o substantivo é **freio**, com **i**.

Em tempo (1) – Também não tem "i" no particípio o verbo *estrear*: *estreado*, mas o substantivo é *estreia*, com *i*. Portanto, usamos: *O jogador tinha* **estreado** *muito bem.* *** *O jogador* ***estreou*** *bem, teve boa* ***estreia***.

Em tempo (2) – Também *arear* e *rechear* não têm "i", assim como *areado* e *recheado*: *arear panelas, eu tinha areado a panela; rechear bolo, redação recheada de erros*. O substantivo, contudo, é *recheio*.

131. à toa

É assim que agora se escreve, sem hífen. O Acordo Ortográfico ora em vigor retirou o hífen dessa expressão, de modo que só escrevemos agora: *caneta **à toa*** (= ordinária), *presentinho **à toa*** (= desprezível), *probleminha **à toa*** (= simples, corriqueiro) e até *gente **à toa*** (= sem caráter, sem-vergonha), que é o que mais há. Por outro lado, podemos continuar *trabalhando **à toa*** (= em vão), podemos *continuar **à toa** na vida* (= sem ocupação, no ócio) e até *rir **à toa*** (= com extrema facilidade ou desnecessariamente).

132. acidente e incidente

Trata-se de palavras com significados um tanto ou quanto distintos. **Acidente** é acontecimento imprevisto, indesejável ou infausto, caracterizado por desgraça ou grandes danos; é o incidente que resulta em danos ou perdas de vida, por isso mesmo, sinônimo de desastre: *sofreu um acidente de carro, no qual houve várias mortes*. *** *Qualquer* **acidente** *muda num instante o destino das pessoas*. Já **incidente** é episódio inesperado ou situação que altera a ordem normal das coisas, sem, todavia, causar desgraça ou grandes danos; é, enfim, uma dificuldade ou transtorno momentâneo, sem consequências funestas: *O **incidente** do pneu furado atrasou a nossa viagem*. *** *A reunião se realizou na maior normalidade, sem que houvesse **incidentes** dignos de menção*.

Em tempo – Note que usamos *um tanto* **ou** *quanto distintos*; a maioria das pessoas omite o **ou**: "um tanto quanto". E erram...

133. ser primeir**o**anista de Medicina

Quando as pessoas ingressam numa faculdade, são chamadas **primeiranistas** (sem *o*). E assim também: *segundanistas, terceiranistas, quartanistas, quintanistas, sextanistas*.

134. **desencargo** ou **descargo de consciência?**

Não faltam dicionários que registram *desencargo* e *descargo* como sinônimos, o que é perfeitamente compreensível, perfeitamente normal. Por **descargo** de consciência, porém, tenho de aqui estabelecer a distinção entre ambos os termos, que ela de fato existe. **Desencargo** significa, em rigor, desobrigação de um encargo, de um trabalho, de uma missão, de uma responsabilidade: *Um filho que se forma é um **desencargo** de família para o pai; já uma filha que se casa é um **desencargo** de família para os pais.* *** *O funcionário ficou satisfeito com o **desencargo** de ter de vigiar o depósito.* **Descargo** é que significa *alívio*: *O árbitro só deu o pênalti por **descargo** de consciência, já que havia prejudicado a equipe expulsando dois de seus jogadores.* *** *Pobre quando acha dinheiro na rua, devolve-o não só por **descargo** de consciência, mas porque pobre é sempre honesto.* *** *Senti uma dorzinha na lombar, achei que não era grave, mas por **descargo** de consciência, resolvi consultar um médico.*

135. **desabafar** ou **desabafar-se?**

Usa-se *desabafar*, sem pronome, na acepção de *exprimir francamente problemas e sentimentos*. Portanto: *Resolvi **desabafar** com ela.* *** *Ela também acabou **desabafando** comigo.* *** *Depois que **desabafou**, chorou muito!* Os dicionários (que novidade!) registram-no também como verbo pronominal (*desabafar-se*) nessa acepção. Normal.

136. **debruçar** ou **debruçar-se?**

Aqui o caso é diferente do anterior: o verbo **é** pronominal, quando significa pôr-se de bruços. *Por isso, não **se** debruce na janela, que é perigoso!*

137. ela está <u>descascando</u> inteirinha

Essa frase é muito comum, depois que alguém se expõe demasiadamente ao sol, provocando a morte das células epidérmicas. Além da dor que o Sol provoca normalmente em peles brancas expostas demasiadamente a seus raios, existe aí outro problema: gente não tem *casca*. Gente o que tem é **pele** (ao menos até agora). Sendo assim, ninguém "se descasca", mas sim *se despela*, verbo, aliás, usado em todo o Nordeste para essa situação. No Sul e no Sudeste, porém, as pessoas preferem "descascar-se"... Note, ainda, que ambos os verbos são rigorosamente pronominais: *descascar-se* e *despelar-se*. Assim, construímos: *Ela está **se** despelando inteirinha.* *** *Eu não **me** despelo de jeito nenhum, nem se ficar dez horas ao sol.*

138. não fui lá, <u>posto que</u> choveu

Em bom português, não se usa "posto que" no lugar de **porque**. Vinícius de Morais, no entanto, fez uso dessa locução conjuntiva inconveniente em seu famoso *Soneto de Fidelidade*. Usou da licença poética. Sobre a grafia *Morais*, v. **729**.

139. tomei um chope<u>s</u> e comi um pasté<u>is</u>?

Esse é um típico lanche de paulista, que não sabe que no singular é **chope** (que ele escreve "chopp") e **pastel**. Ou melhor, ele sabe, mas não pratica...

140. comprei um lindo pati<u>ns</u>

Adolescente é que tem essa mania. O bom mesmo é comprar um bom **patim**. Ou um ótimo *par de **patins***, assim como compramos também um *par de sapatos*, um *par de meias*, etc.

141. o matiz

Isso mesmo: *o matiz*, *um matiz*: *foi cassado por ter **um** matiz comunista; políticos de **vários** matizes **ideológicos***. Nesses exemplos significa *cor política*. Essa palavra é masculina, diferente, portanto, de *matriz*, que com ela nada tem a ver. *Matiz* significa gradação de uma cor; nuance (esta, sim, feminina): *os **matizes** de uma asa de borboleta*. Eis, porém, como escreveu um jornalista: *Isso trouxe ao debate público, com "todas as" matizes indispensáveis a uma campanha eleitoral, o nome de alguém que é considerado apto ao exercício da função presidencial.* Jornalista que não conhece sequer o gênero correto das palavras, guarde-se dele!

Em tempo – *Nuance* tem a variante *nuança*, mais usada em Portugal.

142. ela me negou um clipe<u>s</u>!

Se você lhe tivesse pedido *um* **clipe**, grampo para unir papéis, certamente ela não lhe negaria... Muitos escrevem *clip*, que não é português.

143. dei-lhe um drope<u>s</u> de menta

Na verdade, você lhe deu *um* **drope** de menta. Cada uma das balinhas de um tubo se diz *drope* (*drop*, em inglês), assim como cada uma das duas pastilhas de goma de mascar que vêm na caixinha Adams se diz *chiclete* (*chicletes* são as duas pastilhas).

144. quiche, omelete e musse

São três galicismos que melhor se usam como femininos, embora o VOLP registre os dois primeiros como substantivos de dois gêneros. Portanto: ***a** quiche, **a** omelete, **a** musse*; *uma quiche, uma omelete, uma musse*.

145. infligir e infringir

Infligir é aplicar ou impor (coisa desagradável ou dolorosa): *infligir castigo a um filho*, *infligir severa pena a um réu*, *infligir pesada multa a um motorista bêbado*, *infligir muitas baixas ao inimigo*. **Infringir** é desrespeitar, violar, transgredir: *infringir uma lei de trânsito*, *infringir um contrato*, *infringir um acordo*, *infringir uma patente*. Há editoras que *infringem* a lei de direitos autorais.

146. anos que mediam entre 1933 e 1945

O verbo *mediar* assim se conjuga no presente do indicativo: *medeio, medeias, medeia, mediamos, mediais, medeiam*. São, portanto, *anos que* **medeiam** *entre 1933 e 1945*. Quatro verbos terminados em **iar** lhe seguem a conjugação: *ansiar, remediar, intermediar* e *odiar*. Portanto, também usamos: *O Papa* **intermedeia** *as negociações de paz* (e não "intermedia"). *** **Odeio** *gente que só diz asneiras* (e não "Odio"). *** *Ele* **odeia** *gente falsa* (e não "odia"). *** *Ela* **anseia** *casar logo* (e não "ansia").

Em tempo (1) – Repare que depois de **entre** vem **e**, obrigatoriamente. Mas entre os nossos jornalistas o que é **obrigatório** não é tão obrigatório assim, já que eles costumam elaborar as suas próprias normas, atropelando as regras do idioma. Veja como escreveu um deles, no *site* do Hospital 9 de Julho: *A obesidade é indicada quando a pessoa tem o IMC igual ou maior a 30. IMC acima de 40 indica obesidade mórbida. Se o resultado indicar sobrepeso, entre 25 "a" 29, procure a ajuda de um médico*. Aconselhamos esse jornalista a procurar um professor de língua portuguesa, ainda que tenha **entre** 18 **e** 120 anos...

Em tempo (2) – Quando, num exemplo, afirmo: *odeio gente que só diz asneiras*, está claro que o faço por razões didáticas, na esteira de uma obra escrita em tom de diálogo. Há, no entanto, um infeliz espírito de porco que retirou essa frase de outra de minhas obras e, sem o contexto, reproduziu-a na internet, no desejo insano de prejudicar a imagem deste autor. Fez isso também com outras frases minhas, usadas em certos contextos. A infelicidade provoca depressões, provoca até suicídios, mas também provoca dores lancinantes, principalmente se surgem na articulação entre o braço e o antebraço...

147. seu time não classifica para a Libertadores

Jornalista esportivo não conhece verbos pronominais, não tem noção do que seja, por isso não usa o pronome oblíquo com verbos que o exigem. O verbo aí é *classificar-se*, e não simplesmente "classificar". Por isso, o seu time não **se** *classifica* para a próxima fase da Copa Libertadores, mas o meu já **se** *classificou*...

Em tempo – Idêntica omissão se dá com os verbos *machucar-se* e *chamar-se*. O narrador da partida costuma dizer: *O jogador "machucou" nesse lance*. Ou seja, a cada frase dessas é justamente ele quem **se** machuca... Recentemente, o treinador de um clube paulista gritava com seus jogadores, durante uma partida decisiva: *Movimenta, movimenta!* Seria de se perguntar: movimenta o quê? Na verdade, ele pedia que seus jogadores **se** movimentassem. Quantas não foram as vezes em que ouvimos alguém perguntar assim: *Como você chama?*, em vez de *Como você se chama?* V. **448**.

148. lista e listra

Lista é relação, rol, geralmente em ordem alfabética ou convencional: *a lista de aprovados no vestibular; estou na lista de convidados?* Também é sinônimo de *listra*: *as listas da zebra, as listas do meu pijama*. **Listra** é risca ou faixa, o mesmo que *lista*: *as listras da zebra, as listras do meu pijama*. Portanto, *lista* e *listra* somente são formas variantes na acepção de *risca* ou *faixa*; daí por que não se usa *"listra" de aprovados*.

Em tempo – Conclui-se daí que tanto a *camisa listada* quanto a *camisa listrada* são boas para uso.

149. saber isso = saber disso?

Sim, porque o verbo *saber* pode ser transitivo direto ou transitivo indireto, indiferentemente, quando significa *ter conhecimento de*. Procure saber as (ou **d**as) novidades!

150. o empate em 0 a 0 não agradou

Aliás, um *empate* **de** 0 a 0 nunca agrada mesmo a ninguém. A palavra **empate** pede a preposição **de**, e não "em". Jornalista esportivo sabe disso? Nada! Tanto é assim, que recentemente se viu no portal UOL esta manchete: **Santos e Palmeiras ficam no empate "por" 2 a 2**. Normal...

Em tempo – O verbo *empatar* é que rege **de** ou **por**: *Meu time empatou de* (ou *por*) *0 a 0 com o teu. Empatado* rege as mesmas preposições: *A partida terminou empatada de* (ou *por*) *2 a 2*. Só *empate* mesmo é que aceita apenas **de**. Coisas da língua portuguesa...

151. consistir de

Não convém usar a preposição "de" com esse verbo, que em português rege **em**, e apresenta estes significados: *constar, compor-se* (*a herança* **consiste em** *imóveis e veículos; o plantel* **consiste em** *40 jogadores*), *resumir-se, limitar-se* (*seu trabalho aqui* **consiste** *apenas* **em** *lavar os carros*), *basear-se* (**em que**

consiste a Física Quântica?). *** O crime de lavagem de dinheiro **consiste em** três etapas, que culminam na reinserção formalizada do dinheiro ilícito no sistema econômico.

152. já terminei de almoçar

Em bom português, ninguém *"termina" de almoçar*, mas sim *acaba de almoçar*: o verbo *terminar* não se usa antes de infinitivo. *Você já acabou de ler o livro? *** Já acabou de falar? *** Elas já acabaram de arrumar a casa. *** Ela está acabando de se aprontar. *** Acabei de preparar o almoço. *** Hoje acabei de trabalhar mais cedo.* Há, porém, uma campanha alhures para que cada turista egípcio contribua com um dólar, para *"terminar" de construir* o maior museu do Egito. Dá para contribuir?

153. após acabar de almoçar, escove os dentes

Jornalista brasileiro comete essa transgressão diariamente, ou seja, usa "após" antes de infinitivo, o que não é da índole da nossa língua. Eles parecem desconhecer **depois de**, que é a locução a ser usada no lugar de "após" nesse caso.

154. cabelelero

É inacreditável, mas ainda há salões de beleza que estampam essa palavra por aí. Você confiaria seus cabelos a um "cabelelero"? Nem mesmo a "cabelereiro" confio os meus. Prefiro procurar um **cabeleireiro**. No Rio de Janeiro, mais precisamente no Leblon, no entanto, existe o salão de beleza "Chuca Chuca Cabelereiro Infantil". Leve seus filhos lá!...

155. já me habituei com isso

Não, ninguém se habitua "com", mas *se habitua* **a**. Por isso, *habituemo-nos* desde já à construção correta: *já me habituei a isso*. Esse verbo sofre influência da regência do sinônimo *acostumar-se*, que se usa, indiferentemente, com ambas as preposições: *já me acostumei a* (ou *com*) *isso. *** Já nos acostumamos a* (ou *com*) *termos de acordar cedo.*

156. remover gelo com objetos ponteagudos

Procure usar apenas objetos **pontiagudos**. Mas nunca para remover gelo de um congelador.

157. pleito e preito

Pleito é questão ou causa judicial, demanda, litígio (*cabe, nesse caso, pleito de indenização por danos morais*), votação para cargos públicos (*no último pleito, muitos deputados não se reelegeram*) e defesa de ideias e pontos de vista conflitantes, debate (*ficou famoso o* **pleito** *entre Rui Barbosa e Ernesto Carneiro Ribeiro*). Já **preito** é demonstração de apreço, respeito, etc.; homenagem, tributo: *Fez-se, com justiça, um* **preito** *de gratidão aos profissionais da saúde mortos pela covid-19*.

158. Lui_z_, Clari_c_e, S_e_gismundo, F_e_lipe, Sou_z_a

O correto mesmo é **Luís**, mas sempre existirá algum "Luiz" que exige que seu nome seja grafado com z... Também corretos são apenas **Clarisse**, **Sigismundo**, **Filipe** e **Sousa**.

159. louvemos o Senhor ou louvemos ao Senhor?

As duas construções estão corretas, mas o verbo *louvar*, em ambas, tem a mesma transitividade: direta. Como, então, se explica a presença da preposição **a** na segunda? Trata-se de verbo transitivo direto com objeto direto preposicionado, já que as palavras *Deus* e *Senhor* geralmente vêm antecedidas de tal preposição. Repare no primeiro mandamento: *Amar a Deus sobre todas as coisas*. O verbo *amar* não deixou de ser transitivo direto. Se no lugar do verbo *louvar* estivesse *saudar*, teríamos caso idêntico.

Em tempo – O verbo **saudar** só tem formas com hiato. Portanto: *Eu vos* **saúdo**, *ó Virgem Santíssima!* *** *A seleção brasileira entra em campo e* **saúda** *a torcida*. *** *Os adversários* **saúdam**-*se antes da grande decisão*. Por incrível que pareça, há quem diga "sáudu", "sáuda", "sáudam". De fato, neste mundo há de tudo.

160. essa gente está má intencionada

As pessoas tendem a fazer a concordância do suposto adjetivo ("má") com o sujeito; ocorre que aí não é caso de adjetivo, mas de advérbio (**mal**). Portanto: *essa gente está* **mal**-*intencionada*.

Em tempo – Tempos atrás, um famoso jogador de futebol, ao qual lhe chamaram Patada Atômica, por causa do seu potente chute, disse no intervalo de uma partida, em que o seu time perdia: *O "poblema" é que nossa zaga está "má" posicionada*. A zaga do time dele estava, na verdade, **mal** *posicionada*, o que nos permite dizer, ainda, que ele deu, só aí, duas patadas na língua...

161. o própolis ou a própolis?

A palavra tem registro nos dois gêneros, mas prefira o masculino: *o própolis*. Podemos dizer rigorosamente o mesmo de *diabete(s)*, que é um substantivo de dois gêneros: *o diabete(s)* ou *a diabete(s)*, porém, dê preferência à forma com **s** final e ao gênero masculino: *o diabete*s, **um** *diabete*s*, ter diabete*s *alto*, **um** *diabete*s *severo*.

162. amigo-oculto ou **amigo-secreto?**

Do jeito que melhor lhe aprouver, mas sempre com hífen. Seus plurais são, respectivamente, *amigos-ocultos* e *amigos-secretos*. O *amigo-secreto* é uma brincadeira que funcionários de uma empresa fazem, geralmente, no final do ano. Cada participante da brincadeira, no entanto, diz-se *amigo secreto* ou *amigo oculto*, sem hífen. Em relação a esse pormenor, trata-se de caso semelhante ao de *abaixo-assinado* (o documento) e *abaixo assinado* (cada um daqueles que apõem sua assinatura a esse documento).

Em tempo – É *apor* (de preferência a "pôr") que se usa quando se aplica assinatura ou impressão digital a um documento: ***Apus** minha rubrica a todas as páginas do contrato*. *** *Os analfabetos **apõem** sua impressão digital a documentos*.

163. tenção e tensão

São palavras de significados distintos, se bem que originárias das formas divergentes do supino do verbo latino *tendere*: respectivamente, *tentum* e *tensum*. **Tenção** é o mesmo que intenção, propósito, intento: *Ela chorava à menor **tenção** minha de partir.* *** *O Congresso não demonstra a mínima **tenção** de acabar com a impunidade.* Já **tensão**, entre outros significados, é característica, condição ou estado do que é tenso ou crítico: ***tensão** muscular*, ***tensão** nervosa* ou *emocional*; *continua a **tensão** entre os dois países*. Usa-se por *voltagem* em ***tensão** elétrica*.

164. extra: pronúncia correta

Em boa parte do Brasil se diz *êstra*, mas o correto mesmo é dizer com **e** aberto (*éstra*), assim como se diz em *extracampo, extraclasse, extraterrestre*, etc. Um famoso supermercado assim é chamado e com razão. Quando, antigamente, garotos vendiam na rua edições especiais de algum jornal, só gritavam: **Éstra, éstra!** *** *Você fez uma hora **extra** na firma ou duas horas **extras**?*

Em tempo (1) – *Extra* é abreviação de *extraordinário*; nas abreviações desse tipo, ocorre, na sílaba inicial, mudança de timbre da vogal, de fechado para aberto. Assim, em *motocicleta*, a vogal da sílaba inicial, que tem timbre fechado, passa a aberto na forma abreviada: *moto*. Outro caso: *fotografia/foto*. E assim também *extraordinário/extra*.

Em tempo (2) – Usado como prefixo, *extra* só se liga por hífen a palavra iniciada por **a** ou por **h**: *extra-abdominal, extra-humano*, etc. Do contrário: *extracampo, extraclasse, extracurricular, extrajudicial, extrarregulamentar, extrassensorial, extraterrestre*, etc.

165. intemerato e intimorato

Intemerato significa que não foi corrompido, puro, sem mácula, incorrupto: *Os recém-nascidos são seres absolutamente intemeratos*. Já **intimorato** significa que não sente medo, destemido, corajoso: *Os heróis são gente absolutamente intimorata*.

166. férias coletiva

Não, se *férias* é palavra de plural, o adjetivo deve estar no plural. Portanto, *férias coletivas*. Afinal, todos não desejamos **boas** *férias* a quem as merece? No entanto, muitos empresários costumam desejar *"feliz" férias* a seus funcionários. Haveria sinceridade num desejo desses?...

Em tempo – Veja o que escreveu um jornalista da revista *Lance*: *O alvinegro mineiro está tentando medidas internas para conter os danos da pausa forçada no futebol, como férias "coletiva" até 20 de abril e ainda redução de 25% nos salários de jogadores, comissão técnica e funcionários que ganham acima dos 5 mil reais*. Certamente, esse jornalista nunca teve **boas** férias, nunca teve **felizes** férias. Merecidamente...

167. morreu asfixiado com monóxido de carbono

Ninguém morre asfixiado "com" monóxido de carbono, mas **por** monóxido de carbono. Você, então, abre o *Jornal de Brasília* e lê em letras garrafais: **No Amapá, jovem morre asfixiado "com" monóxido de carbono de gerador**. No Diário Digital também: **Homem morre asfixiado "com" pedaço de carne**. Nossos jornalistas são ótimos!

168. BMW: como soletrar?

Dizemos por aqui como os americanos: *bê êmi dábliu*; entre os alemães, porém: *bê êmi vê* (em alemão o W soa *vê*). Note que antigamente só se dizia para DKW: *dê, kâ, vê*, de acordo com o país de origem desses carros, ou seja, a Alemanha. Nunca se ouvia *dê, ká, dábliu*, justamente porque nunca houve nos Estados Unidos veículos dessa montadora.

169. o advogado já deu entrada no processo

Só mesmo "adevogados" dão entrada "em" processos; os **advogados** dão entrada **a** processos, **a** ações, já que a expressão *dar entrada* rege a preposição **a**, e não "em". No *site* da Serasa Experian se lê: *Em causas até 20 salários mínimos, microempresas e pessoas físicas podem dar entrada "na" ação por meio de certificado digital*. Ótimo, vou até aproveitar...

Em tempo – Note que faltou a preposição **de** logo no início dessa frase: *Em causas **de** até 20 salários mínimos, ...*

170. salário-mínimo
Se a referência é à miséria que trabalhadores e aposentados recebem todo mês, dispense o hífen! Mas os jornalistas continuam escrevendo: *Governo mobiliza toda a base aliada para votar a MP do "salário-mínimo"*. Jornalista que não sabe nem ao menos escrever deveria, por castigo, receber **salário mínimo**...

171. interesses: pronúncia correta
Tanto **interesse** quanto **interesses** têm a vogal tônica fechada. Um famoso ex-presidente do Brasil e ex-professor de Português do Colégio Dante Alighieri, em São Paulo, disse certa feita, com propriedade: *O Brasil não tem amigos, tem interesses*. Logo depois, renunciou...

172. têxtil: pronúncia correta
Como a grafia está a demonstrar, não se dá timbre aberto à vogal tônica, como muitos costumam fazer, o mesmo ocorrendo com o plural *têxteis*. *A indústria **têxtil** é uma das maiores do país.* *** *Os produtos **têxteis** fabricados no Brasil ou importados e comercializados em território nacional deverão estar em conformidade com o Inmetro.*

173. acabou as aulas, começou as férias
Aluno que diz assim só deve sair da escola quando aprender a dizer: ***acabaram** as aulas, **começaram** as férias...*

174. do ônibus, ela me acenou a mão
Ninguém acena "a" mão a ninguém, mas sim **com** a mão. Também ninguém acena "o" lenço, mas **com** o lenço.

175. xenon
Em português só existe **xênon** ou, então, **xenônio**. Eis o que escreveu um jornalista num *site* automotivo: *No Brasil "muito dos" automóveis que têm o farol de "xenon" são bem caros.* Alguém vê algum sentido numa frase dessas? Se jornalistas, antes de exercerem a profissão, passassem por um exame de língua portuguesa, as redações estariam quase vazias.

176. fazer apologia às drogas ou das drogas?
A palavra *apologia* rege ambas as preposições, **a** e **de**, indiferentemente,

mas alguns dão preferência à segunda. Há quem censure sem razão a regência com a preposição **a**: o *Dicionário de Regimes de Substantivos e Adjetivos*, de Francisco Fernandes, em sua 43.ª edição, uma das obras mais completas e respeitadas no assunto, registra ambos os regimes, sem indicar preferência por este ou aquele.

177. gente descente

Na internet muito se encontra gente **decente** que, porém, escreve "descente". Essa palavra nada tem a ver com *descer*; tem, sim, a ver com *decência*.

Em tempo – Por falar em *decência*, há erro também quando se diz que Dilma Rousseff tem "descendência" búlgara. O que ela tem é **ascendência** búlgara. (Mas, afinal... o que tem a ver decência com Dilma?...)

178. sobressair-se

Sobressair não é nem nunca foi verbo pronominal, como infelizmente registra certo dicionário, que sobressai pelos senões que traz. Portanto: *ela **sobressaiu** no concurso.* *** *Ela sempre **sobressai** no que faz.* *** *Nós **sobressaímos** na prova.* *** *Existem pessoas que **sobressaem** pelo bem e outras que **sobressaem** pelo mal.* Como procedem, então, alguns de nossos jornalistas? Sobressaem pelo mal, por isso escrevem assim: *O fato de o cacto "se" sobressair em regiões áridas deve-se à capacidade de armazenamento de água em seu interior.*

179. os jogadores se confraternizaram

O verbo é apenas **confraternizar**, e não "confraternizar-se", ou seja, não é pronominal. Árbitro e jogadores geralmente **confraternizam**, ao final da partida. Agora, cabe esta pergunta, bastante pertinente: por que jogadores brasileiros e argentinos raramente **confraternizam** no final das partidas?...

Em tempo – No dicionário Caldas Aulete se lê no verbete **judeu**, acepção 4: *Quem pratica o judaísmo: os judeus "confraternizaram-se" com os cristãos no culto ecumênico.* Como confiar inteiramente num dicionário que traz "mussarela"? E em outro, que traz "salchicha"?

180. crosta: pronúncia correta

Pronuncia-se com **o** fechado (*krôsta*): *a **crosta** terrestre, a **crosta** do pão*.

181. a primeira e segunda série

Numa coordenação, não havendo repetição do artigo, o substantivo deve ir ao plural: *a primeira e segunda **séries**, a primeira e segunda **varas** do fórum,* *moradores do primeiro e segundo* **andares**. Se, porém, o artigo se repetir, ambas as concordâncias serão possíveis: *a primeira e* ***a*** *segunda* **série** (ou **séries**), *moradores do primeiro e* ***do*** *segundo* **andar** (ou **andares**).

182. todos amigos o elogiavam

Alguns jornalistas deram agora – também – de não usar o indispensável e obrigatório artigo depois de *todos*, no plural, como se vê na frase acima e nesta frase de um deles: *O uso de máscara passa a ser obrigatório em "todos lugares"*. Frase típica de estagiário. Como se vê também neste título do portal Terra: **Com "todas estrelas" à disposição, Flamengo busca embalar diante do Santos**.

Em tempo – No Brasil, faz-se distinção entre **todo** e **todo o** (sempre no singular): *Todo homem é mortal* (isto é, qualquer homem, cada um dos homens, todos os homens). *** *Todo o homem não é mortal* (isto é, o homem inteiro), porque a alma é imortal. No plural, todavia, o uso do artigo é obrigatório. *Todos* ***os*** *homens são mortais*.

183. o jornal repercutiu essa notícia

O verbo *repercutir* é mormente intransitivo no sentido de *causar forte impressão* ou *comentários*: *O assassinato do presidente Kennedy* **repercutiu** *no mundo inteiro*. *** *O discurso do presidente* **repercutiu** *positivamente no exterior*. Mas também é usado como transitivo direto e como intransitivo, no sentido de *refletir, reproduzir* (luz ou som): *A água cristalina do lago* **repercute** *minha imagem*. *** *A caverna* **repercute** *o chiado dos morcegos*. *** *A luz do Sol* **repercute** *em superfícies metálicas. O som ruidoso e enlouquecedor desses chamados pancadões* **repercute** *em todas as áreas dos prédios vizinhos*. Os jornalistas brasileiros, então, passaram a construir frases assim: *Imprensa internacional "repercute" teste positivo de Bolsonaro*. *** *O senador "repercutiu" no plenário a opinião do prefeito paulistano*. *** *Notícia "repercute" a volta da Zona Azul em Florianópolis*. Como se vê, chegam a nos comunicar que uma **notícia** repercute, como se notícia fosse agente animado!... Nenhum dicionário brasileiro ou português abona tal emprego. O fato de um deles, por aqui, registrar *repercutir* com o significado de *fazer ecoar o som de* (*os tambores repercutem as batidas das baquetas*) não autoriza o uso que o jornalismo brasileiro faz desse verbo; som nada tem a ver com fatos. O fato é que se inventa muito no jornalismo brasileiro. Veja em **945** o caso, também recente, de *"capturar" imagem*. Há sempre nesse meio uma invençãozinha sem noção, que eles, jornalistas, tomam por evolução.

184. superávite
Essa palavra, aportuguesamento do latim *superavit*, não tem registro no *Vocabulário Ortográfico da Língua Portuguesa* (VOLP) que, porém, registra *superavitário*. Por outro lado, esse mesmo vocabulário registra **défice**, aportuguesamento de *deficit*. Por que não também *superávite*?
Em tempo – Embora latinismo, acentua-se *álibi*.

185. Iva<u>n</u>
Embora muitos tenham essa grafia no registro civil, o correto mesmo é **Ivã**. Nossa língua não aceita palavras com *an* final. Portanto, escrevem-se: *Adonirã, Osmã, Oberdã, Ubiratã, Aquidabã, Natã, Itapuã, sedã*, etc.
Em tempo (1) – *Butantã* também se grafa com **ã** final, mas os funcionários do famoso instituto paulista fundado em 1898, na área de uma fazenda chamada *Butantan*, para produzir soro para a peste que assolava o país, preferiram adotar o nome original, *Butantan*. O nome do bairro que surgiu em torno do instituto, no entanto, continua sendo grafado **Butantã**.
Em tempo (2) – A palavra *grã-fino* assim se escreve, mas existe um jornalista paulista que insiste em usar "granfino". E ele é dos antigos, não merecia isso...

186. posso dar um palpite <u>para</u> esse jogo?
Melhor não. Só estamos aceitando palpite **sobre** esse jogo: *palpite* se usa com **sobre**, e não com "para". *Sobre isso não dou mais palpite*. Como se vê, também não se usa a preposição "em". Muitos, no entanto, dizem, ao manifestarem o desejo de não se imiscuir em algum caso ou assunto: *Bem, "em" assunto de marido e mulher eu não dou palpite*. Melhor é não dar mesmo...

187. ele é <u>a</u> mala da classe
Não. A palavra **mala**, usada em sentido figurado, é nome sobrecomum e masculino, ou seja, usa-se *o mala, um mala*, tanto para o homem quanto para a mulher, a exemplo de *indivíduo, sujeito*, etc. Portanto, se ele é **o mala** da classe, ela também pode ser **um** grande **mala**...
Em tempo – Sempre que se usa um termo em sentido figurado, como no caso presente, ocorre mudança de gênero, exceto se o nome usado for de animais: *Ele é uma anta, e ela é também uma anta*. Não há mudança de gênero. Repare, agora, nestes exemplos e já com o seu perdão antecipado: *Ele é **um** merda, **um** bosta, e ela também é **um** merda, **um** bosta. *** Ele é **um** cara tranquilo, e ela também é **um** cara tranquilo. *** Ele foi **um bom** guia em nosso tour, e ela também foi **um bom** guia*. O então presidente americano

Barack Obama se referiu assim ao então presidente brasileiro: *Lula is the one*. Ou seja: *Lula é o cara*. Se fosse a senhora Dilma Rousseff o presidente na ocasião, ele diria: *The president is the one*, que teríamos de traduzir assim: *A presidenta é o cara!*

188. postar-se e prostrar-se
Postar-se é colocar-se, permanecer por muito tempo: ***Postei-me** ao lado dela e dali não arredei o pé*. Também significa posicionar-se: *O time do Flamengo **se postou** à direita das cabines de rádio*. **Prostrar-se** é lançar-se de bruços, em sinal de reverência: ***prostrar-se** ante uma imagem santa*.

189. Émerson
Não. Antes de **m** a vogal só pode ser fechada, nunca aberta. Portanto, **Êmerson**. E assim também: *some* (tanto do verbo *somar* quanto do verbo *sumir*: *some daqui!*), *tome*, *come*, etc. V. 382.

190. Elaine, Gislaine, Jaime
Em algumas regiões do Nordeste, dão ao ditongo *ai* som aberto, quando tem som fechado nesses nomes. Os nordestinos desconhecem o fato de que antes de **n** o ditongo **ai** é nasal. Repare na pronúncia desse ditongo nestas palavras: *polainas, paina, faina* e *Bocaina*. Quanto a *Jaime*, recomenda-se também a pronúncia com o ditongo fechado, embora em São Paulo e em outras regiões do país se lhe dê som aberto. Cabe, então, uma pergunta: e com *andaime*?

191. *a priori* e *a posteriori*
Trata-se de duas locuções latinas antônimas. A primeira é locução adverbial e significa: **1)** que independe completamente da experiência (*conhecimento **a priori***); **2)** diz-se de argumento, conhecimento ou raciocínio em que se demonstra um efeito com base em sua causa. Em sentido figurado, significa: **1)** feito sem análise ou investigação e, ainda, dedutivamente, segundo um princípio aceito anteriormente como hipótese: ***a priori** toda criança tem direito à educação*. **2)** independentemente da experiência: ***a priori** sei que meu plano vai dar certo*. **3)** por suposição, supostamente. **A posteriori: 1)** diz-se de argumento, conhecimento, raciocínio, etc. que deriva da experiência ou que dela depende: *impressão **a posteriori***. **2)** diz-se da demonstração que procede dos efeitos às causas, que nos leva a conhecer as causas pelas quais o efeito tem existência. Como locução adverbial significa: **3)** posteriormente à observação empírica, ou seja, por indução. No âmbito jurídico, as duas locuções se usam em situações antagônicas. Quando um juiz decide *a posteriori*, ele decide com apoio da análise dos fatos e das suas experiências

anteriores. Ao decidir *a priori*, ele o faz sem o exame dos fatos e, nesse caso, na maioria das vezes se trata de uma decisão provisória, que pode ser confirmada ou não posteriormente.

Em tempo – O povo anda a usar *a priori* por *antes* e *a posteriori* por *depois*: *"A priori" disse que vinha à festa, mas "a posteriori" se negou a vir*. É bom parar.

192. acordei com olheira

Pessoas que dormem mal ou que não dormem o suficiente geralmente acordam com **olheiras** (sempre no plural): *As minhas olheiras hoje estão mais profundas que nos outros dias*. O *Vocabulário Ortográfico da Língua Portuguesa* (VOLP) registra *olheira*, cujo uso, apesar disso, não se recomenda. O dicionário Aurélio só registra **olheiras**.

193. sinto muita cócega na planta do pé

Eu também sinto *muitas cócegas* na planta do pé. *Cócegas*, assim como *olheiras, bodas, núpcias, víveres, fezes, óculos, Andes*, etc., é palavra que só se usa no plural.

194. a janta está na mesa

"A janta"?! Não, **o jantar** é que está na mesa. *Janta* é palavra eminentemente popular. Tão popular, que não entra nas expressões *sala de jantar* e *aparelho de jantar*. Nunca ouvi, nem mesmo de pessoa do povo, *sala de "janta"* nem *aparelho de "janta"*. Por isso, sempre faz bem um bom **jantar**!

195. esse ruído endoida qualquer um

Se você disse *endôida*, acertou; se disse "endóida", errou. O verbo *endoidar*, durante toda a conjugação, não tem aberto esse ditongo. *Eu endoido, quando vejo essa moça. E quem não endoida? Até os tolos endoidam*. Não há quem não *endoide*.

Em tempo – A expressão *qualquer um* é eminentemente popular; no âmbito puramente gramatical, prefere-se *qualquer **pessoa*** ou mesmo, em algumas circunstâncias, apenas o uso de *qualquer*.

196. ela endeusa o marido

Se você disse **endêusa**, acertou; se disse "endéusa", errou. O verbo *endeusar*, durante toda a conjugação, não tem forma com esse ditongo aberto.

197. nossos preços começam a partir de R$1,99

O uso simultâneo de *começar* e *a partir de* configura redundância, porque *a partir de* já significa *a principiar em*. Sendo assim, prefira construir: *nossos preços **começam*** *em R$1,99* ou *nossos preços **partem** de R$1,99*. Outros exemplos inconvenientes: *Meu acordo com ela "começa" a vigorar "a partir do" ano que vem*. *** *Minha filha "começou" a falar "a partir dos" dois anos de idade*. Frases convenientes: *Meu acordo com ela vigora a partir do ano que vem*. *** *Meu acordo com ela começa a vigorar ano que vem*. *** *Minha filha começou a falar aos dois anos de idade*. *** *Minha filha fala a partir dos dois anos de idade*. Veja, agora, este conselho médico dado no *site* do HCor, em letras garrafais: **Exames de próstata devem começar "a partir dos" 40 anos**. E aí me vem à lembrança o que costumo repetir sempre que se faz oportuno: os médicos entendem muito. (De medicina...)

Em tempo – Também não se aconselha o uso de "a partir de" por *baseando-se em*, como nesta frase: *O time aprendeu a vencer só "a partir de" bolas paradas*.

198. ele treme de medo da mulher
Se você disse **trême**, acertou; se disse "tréme", errou. O verbo *tremer*, durante toda a conjugação, não tem forma nenhuma com *e* aberto.

199. freiras cerzem roupas?
Não, freiras **cirzem** roupas. O verbo *cerzir* (coser ou remendar com pontos miúdos) se conjuga por *agredir*: *cirzo, cirzes, cirze, cerzimos, cerzis, cirzem*.

200. o telejornal começa às 10 para as 9
Na verdade, o telejornal começa **aos** 10 para as 9. Ora, se 10 se refere a **minutos** (palavra masculina), como aceitar "às"?

Em tempo – Eliakim Araújo, quando locutor da Rádio JB do Rio de Janeiro, sempre usava corretamente **aos**, e não "às". Nunca teve seguidores. Normal...

201. testemunhas industrializadas pelo advogado
Por mais poder que certos "adevogados" possam ter, ainda não conseguiram "industrializar" testemunhas. Na verdade, alguns deles têm o mau vezo profissional de **industriar** testemunhas, ou seja, orientá-las, manipulá-las a seu benefício, visando a uma audiência, numa clara demonstração de má-fé. **Industriar** testemunhas constitui afronta ao artigo 80, inciso V, do Novo Código de Processo Civil.

202. Guido, Guerino, Guevara
O *u* desses nomes não soa. Portanto, **Ghido, Gherino, Ghevara**.

203. o verbo explodir
O problema todo do verbo *explodir*, que deixou de ser defectivo, está na

primeira pessoa do presente do indicativo: em Portugal, *expludo*; no Brasil, *explodo*. Como essa pessoa dá origem a todo o presente do subjuntivo, temos *expluda* em Portugal e *exploda* no Brasil, na primeira pessoa desse tempo e modo.

204. essa é uma questã de foro íntimo

"Questã" é brin-ca-dei-ra. Há, ainda, quem diga "kuestã". Aí é para matar...

Em tempo – **Foro** (ô) de plural *foros* (ó) designa também o tribunal em que administra justiça (*juiz que trabalha em dois foros*); jurisdição (*o foro militar*); fórum, edifício (*um foro novo*); alçada (*esse assunto não é de meu foro*), pagamento que se faz no Nordeste pelo arrendamento de um lote a trabalhadores rurais, os foreiros; e quantia correspondente a esse pagamento. Usada apenas no plural (*foros*), como *núpcias* e *óculos*, significa direitos, prerrogativas: *ele luta para conseguir seus foros de cidadão americano*. A expressão *ganhar foros de* equivale a ganhar categoria ou condição de: *A vila ganhou foros de cidade no século XIX*. *** *Ele ganhou foros de doutor em 1990*. A expressão *foro íntimo* significa juízo da própria consciência. *** Já **foro** (ó) de plural também com **o** aberto, é sinônimo de: 1) praça das cidades romanas onde se desenvolviam as atividades políticas, judiciais, econômicas e comerciais. 2) assembleia para livre debate de um tema da atualidade por expertos, aberta ou não ao público. 3) esse debate: *promover um foro sobre a economia nacional*. Nessas três acepções também se usa *fórum*.

205. Zuza

Foi assim que se vulgarizou esse hipocorístico de *José*, mas do tempo em que esse nome próprio se escrevia com **z**. Hoje, *José* se escreve com **s**, e seu hipocorístico também: *Zusa*.

Em tempo (1) – *Hipocorístico* é o nome curto e carinhoso, retirado do próprio nome de batismo (*Zusa, Zito, Chico*), que geralmente aparece duplicado (*Cacá, Didi, Lili, Zizi*) ou no diminutivo (*Cidinha, Zezinho, Celinho*). Também são hipocorísticos os apelidos pelos quais as pessoas se tornam conhecidas, como *Pelé, Garrincha, Xuxa*, etc.

Em tempo (2) – Também com **s** medial se escreve o nome próprio masculino **Zósimo**, ainda que só se veja com "z".

206. judaico e judeu

Judaico é adjetivo que se aplica às coisas dos judeus: *religião judaica, literatura judaica, história judaica, arte judaica, calendário judaico*. **Judeu** é adjetivo que se aplica às pessoas que professam o judaísmo: *homem judeu, povo judeu, artista judeu, filósofo judeu*. É também substantivo e tem como feminino *judia*.

207. existe rios no deserto?

Não, não **existem** rios no deserto. Só usa "existe" nesse caso aquele que não sabe distinguir, na oração, seu sujeito, no caso, **rios**. Se, porém, no lugar do verbo *existir*, usarmos *haver*, este ficará na terceira pessoa do singular, porque *haver* é verbo impessoal, não tem sujeito. Portanto: **Há** *rios no deserto?* *** *Será que* **existiram** (*havia*) *mesmo homens vivendo nas cavernas?* *** *Não* **existiam** (*havia*) *essas árvores aí ano passado.*

Em tempo – Usamos indiferentemente *ano passado, no ano passado* e *o ano passado*. No lugar de *ano* poderia estar *semana* ou *mês*.

208. sexta, sesta e cesta

Sexta é numeral feminino correspondente a *seis*: *a **sexta** parte, a **sexta**-feira, a **sexta** semana, a **sexta** série.* **Sesta** é descanso depois do almoço: *A **sesta** não é benéfica para quem sofre de insônia.* **Cesta** é recipiente de vime ou de palha, geralmente descoberto e com alça, em forma de vaso, usado para guardar ou transportar coisas. No basquetebol é aro metálico preso à tabela e também nome que se dá a cada um dos pontos assinalados nessa modalidade esportiva.

Em tempo – Está a difundir-se nas nossas redes sociais a gíria **sextar**, verbo intransitivo, basicamente com dois significados: **1.º**) chegar a sexta-feira, para poder curtir*: não vejo a hora de **sextar**.* **2.º**) curtir a sexta-feira, início do fim de semana: *hoje vou **sextar** com os amigos, beber todas.* A gíria teve origem numa música de nome *Sextou*.

209. sentamos na mesa para jantar

Não. Só **se** senta **na** mesa quem não tem educação; os civilizados sentam-**se à** mesa, ou seja, junto a ela. Note, ainda, que o verbo é pronominal (sentar-**se**). Brasileiro tem o mau vezo de não usar pronome oblíquo com verbo pronominal. V. **432**.

210. Quéops foi grande faraó

Note o acento nesse nome, que é paroxítono. Mas uma ex-poderosa rede de televisão apresentou certa vez um programa sobre os faraós, e o apresentador dizia "Keóps" o tempo todo. Foi uma contribuição e tanto à educação...

Em tempo (1) – Só existiu faraó no Egito; sendo assim, constitui redundância a combinação "faraó do Egito" ou "faraó egípcio", bobagem que se ouve a todo o momento na televisão. E também se lê amiúde na internet: *Os dias de glória dos faraós "egípcios" já passaram, "onde" as pirâmides monumentais e o ouro eram comuns.* Cleópatra foi rainha do Egito (*faraó* não tem feminino).

Em tempo (2) – Também se observa nesse texto o uso indevido de *onde*. V. **375**.

211. que e quê

Que é conjunção (*sei que agi mal*) e pronome relativo (*feliz do homem que chora!*). **Quê** é interjeição (*quê! ela fez isso?!*), é substantivo (*ele tem um quê do pai*) e usa-se em final de frase, ou antes de pausa forte (*nascemos para quê?*).

Em tempo – Não se acentua o *que*, substantivo, a que se faz referência. Ex.: *Não encontrei nenhum que no texto.* *** *Qual a função daquele que?* Embora não deixe de ser um substantivo, não recebe acento, porque se refere a uma palavra também sem acento. Note que o **se** também, quando substantivo, não recebe acento: *Não encontrei nenhum se no texto.* *** *Qual a função daquele se?*

212. ponha sua rúbrica no documento

Três problemas aí: o verbo é **apor**, e não "pôr"; "rúbrica" só existe na boca de gente que não aproveitou bem os anos escolares; "no" documento. A palavra é paroxítona: *rubrica*, e o verbo *apor* rege **a**, nessa acepção. Portanto: *aponha sua rubrica ao documento!*

213. ovos estalados

Há quem prefira *ovos* **estrelados**, ou seja, ovos que, ao caírem na frigideira, assumem a forma de uma estrela. As boas cozinheiras **estrelam** ovos, e não "estalam". Estala, sim, madeira quando está sendo queimada...

214. Vanderléa, Dorotéa, Dulcinéa, Andréa

A grafia correta desses nomes femininos é **Vanderleia, Doroteia, Dulcineia** e **Andreia**.

Em tempo – O nome *Andrea* é italiano e masculino.

215. antiguidade: pronúncia correta

A palavra **antiguidade** se pronuncia com **u** sonoro ou não, indiferentemente. Também possuem duplicidade de pronúncia: *Anhanguera, lânguido, retorquir* e *séquito*.

216. hieróglifo ou hieroglifo?

Ambas as prosódias são boas. Também boas são: *acróbata* e *acrobata, amnésia* e *amnesia, cacoépia* e *cacoepia, homilia* e *homília, nefelibata* e *nefelíbata, Oceania* e *Oceânia, ortoépia* e *ortoepia, projetil* e *projétil, réptil* e *reptil* e *zângão* e *zangão*.

217. necrópsia ou necropsia?
A pronúncia rigorosamente correta é *necropsia*; a pronúncia *necrópsia* surgiu por influência da prosódia de *autópsia*, que também admite *autopsia*. Em rigor, *autópsia* significa exame de si mesmo (*auto* = mesmo), mas acabou sendo usada por *necrópsia*, a verdadeira palavra que significa exame cadavérico, com a finalidade de conhecer a causa da morte.

218. reboco e reboque
Reboco é argamassa feita de massa fina que se aplica à parede, para alisá-la e deixá-la pronta para receber a pintura: *A casa era simples, humilde, até sem reboco*. **Reboque** é veículo sem tração própria, puxado por outro: *Seu carro não pode conduzir reboque*. É também sinônimo de guincho, socorro: *Não permiti que colocassem meu carro no reboque*.

219. rio Orenoco
O rio venezuelano, um dos principais da América do Sul, chama-se **Orinoco**. Pesquisas recentes indicam que o rio Amazonas está roubando água do rio **Orinoco**.

220. Anchieta morreu em Reritiba
Não. O padre José de Anchieta, hoje santo, morreu em **Riritiba**, então vila capixaba, atual cidade de Anchieta.

221. paternal e paterno
Paternal é próprio de pai (*amor paternal, carinho paternal*) ou que age como pai (*amigo paternal, chefe paternal*). **Paterno** é do pai propriamente dito (*responsabilidade paterna, autoridade paterna*), é por parte de pai (*avó paterna, sobrenome paterno*) e também pertencente ao pai da pessoa de quem se trata (*são fortes seus traços paternos*).

222. maternal e materno
Maternal é próprio de mãe (*amor maternal, carinho maternal*) e relativo a crianças de até seis anos (*escola maternal*). **Materno** é da mãe propriamente dita (*leite materno, autoridade materna*), é por parte de mãe (*avó materna, sobrenome materno*) e também pertencente ao pai da pessoa de quem se trata (*são fortes seus traços maternos*). Uma mulher solteira, sem filhos, pode tratar alguém com *carinho maternal*, porque toda mulher tem *instinto maternal*. Por outro lado, podemos ter um filho que administra todos os *bens maternos*. O *amor*

maternal pode não ser propriamente de mãe, mas próprio de mãe, ou seja, que a ele se assemelha; o *amor* **materno** é o legítimo amor de mãe.

Em tempo – Essa diferença entre os quatro termos vistos (em 221 e 222) só se encontra registrada no **Grande dicionário Sacconi**. Todos os demais dicionários consideram sinônimos *paternal* e *paterno*, além de *maternal* e *materno*. São?

223. não me import<u>o</u> que ela sofra

O sujeito do verbo *importar* nessa frase é a oração *que ela sofra,* e não "eu". Portanto, antes que outros sofram, convém usar: *Não me import**a** que ela sofra.* *** *Não me import**a** que ela tenha defeitos.* (E não: Não me "importo" que ela tenha defeitos.) *** *Não nos import**ou** que ela chorasse.* (E não: Não nos "importamos" que ela chorasse.) *** *Não me import**ará** que a empresa vá à falência.* (E não: Não me "importarei" que a empresa vá à falência.)

Em tempo – Se, porém, usarmos o verbo com a preposição **com**, o sujeito não será oracional. Muda tudo: *Não me importo **com** o sofrimento dela.* (sujeito: eu.) *** *Não me importo **com** os defeitos dela.* *** *Não nos importamos **com** o choro dela.* *** *Não me importarei **com** a falência da empresa.*

224. dessas garotas, só conheço <u>umas par</u> delas

Frase típica da língua coloquial despretensiosa. "Umas par" é brincadeira de mau gosto. Use *várias* em seu lugar.

225. que se consum<u>a</u> logo isso

Qualquer estudante medianamente aplicado sabe que os verbos da 1.ª conjugação têm, no presente do subjuntivo, formas terminadas em **e** (*ame, role, consume*, que é, assim, a forma do verbo *consumar*); *consuma* é forma do verbo *consumir*. Portanto: *Que se **consume** logo essa transferência do jogador para a Itália!* *** *Aquelas toupeiras tinham mesmo que sair do governo: não podemos permitir que a estupidez se **consume** no país.*

226. soteropolitano

Aquele que nasce em Salvador, capital da Bahia. Portanto, é sinônimo de *salvadorense*. Pronuncia-se com o e aberto: *sotéru-politânu*. O soteropolitano se orgulha do Elevador Lacerda, o primeiro elevador urbano do mundo, cartão--postal da cidade de Salvador.

Em tempo – Note que **cartão-postal** se escreve com hífen. Se, porém, você consultar a internet vai encontrar muito "cartão postal". Normal...

227. encoxar mulheres em ônibus superlotados
O verbo *encoxar* é eminentemente popular; não existe na língua. Na verdade, os *encoxadores* (que também não existe) **acocham** as mulheres nos corredores de veículos superlotados. **Acochar** é um brasileirismo no sentido de *assediar, importunar*. Como se vê, nada tem a ver com *coxa*.

228. SUV's, TRE's
As abreviaturas não aceitam esse apóstrofo. Basta acrescentar-lhes um **s**: SUVs, TREs, DVDs, SOSs, OABs, CDs, PMs, IOFs, IPTUs, IPVAs, etc.

229. minha costa está doendo
Não é possível estar com essa dor, porque *costa* (no singular) é litoral (*a costa brasileira é deslumbrante!*); **costas** (sempre no plural) é que é dorso, lombo (*minhas costas estão doendo*). Por isso, ter dor nas **costas** é sempre melhor (ou só que não?...).

230. passei um TED hoje para ela
Não, você passou **uma** TED, ou seja, uma ***transferência*** *eletrônica disponível*.

231. o dono do imóvel exige um caução
Caução é o mesmo que *garantia* e é de mesmo gênero. Portanto, o dono de um imóvel, ao alugá-lo, tem todo o direito de exigir do inquilino **uma** caução.

232. ele é o pai, cuspido e escarrado
A expressão *cuspido e escarrado* é eminentemente popular; a original é **esculpido e encarnado**. Portanto, quando uma pessoa é muito parecida com outra, diz-se: *ele é o pai,* **esculpido e encarnado**. O povo, que não entende de *esculpido* nem muito menos de *encarnado*, acabou mudando para as palavras que lhe são familiares: *cuspido e escarrado*.

233. ela cozinha mal e porcamente
Na verdade, ela cozinha *mal e parcamente*; o povo é que gosta do *porcamente* nessa expressão. **Parcamente**, assim como *esculpido* e *encarnado*, não é palavra que faz parte do vocabulário do povo; por isso ele troca por aquela que lhe é mais íntima.

234. daqui uns anos o dólar vai custar 1 real...
Faltou um **a** obrigatório depois de **daqui**: *daqui **a** uns anos*; *daqui **a** pouco ela*

chega, daqui a uma hora já será meia-noite. Muitos jornalistas, no entanto, dele se esquecem e usam: *daqui um pouco eu volto, daqui um pouquinho ela chega, daqui uma hora já será meia-noite, daqui dois minutos começa o jogo*, etc. Ora, por que não usam também: *daqui pouco ela chega*? V. **656**.

235. ela veio ao mundo para at**azan**ar minha vida

O verbo *atazanar* é meramente popular, não tem formação racional; o rigorosamente correto é **atenazar**, formado por **a** + **tenaz** + **ar**, que significa apertar com tenaz ou, figuradamente, *azucrinar, aborrecer*.

236. ele tem ma**l** caráter

Erro comum é trocar **mal** por **mau** e vice-versa; **mal** é o oposto de *bem* (*há algum **mal** nisso?; come-se **mal** a bordo dos aviões brasileiros*); **mau**, o oposto de *bom*: **mau** *caráter*, **mau** *cheiro*, **mau** *jeito*, **mau**-*olhado*. *** *Ela fez **mau** juízo de mim.* *** *O **mau** do Brasil é a sua classe política.* Na dúvida, substitua e acerte! Não é preciso ter **mau** humor ou ser **mal**-humorado...

Em tempo – *Mal* também exerce função de advérbio e de substantivo (pl. *males*): **Mal** *chegou, já saiu.* *** *Ninguém quer o **mal** do Brasil.* *** *Os **males** do Brasil são muitos.*

237. isso é pra **mim** fazer?

Não se usa *mim* antes de verbo; quem usa *mim* antes de verbo é índio ainda não civilizado, que geralmente diz: *Mim querer pipoca. Mim gostar de pipoca...* Antes de verbo usa-se **eu**: *isso é para **eu** fazer?*

Em tempo – Usa-se corretamente **pra** por *para*, falando ou escrevendo, mas sempre sem acento. E deve-se dizer *pra*, e não "pá", como fazia um presidente da República: *"Pá" frente é que se anda...* Ele, sim, foi *pra* frente, e o país, *pra* trás...

238. entre **eu** e ela existe muito amor

A frase é romântica, porém, comprometedora. Conforme afirmamos no caso anterior, **eu** só se usa antes de verbo; do contrário é **mim** que se usa. Por isso, *entre **mim** e ela existe muito amor.* *** *Nunca haverá entre **mim** e ela nenhuma desavença.* *** *Desconfio que aqueles sujeitos estão falando sobre **mim** e você.* *** *Ela passou por **mim** e você, sem nos cumprimentar.*

Em tempo (1) – A primeira pessoa sempre tem prioridade nesse emprego, mormente quando o outro elemento preposicionado for mais ou menos extenso. Assim, construímos: *Entre **mim** e todas aquelas pessoas de que você fala existe muita diferença.*

Em tempo (2) – Na frase *é muito difícil para mim aceitar isso*, o pronome *mim* está correto, já que a ordem direta dessa frase é: *aceitar isso é muito difícil para mim*. Ou seja, o pronome nada tem a ver com o verbo.

239. um hospital fica <u>há</u> quilômetros daqui

Na verdade, o hospital fica **a** quilômetros daqui. A forma verbal **há**, de *haver*, só se usa quando for possível sua substituição por *faz*: *Estou aqui há horas.* *** *Conheço-a há anos.* *** *Isso aconteceu há séculos.* *** *Meu time não perde há 22 jogos.* Do contrário, usa-se a preposição **a**: *Daqui a pouco começa o jogo.* *** *Esses fatos remontam a séculos.* *** *Estamos a dias do Natal.* *** *A dez dias do Natal, e as lojas continuam vazias.*

240. ela t<u>ê</u>m medo de tudo

Tanto a forma **tem** quanto **têm** pertencem ao verbo *ter*, mas a primeira é de singular, a segunda é de plural. Por isso, *ela tem medo de tudo, mas eles não têm medo de nada*. Veja este título de notícia da revista *TVFoco*, publicada no portal IG: **Bastidores da Globo "tem" escândalo de homem que esfrega pão na cara de atriz mirim**. Pois é...

241. ela chora, <u>em vez de</u> rir

Nas oposições, convém usar **ao invés de** por "em vez de". Por isso, *ela chora, ao invés de rir, ele subiu, ao invés de descer, o dólar sobe, ao invés de baixar*. Em qualquer outra circunstância, usa-se **em vez de**.

242. choveu, ma<u>i</u>s não trovejou

Erro comuníssimo, próprio de quem não aproveitou bem os anos escolares. *Mais* é oposto de *menos* (**mais** *amor e* **menos** *confiança*); portanto, não cabe na frase acima; **mas** é conjunção, equivalente de *porém*, portanto é a palavra que deveria estar ali: *Choveu, mas não trovejou.* *** *Ofélia é simpática, mas pouco inteligente.*

Em tempo – Mas também se emprega como palavra denotativa: *Mas que droga de chuva!* *** *Mas que políticos sem vergonha na cara!*

243. mandado e mandato

São coisas muito distintas. **Mandado** é ordem escrita de autoridade judicial, que prescreve o cumprimento de ato processual: *mandado de segurança; mandado de busca e apreensão, mandado de prisão*, etc. **Mandato** é poder político outorgado pelo povo, para que se governe ou legisle: *O mandato presidencial, no Brasil, é de quatro anos.*

244. água-de-coco

Com a recente Reforma Ortográfica, não há mais hifens aí. Por isso, pode tomar sua **água de coco** tranquilo, que isso só faz bem!

Em tempo (1) – O singular *hífen* tem acento, mas o plural não: *hifens*. Na verdade, a melhor forma do singular é **hifem**, com **m** e, assim, sem acento. Mas os luminares que elaboraram o *Vocabulário Ortográfico da Língua Portuguesa* (VOLP) nem sequer cogitaram de ali incluir tal forma.

Em tempo (2) – Sobre o plural *hifens*, ainda, tenho uma curiosidade. E ela vem de onde? Da internet, a rede que contém tantos "professores" quanto os grãos de areia no deserto. Num *site*, há quem esteja preocupado em ensinar a diferença entre *malmequer* e *bem-me-quer*. E, então, lasca lá: *Você está apaixonada, pega uma margarida e começa: bem-me-quer, malmequer, bem-me-quer, malmequer, bem-me-quer, malmequer... até a última pétala, coitada da flor. Falando não se nota, mas se parar para escrever você percebe: uma expressão é escrita com "hifens" e a outra é uma única palavra.* De fato, deu para perceber mais coisa...

245. Paissandu

A grafia correta e atual desse nome indígena e histórico é **Paiçandu**. Cuidado: sem acento gráfico!

246. Cotinguiba

Já não há trema, mas o **u** continua soando. *Cotinguiba* é o nome de um rio e de um clube esportivo de Sergipe.

247. ele puxa uma perna

Não, não chega a ser inteligente... Toda e qualquer criatura que coxeia, que manca, puxa **de** uma perna.

248. Manoel

A grafia correta desse nome próprio masculino é com **u**: **Manuel**. Existe uma cidade paulista chamada *São Manoel*. Seu nome assim se mantém porque foi fundada antes de 1943, quando se grafava tal nome com *o*.

249. Travassos, Lessa

A correta grafia do primeiro sobrenome é **Travaços**, que vem do latim *trabatium* (o *ti* latino que antecede vogal dá **ç** em português), de *trabs* = trave. A correta grafia do segundo sobrenome é **Leça**, mas no Brasil só se vê escrito com *ss*. Como provém do topônimo latino *Letia* (o *ti* latino que antecede vogal dá **ç** em português), sua ortografia só pode mesmo ser com **ç**. Em Portugal existem várias localidades com esse nome, sempre com **ç**.

250. chamei-o à atenção

É assim que se usa, quando o desejo é advertir ou repreender alguém. Outro exemplo: *No teatro, um dos atores **chamou a plateia à atenção**, porque não faziam silêncio.* Agora, repare nesta construção: *chamei a atenção dele para aquele detalhe*, isto é, pedi o cuidado dele para um fato ou despertei o interesse ou a curiosidade dele para um fato. Outros exemplos: *Aquele óvni **chamou a atenção de** toda a população da cidade.* *** *Qualquer Lexus **chama a atenção das** pessoas.* *** *A presença do radar à frente **chamou a atenção do** motorista imprudente, que diminuiu a velocidade.*

Em tempo – Essa é a nossa posição sobre o assunto. Há quem divirja. Respeitamos.

251. procurei-a para marcar-mos o dia da viagem

Não se separa a terminação *mos* do resto do verbo, como faz boa parte das pessoas que fugiram da escola: "entregar-mos", "ceder-mos" "ficar-mos", etc. Quem levou a escola a sério escreve: *marcarmos, entregarmos, cedermos, ficarmos*, etc.

252. o árbitro marcou uma pseuda penalidade

Essa frase é típica de jornalista esportivo brasileiro, que desconhece o fato de que *pseudo* é um prefixo e, por isso mesmo, invariável. Daí por que não pode haver *pseuda* coisa nenhuma nem *pseudos* coisíssima nenhuma. Jornalistas esportivos, no entanto, notabilizam-se por usarem: "pseudos árbitros", "pseuda falta", "pseudos pênaltis", "pseudos profissionais", etc. Eles são ótimos! Até mesmo um presidente da Caixa Econômica Federal chegou a declarar, um tanto indignado, certa feita: *Fui surpreendido com a maliciosa notícia, insinuando "pseudas" irregularidades na CEF.* Surpreendido?! Insinuando, presidente?! O mundo soube, pouco tempo depois, quantas irregularidades houve ali.

Em tempo (1) – Esse prefixo só exige hífen antes de palavras iniciadas por **o** (pseudo-**o**rador) ou por **h** (pseudo-**h**erói). Fora daí, sempre sem hífen: *pseudociência, pseudoliderança, pseudopoeta, pseudopenalidade*, etc.

Em tempo (2) – Não há cacófato em *primeiríss**ima mão***, mas *cacofonia*, ou seja, união de duas sílabas contíguas que provocam uma cadeia sonora desarmônica; *cacófato* é a união de duas sílabas contíguas que provocam palavra obscena, como *esse time não ma**rca gol**.*

253. **independente** da idade, caminhem!

Independente é adjetivo: *O Brasil se tornou* ***independente*** *em 1822.* *** *Antigamente, os mictórios eram* ***independentes*** *da casa.* O advérbio é **independentemente**: *Independentemente da idade, todos devem praticar exercícios físicos.* *** *Vou fazer tudo do meu jeito,* ***independentemente*** *do que pensam as pessoas.* Muita gente usa o adjetivo no lugar do advérbio, principalmente na televisão; os "adevogados" fazem o mesmo. V. **530**.

Em tempo – Um jornalista do *El País* escreveu em 30/7/2017, com propriedade: *O estado atual do PT e da esquerda brasileira como um todo deixa o país completamente desprotegido frente ao fortalecimento das forças mais retrógradas da sociedade.* ***Independentemente*** *do conflito de ideias,* ***independentemente*** *do desprezo pelos inimigos políticos, é preciso resistir à tentação do autoritarismo e desconstruir o discurso demagógico de ambos os lados. A não ser que você queira viver na Venezuela.* Comenta, então, um dos seus leitores: *Pior é essa utopia de esquerda ainda permanecer forte, principalmente em universidades públicas, onde maconheiros desocupados são assessorados por pseudoprofessores que se autodenominam estudiosos e propagam essa ideologia cancerígena para uma massa de alienados.* Jornalista competente é raro, mas existe.

254. indústria automo**bilística**

Apesar do grande equívoco de um dicionarista (aliás, mais um equívoco), posso afirmar com toda a certeza que no Brasil não existe "indústria automobilística". Por quê? Porque essa palavra tem íntima relação com *automobilismo*, ou seja, com carros de corrida. O próprio termo está a dizer que se aplica ao *automobilismo*: *prova automobilística, corrida automobilística*. O que temos por aqui é uma forte *indústria* ***automotiva***, que, aliás, usa e abusa dos preços que pratica, sem se preocupar em oferecer produtos de boa qualidade. Segundo o CEO da Tesla, Elon Musk, o mundo *automotivo* está muito próximo de atingir o nível 5 de automação. Jornalista brasileiro, todavia, não tem noção da diferença. Talvez levado pelo referido dicionário, que promove a maior confusão no significado da palavra *automobilístico*. Nele, porém, confusão é normal... Ultimamente, no entanto, já se veem jornalistas mais esclarecidos. Afinal, o tempo existe também para aprender, para evoluir... Eis o que escreveu um deles dia desses: *O risco de paralisação da indústria* ***automotiva*** *nacional por falta de insumos é alto*. E, finalmente, outro: *A indústria* ***automotiva*** *brasileira vive um impasse sem precedentes, que só foi acentuado pela pandemia do novo coronavírus.* Jornalista competente é raro, mas existe.

255. onde você vai?

Com verbos que indicam movimento, usa-se *aonde*. Portanto, *aonde você vai?* *** *Aonde você foi?* *** *Aonde você quer chegar?*

Em tempo – Em português castiço, nas interrogações o sujeito deve vir posposto ao verbo: *Aonde vai você?* *** *Aonde foi você?* *** *Aonde quer chegar você?* Note que temos por aqui uma canção com este nome: *Onde está você?*, interpretada por Alaíde Costa. Há outra canção por aí chamada *Como vai você?* Agora, compare estas duas interrogações: *Como você vai?* e *Como vai você?* Qual lhe soa melhor? Fique sempre com ela.

256. não sei porque ela fez isso

Não cabe *porque,* numa só palavra, nessa frase. Quando houver a palavra *motivo* subentendida, usaremos sempre duas palavras (**por que**): *Não sei por que ela fez isso.* (= por que motivo) *** ***Por que*** *você fez isso?* (= Por que motivo) Quando aparecerem no final do período, ou antes de pausa forte, acentua-se o **que**: *Você fez isso por* ***quê?*** *** *Você fez isso por* ***quê****, se nada lhe fiz?*

Em tempo – Quando o **que** estiver por *qual*, também se usa em duas palavras: *Por que estrada você veio?* *** *Essa é a razão por que pedi demissão do emprego.* Nesta última frase, na substituição do **que** por *qual,* **por** dá lugar, então, a *pela.* Fora tais casos, usa-se numa só palavra: *Fui lá* ***porque*** *eu quis.* *** *Venha,* ***porque*** *o caso é sério!* Sendo substantivo, recebe acento: *Não sei o* ***porquê*** *disso tudo.* Em Portugal, só se usa **porque** ou **porquê**, em qualquer circunstância, exceto quando o **que** é pronome relativo: *Esse é o motivo* ***por que*** *a deixei.*

257. nunca ouve isso antes

Está claro que aí é caso de **houve**, do verbo *haver*, que significa *acontecer*. Difícil é encontrarmos quem use *ouve* por *houve*, mas o inverso se deu, num livro sobre aves: *O papagaio é a única ave do mundo que imita a voz humana, repetindo tudo exatamente como "houve".* Se não houve aí um enorme equívoco, o que será que houve?

258. o delegado exorbitou-se de sua função

O verbo *exorbitar*, no sentido de *ultrapassar os devidos limites, exceder-se*, não é pronominal, portanto não tem cabida a presença do pronome oblíquo "se" aí. Existe um *site* na internet, porém, que, segundo o seu criador, tem o objetivo de esclarecer a regência do verbo *exorbitar*. E, então, lá se vê: *Significado de exaltar: se exaltar, abusar do poder que lhe é "consedido", abuso de autoridade, uso "improprio" do poder.* E lasca este exemplo: *O delegado "exorbitou-se" ao me prender*. Ou seja, tudo rigorosamente à internet... Como é que alguém que nem sequer conhece ortografia se mete a "ensinar"? Por isso, não canso de afirmar: essa rede é um perigo! Nela pululam "gênios" e professores "excepcionais"...

Em tempo – Não é aconselhável o uso isolado do advérbio *sequer* em oração negativa; há que se fazer acompanhar de palavra de sentido negativo, como *nem, nunca, sem*, etc. Portanto, frases como *Ela "sequer" me agradeceu* necessitam da negativa *nem* para serem perfeitas.

259. o ônibus passa na porta de casa

E não a derruba?! Ônibus que passa *na* porta inevitavelmente passa por cima dela, depois de com ela trombar. Deve ser perigoso para o ônibus e trágico para a porta... Para livrar-se do perigo, o ônibus deve passar **à** porta de sua casa, ou seja, perto dela, do lado dela. Na língua cotidiana, no entanto, aqui no Brasil, dificilmente você encontrará um ônibus que passe **à** porta, ou **ao** portão de sua casa. O brasileiro gosta mesmo é de ônibus que passe *na* porta, que passe *no* portão... V. **432**.

260. os números falam por si só

Não, *por si só* não é expressão fixa, invariável. Por isso, *os números falam por si sós*. *** *Eles podem defender-se por si **sós***.

Em tempo (1) – Durante a pandemia, deparamos uma série de dificuldades e alguns probleminhas recorrentes, nem sempre muito agradáveis. São tempos de infectologistas. E um deles saiu-se com esta: *Tomar vitaminas pode ajudar no combate a infecções por manter um equilíbrio de nutrientes no corpo, mas, por si "só", elas não previnem doenças*. Nessa frase, **por si só** se refere a *vitaminas*, no plural. Portanto, *por si **sós***. Mas como já afirmei inúmeras vezes: Médicos entendem muito. (De medicina...) E os infectologistas, por sua vez, também entendem muito. (De infecções...)

Em tempo (2) – Há um médico por aí que se notabilizou por aparecer na televisão comentando assuntos sobre a sua especialidade. Seria ótimo se todos os seus conselhos fossem feitos em bom português. Conferir-lhe-ia maior credibilidade. Veja um dos seus infelizes comentários: *Você é testemunha que eu sempre procurei informar sem causar pânico. As epidemias mudam. Lá atrás, em janeiro, não "haviam" casos no Brasil. Nenhuma razão para mudanças na rotina diária.* Não "haviam", doutor? Tem certeza? Na sua escola não lhe ensinaram o emprego do verbo *haver* impessoal? Verbo impessoal não tem sujeito, doutor. Se não tem sujeito, o verbo não pode ir ao plural, porque é o sujeito que manda no verbo. Meter-se a falar na televisão, a um mundo de pessoas, sem ter pleno domínio da própria língua, é pouco recomendável. Ademais, doutor, quem é testemunha é testemunha de alguma coisa; portanto, faltou um **de** ali antes do *que*. Esse foi o médico que declarou, em janeiro de 2020, que a covid-19 seria mais uma "gripezinha". Depois, forçado pelo curso dos acontecimentos, mudou de ideia. Se não tinha firme conceito sobre a doença, por que fazer, então, declaração tão irresponsável? V. **82**.

261. Coríntia<u>ns</u>

Houve uma época em que os jornais e revistas traziam essa grafia, na tentativa de aportuguesar o nome do popular clube paulista. Só que não se tratava de um aportuguesamento integral. Só a forma *Coríntiãs* traduziria um perfeito aportuguesamento. Ocorre que nenhum corintiano aceitaria "deformidade" no nome do seu clube do coração. Então, os jornalistas desistiram daquela forma e passaram a usar a que nunca deveriam ter deixado de lado: **Corinthians**, cujo adjetivo correspondente é **corintiano**, sem "th", embora a torcida do time só faça faixas com "corinthiano". Convém, ainda, não dizer "Curíntia", mas o corintiano gosta de incentivar o seu time assim: "**Vâmu Curíntia!**". Como se sente feliz assim, oremos!

Em tempo – O nome completo do referido clube é *Sport Club Corinthians Paulista*.

262. palmei<u>rista</u>

Não, essa palavra não existe, mas no interior paulista muita gente que torce pela Sociedade Esportiva Palmeiras se diz "palmeirista" quando, na verdade, são **palmeirenses** ou, então, *esmeraldinos*, por causa da cor verde da camisa do clube. Hoje, alguns palmeirenses já aceitam que o time seja chamado de *porco*; outros, mais sensatos e originais, preferem *periquito*, a primeira (e a meu ver única) mascote oficial do clube. Convém, ainda, não dizer "Palmeira", comendo o s final, embora haja quem diga, por pilhéria, "Parmera": "Vâmu, Parmera!". Em "Vâmu, Curíntia!" e "Vâmu, Parmera!" se vê que ambos os clubes têm muito em comum, embora seus torcedores finjam ter rixa entre si...

Em tempo (1) – Alvinegros e alviverdes têm **rixa** entre si, mas não chegam a ter "rinxa", que isso é coisa de loucos...

Em tempo (2) – Ambos, Corinthians e Palmeiras, são clubes coirmãos; este, fundado em 1914, é verde e branco; aquele, em 1910, é preto e branco. O Palmeiras surgiu de uma dissidência do Corinthians. Daí a razão da grande rivalidade até hoje entre seus torcedores, mas nenhum deles pode negar que ambos os clubes surgiram do mesmo ovo. São rivais, mas não inimigos; no fundo, eles se amam, assim como dois irmãos que se adoram, mas sentem pejo em confessar...

Em tempo (3) – O curioso é que a torcida do Corinthians não veste verde por nada. Tudo em nome da rivalidade. Diz-se até que, quando da construção do novo estádio corintiano, quiseram trocar a cor do gramado, porque corintiano que é corintiano de verdade é preto e branco, não suporta nada verde. Mas... e a natureza? Por que diabos, então, a natureza, que é sábia, teria escolhido o verde como a sua cor preferida? Ah, por algo será...

Em tempo (4) – *Mascote*, ao contrário de como usam jornalistas esportivos, é palavra **feminina**: *o gambá é **a** mascote do seu time?*

263. fazer sociedade a meia

A locução que significa *meio a meio, em colaboração*, é **a meias**, e não "a meia". Sendo assim, convém sempre ser sócio **a meias**, fazer sociedade **a meias**, plantar **a meias**, comprar um iate **a meias**, etc. Quem sabe, assim, as dores de cabeça de todo sócio sejam menores!...

Em tempo – Usamos também no plural: *paredes-meias*, que significa contiguamente, com a separação apenas de uma parede: *Moro **paredes-meias** com Bruna Marquezine!*

264. quando será a nova Olimpíada?

A nova Olimpíada não será nunca! Porque já não existe. É preciso distinguir *Olimpíada* de *Olimpíadas*. A *Olimpíada* só existiu antes de Cristo e só foi disputada na Grécia; as **Olimpíadas** são jogos modernos, que se disputam de quatro em quatro anos, sempre em países diferentes. Apesar da diferença, a mídia brasileira insiste em não fazer a distinção. Se ao menos essa mesma mídia revelasse, no dia a dia, conhecimento da própria língua, respeitaríamos a sua posição. Mas colocando os pés pelas mãos diariamente, tanto em títulos quanto em conteúdos de notícia, fica impossível o respeito. Alguns autores e professores aceitam o uso de "Olimpíada" por *Olimpíadas*. Aí, então, me vem à mente o que não canso de repetir: existem autores e autores, professores e professores...

265. mil reais não dá pra comprar uma casa

O verbo *dar*, nessa frase, significa *ser suficiente, bastar, chegar* e varia normalmente: *mil reais não **dão** pra comprar uma casa*. *** *Duas melancias não dão para satisfazê-lo*. Existem até gramáticos que ensinam o contrário, ou seja, que o verbo nesse caso não varia. Tentam convencer, mas para tanto mil argumentos e explicações não **dão**...

266. às avessas: pronúncia correta

Pronuncia-se *às avéssas*: *Ele costuma vestir as meias **às avessas***. *** *Escreveram um conto que é **às avessas** de A Bela e a Fera*.

Em tempo – Os títulos de obras literárias podem ter os substantivos comuns escritos com inicial maiúscula ou com inicial minúscula, indiferentemente. Daí por que também poderíamos ter grafado *A bela e a fera*. Há um dicionário que, em vez de *Grande **D**icionário Sacconi*, prefiro que seja *Grande **d**icionário Sacconi*.

267. deixe, que eu averiguo isso ou averíguo isso?

A recente Reforma Ortográfica aceita ambas as prosódias; mas antes dela só se aceitava *averiguo*. O mesmo se diz de *apaziguar*: eu *apaziguo* (ou *apazíguo*) os briguentos. E assim, também: ele *averigua* (ou *averígua*) os fatos; eles *averíguam* (ou *averiguam*) os fatos; ele *apazigua* (ou *apazígua*) os briguentos, eles *apaziguam* (ou *apazíguam*) os briguentos, etc. V. **761**.

268. todos já acordarão e forão passear

Esse erro é inadmissível! As formas do pretérito perfeito do indicativo terminam em **am** (porque são paroxítonas); as do futuro do presente é que terminam em **ão** (porque são oxítonas). Portanto, quem não quiser ser motivo de chacota, que saiba distinguir uma forma da outra. *Todos já acordar**am** e for**am** passear* (pretérito perfeito, portanto formas paroxítonas). *** *Todos acordar**ão** cedo e ir**ão** passear* (futuro do presente, portanto formas oxítonas).

269. os bagdális e os somális

Não, quem nasce em Bagdá é *bagdali* (oxítona); quem nasce na Somália é *somali* (oxítona). Os apresentadores de telejornais e jornalistas em geral precisam urgentemente saber disso, pois só usam "bagdáli" e "somáli".

270. as crianças chegaram tudo sujas

Na língua falada popular há esse vício: usar "tudo" por **todo**; "tuda" por **toda** e "tudas" por **todas as**. Convém que tal uso se restrinja à língua cotidiana despretensiosa. Em ambiente mais seleto, ou mesmo escrevendo, use sempre: *Os bichinhos morreram **todos**.* (e não "tudo") *** *A casa desabou **toda**.* (e não: "tuda") *** *As crianças mexeram em todas as coisas.* (e não: em "tudas" coisas) *** *Os ladrões levaram todas as suas joias.* (e não "tudas" suas joias)

271. comentar sobre

Quem comenta, comenta alguma coisa. Sempre. Mas certo tipo de jornalistas vive para comentar "sobre" tudo. Veja trecho de um deles, do jornal *Lance*, publicado pelo portal IG: *O presidente da Fifa comentou "sobre" o novo Mundial de Clubes que estava marcado para 2021, mas que agora não se sabe quando vai poder acontecer, devido aos adiamentos da Eurocopa e Copa América.* Comentar mais o quê, não é mesmo?

272. o problema do uso de "o mesmo"

Há um hábito, mau hábito, de se usar "o mesmo" (e variantes) como pronome pessoal. Quem já não viu uma placa assim redigida, em frente de um elevador: *Antes de entrar no elevador, verifique se "o mesmo" encontra-se parado no andar.* Qual é o problema de usar **ele**? No meio policial, se você for fazer um boletim de ocorrência, será inevitável. É um tal de: *"o mesmo" declara que, "os mesmos" afirmam que,* etc. No texto abaixo, por exemplo, de um jornalista, bastaria substituir o infeliz "dos mesmos" por **deles**: *As gravações dos programas da* RedeTV! *seguem em curso, mas a alta direção da emissora tem sido alvo de críticas. Funcionários têm reclamado da falta de zelo pela saúde* **dos mesmos**.

273. comprei várias frutas, ou seja<u>m</u>, uvas, maçãs

As expressões explicativas *ou seja* e *isto é* não variam. Portanto: *comprei várias frutas,* **ou seja**, *uvas, maçãs, peras e mamões.* *** *Os maiores nomes da literatura portuguesa,* **isto é**, *Luís de Camões e Fernando Pessoa, deveriam ser mais estudados entre nós.*

274. sujeito composto = verbo no plural

Essa é uma regra básica da nossa língua. Quando o sujeito for constituído por dois ou mais núcleos, o verbo vai ao plural, com raríssimas exceções (v. **275**). O brasileiro é um povo apaixonado por carros. Pena que as montadoras existentes no país não tratem o povo brasileiro com o merecido respeito, oferecendo-nos apenas carros com plásticos duros, mal-acabados (e tão caros!), que depois de poucos quilômetros rodados viram uma escola de samba fora de ritmo. As carroças da época de Collor nunca nos abandonaram – essa é a desagradável constatação. Se as montadoras não têm o devido respeito, os jornalistas não ficam atrás (talvez por absoluta impossibilidade...). Veja o que escreveu um deles, no *site* Motor1: *Falta de peças e quarentena "impediu" fabricante de montar estoque da picape para o lançamento, antes marcado para abril.* Nicolas, sujeito composto exige o verbo no plural: 1 + 1 são dois, Nicolas. Sempre.

275. nadar e correr faz<u>em</u> bem à saúde

Não, nadar e correr **faz** bem à saúde. Quando o sujeito composto é formado por infinitivos, o verbo fica no singular, desde que não haja antonímia. Quando os infinitivos forem antônimos, o verbo vai obrigatoriamente ao plural: *ganhar e perder* **são** *do esporte; gozar e sofrer* **são** *do amor.*

276. ele é afi̠c̠cionado do Flamengo

Não existe "aficcionado" do Flamengo, mas apenas **aficionado**, que significa *entusiasta, grande simpatizante*.

Em tempo – Em rigor, a palavra *aficionado* rege a preposição **a**, mas a língua popular consagrou em seu lugar a preposição *de*. Os jornalistas esportivos, como grandes inventores que são, também usam *por*.

277. besouro: pronúncia correta

Pronuncia-se como se escreve: *bezôuro*. Mas o povo só diz "bizôrru". O curioso é que para *tesouro* ninguém diz "tizôrru". O que teria havido, então, com *besouro*, para merecer pronúncia tão diferente? Ninguém sabe.

278. fedô

O povão só diz assim, "fedô", mas as pessoas escolarizadas não devem imitá-lo. Devem dizer como se escreve: **fedor**. O curioso é que somente essa palavra, com essa terminação (*or*) tem o *r* "capado" na pronúncia. Veja estas, com a mesma terminação: *amor, calor, favor, pavor, temor, vapor*, etc. Alguém diz "amô", "pavô"? O cheiro teria exercido influência?

279. brigado?

No Brasil pode ser taxada como absoluta raridade a pessoa que diz **obrigado, obrigada**, quando agradece. A razão de as pessoas "comerem" a sílaba inicial é difícil de explicar. Mais difícil de explicar, ainda, é o caso das pessoas que, a um "brigado" ou a um "brigada", respondem: *"Brigado você"*. (em vez de **Obrigado, digo eu**.) Ainda muito mais difícil de explicar é o caso daquelas pessoas que, a um agradecimento, dizem: "Magine!"...

Em tempo (1) – Ao responder a um *obrigado* ou "brigado", diga **por nada**, de preferência a "de nada", que é um espanholismo. Afinal, *obrigado* rege **por**. Veja: *Muito obrigado por ter vindo*. Evite dizer apenas "nada".

Em tempo (2) – O verbo *agradecer* é transitivo direto e indireto; quem agradece, agradece alguma coisa a alguém: *Agradeci o presente a meu amigo*. (= Agradeci-lhe o presente.) *** *Agradecemos a preferência a nossos clientes*. (= Agradecemos-lhes a preferência.) Não se usa, portanto: Agradeci "meu amigo pelo presente". *** Agradecemos "nossos clientes pela preferência". De um jornalista da Agência France-Presse, publicado no portal UOL em manchete: **Kim Jong-un agradeceu aos norte-coreanos "por" seu apoio em tempos difíceis.**

280. a mão que afaga é a mesma que...

...**apedreja**, que se pronuncia com o **e** tônico fechado (*apedrêja*). Mas o mundo só diz "apedréja"!... Todos os verbos terminados em *ejar* têm as formas com **e** tônico fechado, com exceção de *invejar*: *almejar, alvejar, arejar, bocejar, calejar, farejar, festejar, gaguejar, gotejar, lacrimejar, latejar, pelejar, pestanejar, planejar, praguejar, rastejar, relampejar, velejar*, etc. *** Ele **almeja** a presidência. *** O governo **planeja** um novo imposto. *** Ele **gagueja** demais. *** A Interpol **rasteja** o traficante. *** O pobre **peleja**, **peleja** e não fica rico.

Em tempo – Note que a palavra *exceção* se escreve com ç; além daqueles que escrevem "excessão", há os que usam "exeção", duas cacografias inadmissíveis em pessoa escolarizada.

281. sua camisa está cheirando suor

O verbo *cheirar*, no sentido de *exalar cheiro de*, exige a preposição **a**: *sua camisa está cheirando **a** suor.* *** *Seus cabelos e roupas estão cheirando **a** cigarro.* *** *Esse quarto está cheirando **a** mofo.* *** *Cheira-me **a** queimado este ambiente.*

282. carros esporte<u>s</u>

A palavra *esporte*, em função adjetiva, não varia. Portanto, *carros **esporte**, camisas **esporte***, etc.

283. nenhum jogador <u>se</u> ombreará <u>a</u> Pelé

A verdade é outra: *nenhum jogador ombreará **com** Pelé. Ombrear* é verbo transitivo indireto quando significa *igualar-se, equiparar-se*, mas, diferentemente de seus sinônimos, rejeita pronomes oblíquos.

Em tempo – Na Internet existe um *site* de gramática, Revisões & Revisões, que registra "ombrear-se a". Como já afirmei, essa rede aceita mesmo de tudo. Cuidado com ela, porque se corre o perigo de desaprender! Repare no texto de apresentação do referido *site*: *Esta gramática visa solucionar dúvidas comuns de profissionais de diversas áreas de conhecimento na elaboração de textos, relatórios, redação diária de e-mails. A base desta gramática advém da experiência da equipe de revisores obtida em vários setores de trabalho.* **Solucionar** dúvidas?! **Experiência** da equipe?! O mundo está mesmo do avesso.

284. garotas sex<u>ies</u>

A palavra *sexy*, equivalente em português de *sensual*, não varia. Portanto, *garotas **sexy**, olhares **sexy**, lingeries **sexy***, etc. Declaração de uma jovem atriz brasileira: *Eu gosto de nudez, acho bonito. Gosto de coisas "sexys"*. Quem não gosta de coisas *sexy*, não é, Cleo? Só mesmo pastores, padres, freiras e o Papa. (Ou só que não?...)

285. carros cinzas

Não. A palavra *cinza*, em função adjetiva, não varia. Portanto, *carros cinza, ternos cinza, metais cinza, camisas cinza*. Se a palavra forma composto, também não varia nenhum dos elementos: *carros cinza-escuro, camisas cinza-claro*. Nem *escuro* nem *claro* variam, em obediência à regra dos compostos, segundo a qual não haverá variação nenhuma, quando um elemento do composto for substantivo. Daí termos *gravatas vermelho-sangue, carros azul-bebê, camisas azul-turquesa*, etc.

286. contas laranjas

A palavra *laranja*, em função adjetiva, não varia. Portanto, *contas **laranja**, funcionários **laranja**, camisas **laranja**, correntistas **laranja**,* etc. Os jornalistas brasileiros desconhecem completamente o assunto.

287. o dengue continua acometendo pessoas

Não, é *a dengue* que ainda continua acometendo muita gente. Recentemente, porém, um conhecido apresentador de programa esportivo, mais conhecido pela sua volúpia de fazer *merchandisings*, defendeu com unhas e dentes o gênero masculino para essa palavra. As unhas, porém, estavam gastas, e os dentes, podres. O sapateiro nunca deve ir além dos sapatos.

288. isso não tem nada haver

Não, não tem nada **a ver** escrever "haver" por *a ver*. Mas é o que mais se encontra na internet, a escola dos iletrados. Cuidado com essa rede, que, como papel, aceita tudo e de tudo.

289. ainda não retornaram a ligação

O verbo *retornar*, nesse caso, é transitivo indireto, exige a preposição **a**. Se você ligou, deixou recado e não retornaram **à** ligação, por algo será...

290. fez boa viajem?

O substantivo é com **g** (*viagem*); a forma verbal é com **j** (*viajem*): *Espero que vocês **viajem** bem, com todo o conforto, porque a **viagem** será longa.*

291. *apud*: pronúncia correta

Apud é um latinismo que significa *citação de citação*, geralmente usada em textos acadêmicos, para indicar que a obra ou o texto citado não foi lido, mas encontrado em outro local. Esse latinismo geralmente está por *segundo, citado por, conforme*, principalmente em citações bibliográficas, frequentemente entre parênteses ou em notas de rodapé. Pronuncia-se *ápud*.

292. os sem-terra, os sem-teto

O plural de *sem-terra* e de *sem-teto* é, à luz da gramática e do bom senso, *sem-terras, sem-tetos*, embora haja quem defenda sua não variação. A defesa, no entanto, usa um artifício: argumenta que *sem-terra* aí equivale a *pessoa que está sem terra,* e *sem-teto* corresponde a *pessoa que está sem teto*. Ora, em língua nada se deve fazer por equivalência, ou por suposta equivalência, caso contrário *guaraná* será, então, palavra feminina, para aquele que bebe um**a** *garrafa de guaraná*; *chope* será ainda palavra feminina, porque *chope* nada mais é que **a** cerveja em barril, guardadas as condições de temperatura e pressão. Argumentos tão ridículos quanto aquele sobre *sem-terra*. Ademais, existe uma regra de plural dos nomes, segundo a qual os substantivos sempre sofrerão variação, quando antecedidos de preposição ou de prefixo, como é o caso de *sem-terra* (*sem-* é uma preposição em função de prefixo). Daí por que o plural de *contra-ataque* é *contra-ataques*, de *entre-eixo* é *entre-eixos*, etc. E assim também: de *sem-pulo* é *sem-pulos*; de *sem-vergonha* é *sem-vergonhas*; de *sem-palavra* é *sem-palavras*; de *sem-vergonhice* é *sem-vergonhices*, etc. Nem entraremos a falar da concordância esdrúxula, grotesca, inteiramente avessa à índole da língua portuguesa, que a não variação propicia, como se vê comumente em títulos de notícias, nos jornais: "Sem-terra invadem" *fazenda no Pará.* Isso é português?

Em tempo – Muitos poetas usaram palavras semelhantes, sem variar o substantivo, mas tais figuras gozam de liberdade poética, segundo a qual tudo pode ser feito em nome da beleza, mesmo que em detrimento das normas da língua. Os elaboradores do *Vocabulário Ortográfico da Língua Portuguesa* (VOLP) recomendam a não variação de *sem-terra*. Normal... Duro mesmo é ter que aceitar um vocabulário, porque tem força de lei, com toda sorte de problemas! Elenco boa parte deles no **Dicionário de erros, dúvidas, dificuldades e curiosidades da língua portuguesa**, 2.ª edição.

Em tempo – O verbo *elencar*, neologismo, significa *listar, arrolar* e já tem registro oficial.

293. quiproquó: pronúncia correta

Pronuncia-se *kuiprokó*. Anote ainda estoutras palavras de **u** sonoro no grupo *qu*: *delinquente, delinquir, equestre, equino, equidistante, equitativo, quinquenal, quinquênio, quinquídio, quinquagésimo, quingentésimo.*

294. boemia
É a prosódia popular, surgida por influência de *orgia*, paroxítona com a mesma terminação. A região da Europa se chama *Boêmia*. Ambas as prosódias, *boêmia* e *boemia*, contudo, são corretas, sendo a segunda meramente popular.

295. obedeça a sinalização
O verbo *obedecer* é sempre transitivo indireto, a exemplo do antônimo *desobedecer*. Por isso, *obedeça sempre à sinalização, obedeça sempre aos mais velhos, obedeça sempre e principalmente ao bom senso e à razão*.

Em tempo – Sendo ambos os verbos transitivos indiretos, não tem cabida esta construção: *Tenho que obedecê-lo*. *** *Eis lá seu pai, se você desobedecê-lo, não terá mesada*. A norma padrão exige, respectivamente, *obedecer-lhe* e *desobedecer-lhe*.

296. agente faz o que pode
É uma verdadeira febre hoje essa de usar "agente" por **a gente**. É um tal de *venha com "agente", "agente" gosta de você*, que chega a ser inexplicável. Não se tem notícia de qual foi o "artista" que deu início a essa nova tolice.

297. estar de greve
Se, por um lado, podemos estar, indiferentemente, **de** *férias* ou **em** *férias*, **de** *pé* ou **em** *pé*, de outro só devemos estar **em** *greve*. *Os professores estão em greve*. Quando se diz "estamos em processo de greve", significa que o movimento ainda não eclodiu, mas é iminente.

298. Oiapoc
Em português se escreve **Oiapoque**. Antigamente se dizia que o Brasil ia do "Oiapoc" ao "Chuí" (ambas hoje erradas)...

Em tempo – A grafia atual é **Xuí**, mas quem chega a essa cidade gaúcha, a mais meridional do país, só vê "Chuí", assim como todos escreviam antigamente "Goyaz", "pharmacia", etc., ou seja, antes de 1943, ano em que se deu uma grande reforma da nossa ortografia. Somente depois dessa reforma é que pudemos constatar a correção de topônimos como Moji, Bajé, Curitiba, etc., que se grafavam Mogi, Bagé, Coritiba, etc.

299. se você, que é rico, não gasta, que dirá eu!
"Que dirá eu!" é coisa da língua popular. A língua padrão tem **que se dirá de mim!**: *Se você, que é rico, não gasta,* **que se dirá de mim!** *** *Se ela, que é linda, não foi eleita miss,* **que se dirá de nós!** (e não: "que dirá nós!")

300. Pamela

Esse nome, nem brasileiro nem português, é proparoxítono. Mesmo que não venha com acento, pronuncia-se **Pâmela**, e não "Paméla". O nome deste autor é *Antonio*, sem acento; nem por isso me chamam "Antonío".

301. vamos passar para outro assunto

O verbo **passar** pede a preposição **a**, quando significa *mudar de ação ou de atividade*. Portanto: *vamos passar a outro assunto, vamos passar a outro ponto, passemos ao que interessa*, etc. Já quando significa *mudar de lugar ou de local*, pede a preposição *para*: *passemos para a outra sala, passamos para o banco de trás, passamos para o fundo da aeronave*.

302. Euler

A pronúncia rigorosamente correta desse nome é **Óiler**, assim como o de *Freud* é *Fróid*: o **eu** alemão soa **ói**. No entanto, por aqui preferiram pronunciar esse nome à brasileira: *Êuler*. Paciência! Mas nunca por aqui ouvi alguém dizer *Frêud*. É claro!...

303. Qatar

Esse nome de país árabe, em português tem outra roupa: **Catar**. Mas os jornalistas brasileiros continuam insistindo em "Qatar". Normal...

304. asterístico, mourístico

As palavras corretas são **asterisco** (= pequena estrela: *aster* = estrela + *isco*, sufixo indicador de diminutivo) e **mourisco** (*arquitetura mourisca*). Além de suas mais variadas funções em nossa língua, o **asterisco** também atua como um caractere curinga na informática, pois pode substituir qualquer caractere nas ferramentas de busca.

Em tempo (1) – Em informática, consagrou-se a palavra **caractere** para designar qualquer letra, algarismo, símbolo, sinal de pontuação ou tipo de notação que se possa representar como uma unidade de informação para um computador.

Em tempo (2) – Depois de algumas idas e vindas do VOLP, fixou-se a grafia **caráter**, singular, para designar *feição moral* (*pessoa sem caráter*) e *caractere* para uso na informática, sendo *caracteres* o plural de ambas as palavras. Sendo assim, o plural de *mau-caráter* é *maus-caracteres*.

Em tempo (3) – Um exemplo fantástico da arquitetura mourisca é o famoso palácio de Alambra (*Alhambra*, em espanhol), na cidade de Granada. Até 1492 foi o palácio dos reis mouros.

305. o marido resolveu perdoá-la

O verbo **perdoar** é transitivo direto e indireto, com objeto direto de coisa e indireto de pessoa. Portanto, quem perdoa, perdoa alguma coisa **a** alguém: *O marido resolveu perdoar a traição à esposa*. Se retirarmos *a traição*, que é a coisa, ou seja, o objeto direto, temos: *O marido resolveu perdoar à esposa*, que é igual a *O marido resolveu perdoar-lhe* (e não "perdoá-la"). Portanto, usamos: *Ninguém lhe perdoa pelo que fez*. (E não: Ninguém "o" ou "a" perdoa.) *** *Gostaria de perdoar-lhe, Beatriz, mas não consigo.* (Nada de "perdoá-la".)

Em tempo – Notícia "importantíssima", colhida no portal UOL: *Salma Hayek, de 54 anos, compartilhou algumas fotos de biquíni, em meio "a" natureza, em seu Instagram. Entretanto, o exagero no Photoshop chamou atenção dos fãs da atriz, que não "a" perdoaram.* Quem perdoa a um jornalista que não conhece crase nem regência verbal? Você lhe perdoa?...

306. seu patrão ainda não o pagou?

O verbo **pagar** é transitivo direto e indireto, com objeto direto de coisa e indireto de pessoa. Portanto, quem paga, paga alguma coisa **a** alguém: *Seu patrão ainda não pagou o salário a você?* Se retirarmos *o salário*, que é a coisa, ou seja, o objeto direto, temos: *Seu patrão ainda não pagou a você?*, que é igual a *Seu marido ainda não lhe pagou?* Portanto, usamos: *Ninguém lhe pagou o que devem?* *** *Quero pagar-lhe tudo o que devo.* *** *Ele disse que não sairia da empresa antes de lhe pagarem.*

307. esse caso é seríssimo

Não, o caso é **seriíssimo**! Os adjetivos terminados em **io** antecedido de consoante (*sério*) fazem o superlativo sintético com dois **ii**. Assim, além de *seriíssimo*, temos *precariíssimo* (de *precário*), *sumariíssimo* (de *sumário*), *necessariíssimo* (de *necessário*), etc. Há alguns autores e professores que não aceitam isso, advogando a escrita com apenas um **i** acentuado. Mas o que eles farão, então, com o superlativo de *frio* e de *macio*? "Fríssimo"?! "Macíssimo"?! Um dia *muito frio* é, em verdade, um dia *friíssimo*; um pão *muito macio* só pode ser *maciíssimo*. Por isso, em casos assim e assemelhados, sempre me vem à lembrança aquela conhecida "passagem bíblica", que não canso de repetir: cuidado com o que ouve e lê por aí, porque neste mundo existem autores e autores, professores e professores...

Em tempo – Só os adjetivos antecedidos de vogal é que fazem o superlativo com apenas um **i**: feio, *feíssimo*; cheio, *cheíssimo*, etc. Tais autores e professores confundem, então, estes com aqueles. Normal.

308. coldre, probo, suor

Essas três palavras têm o **o** tônico aberto: *kóldri, próbu, suór*. Uma pessoa *proba* é uma pessoa honrada, correta, íntegra. O antônimo de *probo* é *ímprobo*, com o primeiro **o**, agora, fechado. O então presidente Fernando Henrique Cardoso, mais conhecido por FHC, homem culto, letrado, professor, sociólogo, parisiense, certa vez, num discurso, quis parodiar Churchill. E saiu-se com esta*: Só tenho a oferecer ao povo brasileiro "suôr" e lágrimas*. Pois é, presidente, as lágrimas estão vertendo até hoje...

309. água saloba

Essa água não existe; a que existe é a água **salobra** ou **salobre**.

Em tempo – *Salobra* e *salobre* são formas variantes, ou seja, formas que podem ser usadas uma pela outra, sem nenhum problema. V. **422**.

310. ventos alíseos, Campos Elíseos

Os ventos que ventam na língua portuguesa são os **alísios**. Na mitologia grega, os *Campos Elísios* são o lugar mais sombrio da Terra, para onde vão as almas dos mortos, comandado por Hades, o deus desse submundo. *Campos Elísios* também é nome de um bairro da cidade de São Paulo, ao qual jornalistas se referem como Campos "Elíseos". O que é muito normal...

311. se e si

Se é pronome oblíquo átono (*eles se amam*) e conjunção (*se chover, não sei se vou à praia*). **Si** é pronome oblíquo tônico, que sempre aparece acompanhado de preposição (*cada um por si; ela costuma falar de si mesma*). As pessoas usam muito "si" por **se**, mas não o inverso.

312. Rui Barbosa, o Águia de Haia, era baiano

Não. Rui Barbosa nunca foi *"um" águia*, termo pejorativo, que significa *velhaco, espertalhão*; o grande baiano foi, sim, **uma** *águia* (ave a que se associa a ideia de extrema inteligência, talento e perspicácia). Rui Barbosa ficou conhecido, portanto, como **a** Águia de Haia.

313. prefiro doce do que salgado

Quem tem diabetes, no entanto, prefere salgado **a** doce... O verbo *preferir*, assim como o adjetivo *preferível*, não aceita "do que": *Prefiro maçã a pera*. *** *É preferível doce a salgado*.

Em tempo (1) – Nem *preferir* nem *preferível* aceitam modificadores tais como "muito mais", "mil vezes", "milhões de vezes", "antes", etc., porque a ideia de anterioridade já está inclusa no prefixo.

Em tempo (2) – Usa-se indiferentemente nas comparações *que* ou *do que*: *ela é maior **que** (ou **do que**) eu; eu sou mais pequeno **que** (ou **do que**) ela*.

Em tempo (3) – Nada há contra *mais pequeno*. Pode usar à vontade! Os portugueses usam *mais pequeno* sem cometerem transgressão alguma. Só o brasileiro mal-informado é que acha errada a expressão. Errada é, sim, "mais grande", que, aliás, é correta no espanhol. Portanto, pode dizer ou escrever que *a Lua é **mais pequena** que a Terra*, que ninguém de mente sã e razoável conhecimento vai corrigi-lo(a).

Em tempo (4) – Mesmo em português é correto o uso de *mais grande*, desde que comparadas qualidades de um mesmo ser. Ex.: *Minha filha é mais grande que pequena*. Já na frase: *Minha filha é "mais grande" que você*, há problema.

314. minhas vizinhas blasfemiam o dia todo

Na verdade, suas vizinhas **blasfemam**, pois o verbo é *blasfemar*, e não "blasfemiar": *ela **blasfema**, e eles também **blasfemam***. Pronuncia-se *blasfêma*, *blasfêmam*, sempre com **e** fechado. O substantivo, no entanto, traz **i**: *blasfêmia*. V. **189**.

315. cerda, joanete, rastelo, enxaqueca

Todas quatro têm o **e** tônico fechado: *cêrda, joanêti, rastêlu, enxakêca*.

Em tempo – As cerdas de uma escova de dentes servem para escovar *os dentes*, embora muitos digam, após uma refeição: *vou escovar "o dente"*. Se for apenas um, a frase é perfeita...

316. sou o octagésimo da fila

Não, quem está no **80.º** lugar da fila está no **octogésimo** lugar.

Em tempo (1) – O numeral ordinal de *setenta* é **setuagésimo**, de preferência a *septuagésimo*. Da mesma forma, prefere-se **setuagenário** a *septuagenário*, sem serem incorretas as grafias aqui rejeitadas.

Em tempo (2) – O numeral ordinal de vinte é *vigésimo*; de trinta é *trigésimo*; de quarenta é *quadragésimo*; de cinquenta é *quinquagésimo* (*quinqua* = *kuinkua*); de sessenta é *sexagésimo*; de noventa é *nonagésimo*; de cem é *centésimo*; de duzentos é *ducentésimo*; de trezentos é *trecentésimo* (ou *tricentésimo*); de quatrocentos é *quadringentésimo*; de quinhentos é *quingentésimo* (*quin* = *kuin*); de seiscentos é *seiscentésimo* (ou *sexcentésimo*); de oitocentos é *octingentésimo*; de novecentos é **nongentésimo** (ou **noningentésimo**). *** *São Paulo comemorou em 1954 o seu **quadringentésimo** aniversário de fundação*. *** *No ano de*

2022, o Brasil comemorou o seu **ducentésimo** ano como país independente. *** Este é o **trecentésimo** décimo sexto item deste nosso livro. *** Prefiro ser o **quingentésimo** da fila a ser o **octingentésimo**.

317. sob o meu ponto de vista, isso está errado

Não temos nada contra o uso de galicismos, mas preferimos usar as palavras, expressões e construções nossas, quando rigorosamente equivalentes. Portanto, *do meu ponto de vista*, isso está certo...

Em tempo – Os portugueses abominam os galicismos, por razões históricas: foram os franceses que obrigaram a Família Real a fugir para o Brasil. Nós, brasileiros, não temos nada a ver com isso; aliás, **temos**, porque fomos muito beneficiados com a vinda inesperada de D. João VI, que criou a Biblioteca Nacional, o Banco do Brasil, a Casa da Moeda, o Jardim Botânico, etc. O mau foi que, à sua chegada, os cariocas tiveram que sair urgentemente de suas casas, para dar guarida ao rei e sua comitiva.

318. quanto é hoje?

A pergunta deve ser sempre no plural: *quantos são hoje?* Respondemos: *hoje é primeiro de março*. Ou: *hoje são dois de março*. Se aparece a palavra *dia*, com ela deve ser feita a concordância: *hoje é dia dois de março*.

Em tempo (1) – Repare que no plural também perguntamos: *que horas são?* Respondemos: *é uma hora, é meio-dia, é meia-noite*. Mas: *são duas horas, são cinco horas*, etc. A pergunta "que horas tem aí?", muito comum entre iletrados, deve ser desprezada.

Em tempo (2) – Também devemos perguntar: *Quantos são dois mais dois?*, *Quantos são duas vezes quatro?* (O povo pergunta: "quanto é" dois mais dois?, "quanto é dois" vezes quatro?) E ainda dizem que a voz do povo é a voz de Deus... (Deus erra?)

319. fiquei fora de si

Já ouvi isso e quase fiquei fora de **mim**. A correspondência de pessoa entre o pronome oblíquo e o sujeito é rigorosa, obrigatória: **ela** *ficou fora de si*, mas **nós** *não ficamos fora de nós*. **Ficaste** *fora de ti?*

Em tempo – Houve em São Paulo há alguns anos um folclórico presidente de clube que, rico, costumava dizer: *Eu "se" fiz por "si" mesmo*. Grande alma! Que descanse em paz!

320. já morei no Mato Grosso

Não, ninguém mora "no" Mato Grosso, mas **em** Mato Grosso. O nome desse estado não exige hífen: *vou **a** Mato Grosso, voltei **de** Mato Grosso, passei **por** Mato Grosso*. Quem nasce em Mato Grosso é *mato-grossense*.

Em tempo – Ninguém mora "no" Mato Grosso, mas mora **no** Mato Grosso do Sul, nome que exige o artigo, assim como Rio Grande do Sul. Assim, ninguém volta "de" Mato Grosso do Sul, mas d**o** Mato Grosso do Sul. Quem nasce n**o** Mato Grosso do Sul é *mato-grossense-do-sul*.

321. plaga e praga

Plaga, palavra mais usada no plural, significa terra, região, país: *Vaguei por todas as **plagas** para te encontrar; não te encontrando, em vida morri*. Já **praga**, nem é preciso definir, todo o mundo sabe o que é: *Eliminei todas as **pragas** do meu jardim*.

322. por causa que

Não existe essa locução em nossa língua padrão. Substitua-a por *visto que, porque, porquanto*: *Não casei com ela, **visto que** não me inspirava confiança.* *** *Não viajei **porque** estava chovendo.* *** *Não comprei o livro, **porquanto** não tinha dinheiro.*

323. caminhoneiro: uma curiosidade

Escreveu o filólogo Silveira Bueno certa feita num jornal: ***Caminhão** é um termo muito novo na nossa língua; só foi introduzido depois que se inventou o automóvel de carga. Veio-nos pelo francês **camion**. De camion o povo fez **camião**, dando-lhe terminação portuguesa. Depois, porque o camião se prestava quase que exclusivamente para transportes através dos **caminhos**, começaram a chamá-lo de **caminhão***. Do **caminhão** surgiu a *caminhonete* (muito mais popular no Brasil que a lusa **camioneta**, aportuguesamento do francês *camionete*) e também o *caminhoneiro*, que em Portugal é **camioneiro**, com toda a justiça e retidão.

324. cervo: pronúncia correta

Todo o mundo pronuncia errado essa palavra, que tem, a exemplo de *servo* (criado), o **e** aberto (*cérvu*), e não fechado. Os locutores de televisão, mormente, têm de parar urgentemente de divulgar a pronúncia errônea.

325. tive boa estadia nesse hotel

Nenhum ser humano tem "estadia" em lugar nenhum, mas **estada**. Há certos autores e professores atualmente que rejeitam o uso de **estada** nesse caso. Todo gramático respeitável defende o uso de **estada** por "estadia", com pessoas. Com coisa é que se usa *estadia*: *a **estadia** de um automóvel, a **estadia** de um navio*, etc.

Por isso, use, sem se preocupar com os grandes "inovadores" da nossa língua: *tive boa **estada** nesse hotel, não costumo ter **estada** na casa de amigos, foi gratificante a minha **estada** na sua cidade.*

326. a doença estava em estágio avançado

Estágio quem faz são pessoas; coisas é que passam por **estádio**, que significa *fase, etapa*: *A doença está em **estádio** avançado.* *** *Essa família está passando por um **estádio** delicado, muito doloroso.* *** *Meu filho está fazendo **estágio** na Embraer.* É justamente por isso que os médicos oncologistas falam em **estadiamento** de um tumor (do T1, leve, ao T4, grave), e não "estagiamento". Os jornalistas brasileiros ignoram tudo isso. Normal... Eis uma prova disso neste título de notícia do portal G1 (do Grupo Globo): **Rio entra em "estágio" de atenção por forte chuva**.

Em tempo (1) – Você e o mundo até poderão continuar usando "estágio" por *estádio*. Normal. Mas ao menos você, particularmente, a partir de agora, já terá consciência de que não está rigorosamente correto.

Em tempo (2) – Poderá alguém objetar: *Ah, mas os dicionários Caldas Aulete e Houaiss registram **estágio** como sinônimo de **estádio**.* Que não se esqueça, então, que o primeiro registra também "mussarela", e o segundo, além de "salchicha", registra outros tantos desaforos, alguns deles constantes no **Dicionário de erros, dúvidas, dificuldades e curiosidades da língua portuguesa**, 2.ª edição.

327. três curiosidades

1.ª) A palavra *canalha* forma-se de *cane* (cão) + o suf. *alha*. Canalha é, portanto, pessoa infame, cujos atos lembram os de um cão de rua.

2.ª) As palavras *candidato* e *cândido* pertencem à mesma família: em ambas existe a ideia de *branco, puro*. Na antiga Roma, todo aquele que aspirasse a empregos públicos tinha de vestir uma túnica branca, para demonstrar sinceridade e pureza de intenções. Até hoje, todo candidato procura, de fato, mostrar sinceridade e pureza de intenções. O candidato...

3.ª) As palavras *defunto* e *função* têm o mesmo radical latino. *Defunto* (de *defunctu*) significa aquele que cumpriu uma função.

328. time com bom elenco

Não há propriedade no uso do coletivo *elenco* em referência a jogadores, como faz a maioria dos jornalistas esportivos brasileiros. A palavra *elenco* é apenas e tão somente coletivo de **atores**, como bem registra o dicionário Aurélio. O coletivo de **atletas** é, em verdade, apenas **plantel**, como bem registra o mesmo dicionário. O dicionário Houaiss também não registra *elenco* em referência a profissionais de alto gabarito, mas sim **plantel**. Daí por que há absoluta propriedade em usar *plantel de jogadores,* **plantel** *de funcionários,* **plantel** *de comentaristas*, etc. Os jornalistas esportivos brasileiros, ao contrário dos portugueses, deram de achar que *plantel* só diz respeito a cavalos de raça. Mas quem é que foi o engraçadinho que disse isso a eles? Quase certo que ninguém. Eles próprios são os padrastos dessa tolice, apanágio deles. Essa gente se acha no direito de elaborar regras e difundi-las. O ruim é que há quem os siga, quem acredite neles. Ninguém nega a força da mídia. Se, porém, fosse ao menos para educar...

Em tempo (1) – Todos sabemos que os portugueses, donos da língua, são extremamente zelosos do seu uso. Veja como se expressou um deles, Abel Ferreira, no momento treinador do Palmeiras: *Já ouvi dizer que o Palmeiras já teve melhores* **plantéis** *do que este. Posso dizer que, com melhores* **plantéis** *ou com melhores jogadores do ponto de vista individual, nem sempre se ganham títulos.* Só mesmo jornalista esportivo brasileiro para evitar o uso do que é absolutamente correto.

Em tempo (2) – Como bem se viu, hoje se grafa *tão somente*, sem hífen.

329. vitrô não existe no mundo do VOLP

É palavra que todo o mundo usa. Mas o egrégio VOLP ainda não se dignou registrá-la. Querem que usemos *vitral*. Mas *vitral* é bem outra coisa, é a vidraça fixa sobre a qual se fazem pinturas com diversos motivos, muito encontrada em igrejas. Sua casa tem vitrais? Ou tem **vitrô** mesmo?

330. antedatar e pré-datar

Antedatar é colocar data anterior àquela em que foi feita a escrita de um documento, para se fazer supor que foi redigido na data a que se refere: *Para se eximir de responsabilidade,* **antedatou** *o ofício, fazendo nele constar o dia 30 de dezembro de 2008, quando o documento foi produzido e enviado no dia 5 de fevereiro de 2009.* *** **Antedatei** *o documento, para não pagar multa.* Geralmente, *antedatar* papéis constitui crime. **Pré-datar** é pôr data futura em: **Pré-datei** *o cheque para o dia 15 de abril.* (Entende-se que a pessoa marcou data posterior àquela em que assinou o cheque.)

331. moral, amoral e imoral

Tudo aquilo que está de acordo com os bons costumes e regras de conduta de um grupo social ou da sociedade é **moral**, palavra feminina: *a moral*. Também significa o conjunto dos princípios da honestidade e do pudor. Mulher sem *moral* é mulher devassa. Todo político deveria nortear-se pela *moral*, mas isso já é pedir demais... **Amoral** é termo que se aplica àquele que é moralmente neutro, ou seja, que não é nem moral nem imoral, àquele que não se baseia num padrão moral, ou que não tem senso da moral, por desconhecer os princípios morais. Todo bebê é *amoral*. Toda ciência é *amoral*. Uma nova aldeia indígena descoberta é constituída de indivíduos *amorais*. Todo ser indiferente à moral, por desconhecê-la completamente, é *amoral*. **Imoral**, no entanto, é o mesmo que obsceno, indecente: *filmes **imorais**, telenovelas **imorais**, fotos **imorais**, políticos **imorais***.

Em tempo – *Moral* como nome masculino significa estado de ânimo: *Ganhar na megassena levanta o moral de qualquer cristão*. *** *O moral desse time está baixo, é preciso levantar-lhe o moral*. Diferente, portanto, é tratarmos d**a** *moral* dos *hippies* e d**o** *moral* de uma equipe.

332. estás a fim de namorar comigo?

Eis aí um exemplo de italianismo. O italiano exerceu, a partir do século XIX, muita influência sobre o português do Brasil, em razão da maciça imigração italiana. Toda contribuição estrangeira é válida, desde que não haja palavra, expressão ou construção semelhantes na nossa língua. Se em português o verbo *namorar* é transitivo direto, devemos construí-lo sempre assim: *Estás a fim de me namorar?* *** *Namorei-a dois anos.* *** *Ela diz que não namora vagabundos*. Está claro, porém, que a juventude de hoje prefere a construção italiana: *Estás a fim de namorar comigo?* *** *Namorei com ela dois anos.* *** *Ela diz que não namora com vagabundos*. Muito contribui para essa construção a regência de *namoro*: *Ela está de namoro com o vizinho*. Construa como quiser, mas se optar por *namorar com*, fique ciente de que estará usando sintaxe italiana, não portuguesa.

Em tempo – Você notou que **a fim de** se escreve em três palavras: *Estou aqui a fim de ajudar, e não a fim de atrapalhar*. Na língua cotidiana muito se usa por *disposto(a) a*: *Estás a fim de me namorar?* No entanto, alguns escrevem "afim de", que não tem nada a ver.

333. ele joga de goleiro

Eis aí outra construção própria da língua italiana. Em português se substitui a preposição *de* por **como**: *ele joga **como** goleiro*. Agora, lhe pergunto: qual construção prefere você?; qual construção usa a garotada nas peladas?; Suas respostas já bastam para que não repudiemos mais esse italianismo.

Em tempo – Também italianismo é o uso da mesma preposição em *ficar **de** sócio, entrar **de** sócio; repetir **de** ano, passar **de** ano*. Querem os puristas que substituamos *de* por *como*. Você concorda com eles? Pois, você vai ter de entrar **como** sócio do Palmeiras, para poder passar **o** ano...

334. estávamos em cinco no automóvel

Novamente, outra construção italiana. Em português puro, essa preposição "em" não tem sentido. Usa-se: *estávamos cinco no automóvel*. Querer tal construção na língua popular é remar contra a maré. Tanto com o verbo *estar* quanto com outros verbos, a língua popular usa a referida preposição: *éramos **em** sete no automóvel, somos **em** quatro lá em casa, íamos **em** nove no barco, vínhamos **em** quinze na caminhonete*, etc. Agora, leia essas mesmas frases sem a preposição. Que tal? Você, doravante, na língua cotidiana, usará assim, como leu?...

335. acurado e apurado

Tudo o que é feito com capricho ou com muito rigor, meticulosamente, é **acurado**. Cozinheira que prima por *acurados* pratos. Os policiais fazem *acurado* interrogatório a um suspeito de crime. O jogador sofreu pancada na cabeça, foi medicado no estádio, mas os médicos preferiram levá-lo ao hospital para uma avaliação mais *acurada*. Já **apurado** tem vários significados: 1) fino, refinado, esmerado, requintado: *homem de **apurada** educação, gosto **apurado**, acabamento **apurado***. 2) capaz de distinguir bem sensações, percepções, etc.: *ouvido **apurado***. 3) que se computou: *votos **apurados**, valor **apurado***. 4) sobrecarregado de trabalho: *hoje não posso ajudá-lo, porque estou **apurado***. 5) diz-se de, ou quantia que se apurou em vendas em determinado período de tempo: *é insuficiente o dinheiro apurado*; *o **apurado** este mês não dá para pagar as despesas*.

336. viver às custas da mulher

Viver **à custa d**a mulher é próprio de homem folgado, mas no Brasil muita gente vive é **à custa d**o Estado. A locução correta tem os elementos no singular, e não no plural, apesar de certo dicionário registrar "às custas de" como expressão correta. Nele, porém, tudo é normal.

Em tempo – As locuções prepositivas devem trazer o seu núcleo sempre no singular, com exceção de *a expensas de*, já que não existe tal núcleo no singular. Mas *em via de*, *à volta com*, etc., embora muito se use o núcleo no plural, porque até dicionários registram assim, convém optar pelo singular: *A família toda está à **volta** com problemas financeiros*. *** *Ele está em **via** de se aposentar*. Ou seja, está *em **via** de* passar fome...

337. viver às expensas do marido

Também aqui será mais salutar viver **a expensas d**o marido, já que essa locução, a exemplo de *à custa de*, não se inicia com "às". Isso não impediu de alguém escrever num edital do Tribunal de Justiça do Paraná: *Os exames de saúde que não forem passíveis de ser realizados no Tribunal de Justiça ficarão* *"às" expensas do candidato*. No mesmo edital: *O candidato considerado inabilitado terá acesso ao laudo médico, podendo requerer, "às" suas expensas, outros exames*.

Em tempo – O mesmo dicionário que abona "às custas de" também abona "às expensas de". Normal.

338. cataclism<u>a</u>, aforism<u>a</u>

Se você não quiser causar um verdadeiro **cataclismo**, nunca use "cataclisma"! Também **aforismo** se usa com **o** final. Portanto, *aforismo* rima com *cataclismo*.

339. o professor saiu agora <u>de</u> pouco

Não existe agora "de" pouco em nossa língua, mas *agora* **há** *pouco*.

340. aconselhá-lo é per<u>c</u>a de tempo

É também per**d**a de tempo dar murro em ponta de faca. O substantivo tem **d**; a forma verbal é que tem **c**: *Houve per**d**a total nesse carro acidentado.* *** *Não per**c**a tempo na vida!* *** *Houve per**d**a total da safra de trigo.*

Em tempo – A popular forma verbal "perdo" deve dar lugar a *perco*, na língua padrão.

341. à medida <u>em</u> que chove, mais venta

Retirado o "em" dessa expressão, tudo fica português: *à **medida que** chove, mais venta.* *** *À **medida que** vivemos, mais aprendemos.* *** *O medo aumentava à **medida que** entrávamos na floresta.* Existe aí a ideia de proporção. Não existe em nossa língua "à medida **em** que". No entanto, os jornalistas continuam usando-a: *Os dentes contribuem com a digestão, "à medida em que" vão quebrando os alimentos em partes cada vez menores.* Se os dentes contribuem com a digestão é uma verdade, outra grande verdade é que os jornalistas nada contribuem com a difusão da norma padrão, dever deles, quando escrevem. Diz-se o mesmo de alguns médicos. Nestes dias de pandemia, os médicos e infectologistas são onipresentes, estão em todos os lugares, participando de inúmeros programas de televisão. Mas os médicos usam a língua como deles todos esperamos? Nada! Veja o que disse um deles: *O que a gente tem que fazer é dificultar ao máximo a transmissão para que o nosso sistema de saúde consiga absorver as pessoas à medida "em" que elas forem ficando doentes.* Doutor, a expressão que a nossa língua conhece é **à medida que**. Por isso, não me canso de dizer: os médicos entendem muito. (De medicina...)

Em tempo – Já a expressão **na medida em que** é correta e se substitui por *visto que, uma vez que, porque*, indicando causa: *O aumento de salário deve ser feito até o final do ano, **na medida em que** as festas consomem cada vez mais* *dinheiro.* *** *O fornecimento de água será interrompido* **na medida em que** *não se paguem as contas atrasadas*. Neste caso, a preposição **em** é de rigor; portanto não aceite "na medida que".

342. dólar alto vem de encontro aos exportadores
É justamente o oposto: os exportadores rezam todos os dias para que o valor do dólar se mantenha tão alto quanto possível. A locução **de encontro a** dá ideia de contrariedade, de oposição, de choque, diferentemente de **ao encontro de**, que dá ideia de conformidade e é justamente a que deveria ser usada ali. Veja mais exemplos: *Perdido o freio, o caminhão foi* **de encontro a** *o poste*. *** *O aumento de salário vem* **ao encontro d**o *desejo dos trabalhadores*.

343. ela sempre se vestiu com discreção
Na verdade, ela sempre se vestiu com **discrição**, já que "discreção" é palavra inexistente. Recebeu, porém, influência de *discreto*, que é, justamente quem tem discrição.

344. por hora, só pretendo isso
Existe *por hora*, que significa *a cada sessenta minutos* e existe *por ora*, que significa *por enquanto*. Portanto, a expressão que cabe na frase acima é *por ora*. Mas existem advogados, principalmente nos Estados Unidos, que cobram *por hora* de trabalho.

345. pecha, Peloponeso
Pronunciam-se com o **e** tônico aberto. O espanholismo *pécha* significa *vício, mau costume*, mas no português do Brasil é mais usado por *aquilo que é considerado vergonhoso ou desonroso; mancha, labéu*, ou seja, por *estigma*. E nessa acepção usou um advogado: *Não é justo atribuir ao novo Código de Processo Civil a* **pecha** *de autoritário*. Declaração de um político de esquerda: *Não podemos aceitar a* **pecha** *de que o PT foi quem inventou a boquinha*. Verdade?! O bom da frase é que ele não disse "pêcha". Quanto a *Peloponeso*, nas escolas corre erroneamente a pronúncia com **e** tônico fechado. Famosa foi a guerra do Peloponeso (é), nome de uma península do Sul da Grécia.

346. tachei o presidente de gênio
Exageros sempre serão punidos... O verbo *tachar* (de tacha = pecha, mancha, defeito) se usa para casos pejorativos, ao contrário de *taxar*, que se emprega tanto para casos pejorativos quanto para casos meliorativos. Veja, então, estes exemplos: **Tachei** *o rapaz de burro*. *** **Taxei** *o rapaz de burro, mas ela* **taxou**-*o*

de inteligente. Sendo assim, se quiser mesmo atingir o cúmulo do exagero, use: ***Taxei** o presidente de gênio*.

347. a janela estava mei**a** aberta

Advérbios não variam, no português puro, castiço. Portanto, se você quiser enveredar pela perfeição, use **meio** nesse caso. Muitos autores de nomeada, incluindo portugueses, no entanto, contrariaram a norma da língua, usando *meia*. De minha parte, prefiro não imitá-los.

Em tempo – No Brasil há a tendência de usar **meio** e **todo** no feminino, quando o adjetivo se encontra nesse gênero. Assim, na língua cotidiana se ouve: *Ela chegou **toda** molhada*. *** *Ela ficou **meia** nervosa*. Na língua formal, num concurso ou exame qualquer, convém trocar *toda* por **todo** e *meia* por **meio**. Mas na língua cotidiana, fique à vontade!

348. minha geladeira é eficaz

Há que se distinguir entre *eficaz* e *eficiente*. **Eficaz** é todo aquele ou tudo aquilo que produz o resultado ou efeito desejado (um medicamento, por exemplo); **eficiente** é todo aquele ou tudo aquilo que dá ou obtém bons resultados. Se minha geladeira gasta pouca energia, ela me é *eficiente*. Se meu automóvel consome pouco combustível, ele me é *eficiente*. Se, por outro lado, um funcionário da minha empresa realiza bem o seu trabalho, com qualidade e competência, ou seja, com produtividade, sem ajuda de ninguém, ele me é *eficaz*. A *eficaz* corresponde o substantivo *eficácia*; a *eficiente*, *eficiência*.

349. os seguimentos da sociedade

É preciso distinguir **segmento** (cada uma das partes em que se pode dividir um todo, ou seja, é o mesmo que seção, setor, bloco; âmbito, ramo de atividade) de **seguimento**, que é o ato ou efeito de seguir: *o **seguimento** de um cortejo, de um enterro, de uma banda de música*. Também significa prosseguimento, continuação: *dar **seguimento** a uma jogada, a um programa, a um projeto*. Portanto: *os **segmentos** da sociedade, os **segmentos** de um telejornal, os **segmentos** de uma laranja, de uma mexerica*. *** *No **segmento** de veículos, hoje, os SUVs são os mais vendidos*. Na internet muito se usa "seguimento" por *segmento*. Essa troca é comum, principalmente por aqueles que não têm lá seus profundos conhecimentos da nossa língua. Mas jornalistas têm por obrigação demonstrar conhecimento, demonstrar respeito pelo idioma, mesmo que seja a contragosto... Jornalista que honra a profissão não pode nem mesmo pensar em trocar "seguimento" por **segmento**, como fez um deles, num jornal catarinense: *O governador concedeu entrevista à imprensa, às 18 horas de sexta-feira,* *informando que avaliaria junto aos órgãos competentes quais **seguimentos** poderiam voltar a funcionar.* Tão desprezível quanto esse jornalista foi outro, do *site* Motor1, que demonstrou desconhecer até mesmo ortografia, ao escrever: *Apesar dos esforços recentes da PSA, a rede da marca do leão ainda não é muito bem-vista pelos consumidores. Estudo feito pela JD Power em 2019 analisou a satisfação dos clientes com o pós-venda de cada marca e a Peugeot figurou como **anti-penúltima** colocada.* No rol dos jornalistas relapsos, certamente esse não figura no **antepenúltimo** lugar...

350. não vejo <u>qualquer</u> problema nisso

Pois há quem veja. Não convém usar "qualquer" por **nenhum** ou por **nenhuma**, visto que esse pronome nunca teve valor negativo. O uso de *qualquer* com valor negativo, no entanto, facilmente se encontra na mídia atual. Eis uma frase colhida no portal G1, do Grupo Globo: *Não há "qualquer" evidência de que a mutação do coronavírus torne a vacina ineficaz.* Outros exemplos condenáveis: *Não há "qualquer" razão para aumento de salários. *** Não quero "qualquer" tipo de contribuição sua. *** Não apresento "qualquer" sintoma de covid-19.*

Em tempo – No *site Ciberdúvidas da língua portuguesa*, o jornalista português Carlos Marinheiro, ex-coordenador executivo do referido *site*, ao começar a explicação sobre o uso de uma locução, assim se expressou: *Não vejo "qualquer" razão para ficar irritado com a expressão «por conta de».* Esse fato só vem reforçar aquilo que costumo dizer e repetir: essa rede é um perigo!

351. e<u>ss</u>e ano que ora começa vai ser difícil

Se você vive no ano a que se está referindo, usa-se **este**, assim como **este** se usará quando se vive no lugar a que se refere. Portanto, *este ano que ora começa vai ser difícil. *** Vou sair esta noite. *** Nunca houve alma tão honesta neste país quanto a daquele presidente...*

Em tempo – *Este* ou *esta* se usa ainda para o que está próximo de quem fala; *esse* ou *essa*, para o que está distante. Ex.: ***Esta** camisa que visto não é minha; **essa** camisa que vestes é tua?*

352. este governo arr<u>ai</u>ga o homem no campo

O verbo **arraigar** tem hiato em todas as suas formas, e não ditongo. Sendo assim, temos: *este governo arraíga o homem no campo.* Significa *fixar, assentar*. O mesmo se diz do antônimo *desarraigar*: *Depois da derrota, ninguém o **desarraíga** de tanta tristeza.* Significa *livrar, salvar*.

Em tempo – O verbo *arruinar* também só traz hiato nas suas formas. Por isso devemos dizer: *Não coce a ferida, senão ela **arruína**!* O povo diz "arrúina".

353. ele ficou horas na toalete

Toalete, instalação sanitária em ambientes públicos, ou banheiro corporativo, é nome masculino: *o toalete, um toalete*. *** *O dono do restaurante controlava o tempo de seus funcionários no toalete.* *** *No toalete de uma empresa não devem faltar: sabonete líquido, álcool em gel, toalha de papel e papel higiênico.* O VOLP não registra *toalete* como substantivo masculino, só como substantivo feminino e, neste caso, significa ato de se arrumar, para uma ocasião especial.

354. preeminente e proeminente

Chamamos de **preeminente** pessoa, coisa ou posição superior a outros em categoria ou importância; **preeminente** é o mesmo que excelente, notável, admirável: *médico* **preeminente**, *advogado* **preeminente**. *O Papa João Paulo II ocupa um lugar* **preeminente** *na história*. Dizemos que algo é **proeminente** quando forma relevo ou proeminência; é o mesmo que saliente: *barriga* ***proeminente***, *testa* ***proeminente***, *nariz* ***proeminente***.

Em tempo – Apesar de alguns dicionários registrarem *proeminente* como sinônimo de *preeminente*, nada existe na tradição da língua que nos permita usar um termo pelo outro. Os bons escritores, os escritores confiáveis, jamais se equivocaram no emprego de uma palavra e outra. A maioria dos jornalistas brasileiros, todavia, usa "proeminente" para ambos os casos. Eles mostram que desconhecem a palavra *preeminente*. Mas isso não é novidade nenhuma...

355. ele só fala dele mesmo

O pronome reflexivo da 3.ª pessoa é **si**, e não "ele" ou variações. Portanto: *Ele só fala de* **si** *mesmo*. *** *Os árabes brigam entre* **si** *mesmos*. Nossos jornalistas parecem não conhecer pronome tão singelo. E, então, escrevem: *O nosso planeta, a Terra, gira em volta "dele" mesmo sem parar nunca, como se fosse um pião.*

356. Ilca, Ilda, Elena, Stella, Elizabeth

A grafia correta desses nomes próprios femininos é **Hilca**, **Hilda**, **Helena**, **Estela** e **Elisabete**, sendo que este é apenas uma adaptação nossa do nome inglês. Em Portugal *Elizabeth* vira *Isabel*, e não *Elisabete*, como aqui.

357. Pirineus

A cordilheira localizada no sudoeste da Europa, fronteira entre a França e a Espanha, chama-se, em verdade, **Pireneus**. O adjetivo correspondente é *pirenaico*: *as montanhas* ***pirenaicas*** *formam a fronteira franco-espanhola*.

358. o jogo começa às 15:00

Não, essa representação de horas não é nossa, pertence aos ingleses. Por aqui é melhor representarmos com o que temos: **15h**. Se houver minutos: **15h30min** (ou apenas **15h30**), mas nunca com o dois-pontos. Note que não se deixa espaço entre os elementos nem se usa "s" ou "hrs". Há quem extrapole e escreva "15:00 hrs". Aí já é demais.

Em tempo – Note que usamos *o dois-pontos* (:), que difere de *dois pontos* (..). Muitas pessoas acham estranho usar **o** (singular) com *dois* (**o** dois-pontos). A essas preciso apresentar **o** *dois-quartos* que comprei...

359. a tendência legisferante do STF

Neste país todo o mundo quer **legiferar**, ou seja, *legislar*. Há os que usam "legisferar", justamente por influência de *legislar*. De *legiferar* saem derivadas: o adjetivo *legiferante* e o substantivo e também adjetivo *legiferador*. Quanto ao Supremo Tribunal Federal ter certas tendências, bem, isto é Brasil...

360. seu televisor tem quantas polegadas?

Polegada é medida inglesa de comprimento; em português devemos usar **centímetro**, nesse caso. Uma *polegada* equivale a 25,4mm do sistema métrico decimal e se abrevia *pol.* (com ponto). Já *centímetro*, nossa unidade de medida de comprimento, equivale a um centésimo de metro e se abrevia ***cm*** (sem ponto): *15cm* (note que não há espaço nem s). Mas não há quem faça brasileiro ir a uma loja de eletrodomésticos para comprar um televisor de 55 **centímetros**; ele prefere mesmo o televisor com ranço estrangeiro, o de 55 *polegadas*...

Em tempo (1) – Refrigerador ou geladeira, no Brasil, deveria ter **litros**, mas tem "pés cúbicos".

Em tempo (2) – *Litro* se abrevia **L** (maiúscula): *1L, 20L* (também sem espaço nem s).

361. laborar = elaborar?

Não: *laborar*, entre outras acepções, significa enganar-se, equivocar-se: *Há dicionaristas que **laboram** em erro, ao registrarem "mussarela" e "salchicha"*. Já *elaborar* significa preparar gradual e cuidadosamente: ***elaborar** um dicionário, **elaborar** um projeto de lei, **elaborar** um plano diabólico*. Os "adevogados" usam *"elaborar" em erro*, o que é muito normal: eles formam uma classe à parte...

362. falta dois minutos para as seis

O verbo *faltar* deve concordar normalmente com o sujeito, no caso *dois minutos*. Portanto: ***faltam** dois minutos para as seis*.

Em tempo – Cuidado, ao usar esse verbo! Na frase *Muitos eleitores ainda "faltam" votar* há erro de concordância. O verbo *faltar* não tem como sujeito *eleitores*, mas **votar**. Afinal, o que falta? **Votar** é que falta, e não *muitos eleitores*. Portanto, a frase perfeita é: *Muitos eleitores ainda **falta** votarem*. Nossos jornalistas pensam que existe aí erro. Por quê? Porque não conhecem análise sintática, não têm noção do que é sujeito. Estudaram na escola moderna, perfeita fábrica de asininos, na qual pedagogos repudiam o ensino de análise sintática. Dá nisso: profissionais semialfabetizados em português, escrevendo em jornais e balbuciando em rádio e televisão.

363. fazem dois minutos que ela saiu

Não, aqui o verbo não pode ir ao plural, porque não há sujeito, o elemento que manda no verbo. Se não há sujeito, o verbo é impessoal, se usa apenas na 3.ª pessoa do singular. Portanto: ***faz** dois minutos que ela saiu*. O mais curioso é que o povão usa *"falta" dois minutos para as seis*, mas *"fazem" dois minutos que ela saiu*! Tudo do avesso...

Em tempo (1) – Os jornalistas brasileiros nos surpreendem diariamente. Basta lê-los. Veja o que escreveu um jornalista, no *site* Motor Show: *Nem parece, mas já **fazem** 25 anos do lançamento do Audi A6*. Nem parece, mas já **faz** mais de 50 anos que nos batemos por ensinar nossa língua a essa gente. O diabo é que quase sempre nos esquecemos de que malhar em ferro frio não adianta...

Em tempo (2) – Existem duas expressões corretas: ***do** avesso* e ***pelo** avesso*. O povo, no entanto, usa uma terceira, inexistente: *"no" avesso*.

364. juro como não fui eu que fiz isso

Jurar *"como"* é jurar falso. *Juro **que** não estou mentindo*. Portanto: *Juro **que** não fui eu que fiz isso*.

Em tempo (1) – Podemos construir, indiferentemente: *Juro que não fui **eu** que fiz isso* e *Juro que não fui eu **quem fez** isso*. Eis outros exemplos: *Não fomos nós que **fizemos** isso* e *Não fomos nós **quem fez** isso*, que equivale a esta, em outra ordem: *Quem fez isso não fomos nós*.

Em tempo (2) – O verbo *apostar*, assim como *jurar*, não aceita "como", mas apenas **que**: *aposto **que** hoje chove* (e não: aposto "como" hoje chove).

365. você comungou sem ter confessado?

O verbo *confessar* é rigorosamente pronominal, quando não há complemento. Portanto, da próxima vez, seja mais católico e pergunte assim: *Você comungou sem ter-se confessado?* Ou, então, com complemento: *Você comungou sem ter* **confessado seus pecados**?

366. se o chefe manter a palavra

O verbo *manter* é derivado de *ter*; portanto: *Se o chefe* **mantiver** *a palavra, receberei aumento de salário.* *** *Ninguém* **mantinha** *a calma.* (não convém usar "mantia") *** **Mantive** *a palavra.* (não é aconselhável usar "manti") *** *Ele* **manteve** *a compostura.* (nunca "manteu")

Em tempo (1) – O verbo *manter* possui, no presente do indicativo, estas formas: *mantém* (3.ª do singular) e *mantêm* (3.ª do plural). Portanto, escrevemos: *ele* **mantém** *a postura, eles* **mantêm** *a postura*. Na Internet se vê muito o acento circunflexo na forma da 3.ª pessoa do singular. Aliás, na Internet se vê de tudo.

Em tempo (2) – Há inúmeros verbos derivados de *ter*: *abster-se, ater-se, conter, deter, entreter, obter, reter, suster*. Sendo assim, evite dizer que a babá "entretia" as crianças, que ninguém "entreteu" os repórteres, que a polícia "deteu" o meliante, que os policiais "deteram" os ladrões, que esperava que o chefe se "contesse" em suas críticas, etc.

367. alguns de nós viverão até o ano 2100

Quando concorrem dois pronomes no plural, o verbo concorda com o segundo. Portanto: *Alguns de* **nós viveremos** *até o ano 2100.* *** *Muitos de* **nós sofremos** *as consequências do desmatamento indiscriminado.* *** *Quantos de* **vós estareis** *vivos amanhã?*

Em tempo – Quando concorrem dois pronomes de números diferentes, o verbo concorda com o primeiro, ou seja, aquele que está no singular. Ex.: **Algum** *de nós* **viverá** *até o ano 2100.* *** **Nenhum** *de vocês* **gostou** *do filme?* *** **Qual** *de vós* **estará** *vivo amanhã?*

368. se eu supossse que ia acontecer...

Supor é derivado de *pôr*; portanto: *Se eu* **supusesse** *que ia acontecer, não teria feito o que fiz.* *** *Se* **supusermos** *que tudo vai logo ter fim, nada mais terá sentido.* (não convém usar "supormos")

Em tempo – Há inúmeros verbos derivados de *pôr*: *antepor, apor, compor, contrapor, contrapropor, decompor, depor, descompor, dispor, entrepor, expor, impor, indispor, interpor, justapor, opor, pospor, predispor, prepor, pressupor,* *propor, recompor, repor, sobrepor, subpor, superpor, supor* e *transpor.* Sendo assim, evite dizer *que os brasileiros "deporam" a presidenta, que os congressistas se "oporam" ao impeachment*, etc., que tudo isso é a mais pura mentira...

369. po**ssa** ser que eu viaje amanhã
Típica frase de nordestino, que usa "possa" por **pode**. *Pode* ser que amanhã os nordestinos parem de usar uma pela outra...

370. lembra de mim?
Não, não **me** lembro **de** você. Note: usada a preposição **de**, é o verbo pronominal que se usa. *** *Lembro-**me** de tudo.* *** *Já **me** lembrei **de** seu nome.* *** *Não **nos** lembramos **do** número do telefone dela.* Não usado o **de**, retira-se também o pronome oblíquo: *Lembro tudo o que houve.* *** *Já lembrei seu nome.* *** *Não lembramos o número do telefone dela.*

Em tempo (1) – Antes de infinitivo, porém, pode-se omitir o pronome oblíquo: *Lembrei **de trazer** o documento.* *** *Não lembramos **de pôr** gasolina no carro.*

Em tempo (2) – O verbo *esquecer* se usa de forma idêntica: *Você **se** esqueceu de mim?* *** *Você esqueceu **de tirar** a roupa do varal?*

371. nada posso declarar, inclusive porque...
Inclusive significa *com inclusão de*: *Todos choraram, **inclusive** o padre.* *** *Tudo atrapalhou o brilho do espetáculo, **inclusive** a chuva.* Sem tal significado, a palavra pode ser retirada da frase, sem nenhum prejuízo de sentido. Repare: *Nada posso declarar, porque nada vi.* É, portanto, lixo.

372. dólar alto implica em custo de vida alto
O verbo **implicar** (acarretar) não se usa com "em". Portanto, *dólar alto **implica** custo de vida alto.* *** *A presidência da República é um cargo que **implica** muita responsabilidade.* *** *Exceder o limite de velocidade na cidade ou na estrada **implica** multa altíssima e pontos na CNH.*

373. a vítima do acidente veio a óbito
Não, ninguém *"vem" a óbito*; a expressão existente é *ir* a óbito, e não *"vir"* a óbito. Portanto: *a vítima do acidente **foi** a óbito*. Da agência Globo saiu, porém, isto, publicado no portal IG: *Um jovem de 27 anos faleceu na madrugada deste domingo com sintomas da Covid-19. No sábado, seu quadro piorou e ele foi internado no Hospital Badim, na Tijuca, onde "veio" a óbito horas depois.* Enquanto uns,

infelizmente, **vão** a óbito, outros se esforçam tristemente para que a própria língua também **vá** pelo mesmo caminho...

Em tempo – Jornalista brasileiro usa inicial maiúscula com acrônimos de doença: "Aids", "Covid-19", "Sars", etc. Sem falar em "Carnaval", "Ano Novo", em vez de *carnaval, ano-novo*, etc. Eles são ótimos!

374. os times já adentraram no gramado

Não, não confunda *adentrar* com *entrar*, embora sejam sinônimos. Os times na verdade *adentram* **o** gramado: trata-se de verbo transitivo direto. Muitos ainda usam adentrar "ao" gramado, que é outro equívoco.

375. foi um jogo onde ninguém pagou ingresso

Cuidado, ao empregar **onde**, cujo uso se restringe apenas à noção de lugar físico. A palavra *jogo* não define lugar físico, portanto usa-se **em que**: *Foi um jogo em que ninguém pagou ingresso*. Outros exemplos em que não cabe "onde": *Esse comportamento da juventude, "onde" tudo é mais e nada é menos, não é saudável.* *** *Foi muita discussão, "onde" só saiu palavrão.* *** *Rolou muita pegação, "onde" tudo era permitido.* *** *A internet, "onde" todo o mundo escreve o que quer, é uma grande fonte de asneiras.* Veja, agora, exemplos em que o uso de *onde* é correto: *O estádio onde esse jogo ocorreu foi demolido.* *** *A casa onde moram é alugada.*

Em tempo – Usa-se, indiferentemente, com inicial maiúscula ou minúscula: *Internet* ou *internet*.

376. A sala, cujas as paredes estão manchadas

Depois de **cujo** (ou variações) não se usa artigo. Portanto: *A sala, cujas paredes estão manchadas, serão novamente pintadas.* *** *O menino, cujo pai morreu, será criado pela avó.* Parece que as pessoas gostam de contrariar a norma, neste caso. Eis esta afirmação de um leitor de jornal: *Engraçado, os comentaristas do FOX SPORTS viviam criticando os clubes por dívidas milionárias, mas trabalhavam em uma empresa cuja "a" dívida era impagável.* Os "adevogados" também adoram usar cujo "o", cuja "a", etc. Não só "adevogados", mas "estagiários", em jornais, travestidos de jornalistas. Como este: *Um dos engenheiros em cujo "o" velório o presidente chorou, pediu um adicional de periculosidade de 30%, ganhou na Justiça depois de 11 anos, há 5 tem direito a ele e morreu sem receber.* Agora, veja como o ator Mário Frias se refere a um de seus colegas: *Garoto frouxo e sem futuro. Agindo como se fosse um ser do bem, quando na verdade não passa de uma criatura imunda, cujo "o" adjetivo que devidamente o qualifica não é outro senão o de crápula.* Pois é...

377. eu já lhe avisei: essa mulher não presta

Frase típica de nordestino, que aprecia muito o uso do pronome *lhe*, em qualquer circunstância, esquecendo-se de que existem os pronomes **o**, **a**, quando se trata de verbos transitivos diretos. Como o verbo **avisar** é transitivo direto (quem avisa, avisa alguém), emprega-se melhor: *Eu já o (ou a) avisei: essa mulher não presta*.

378. chegaram os turistas; tratam-se de suíços

O verbo **tratar**, quando acompanhado da preposição **de**, como na frase acima, não varia, porque não tem sujeito. Poucos jornalistas sabem disso. Por quê? Porque poucos jornalistas aprenderam análise sintática. Não conhecendo análise sintática, ao escreverem, o desastre é iminente. *Chegaram os turistas;* ***trata****-se de suíços.* *** *Li os autos do processo;* ***trata****-se de casos intrincados.* *** *Os abalos sísmicos aconteceram ali;* ***trata****-se de fenômenos desconhecidos.* *** *Veja essas construções;* ***trata****-se de obras públicas.*

Em tempo (1) – São incorretas as construções com sujeito expresso, as quais pululam hoje na mídia. Por exemplo: *A casa trata-se de bem de família.* *** *O caso trata-se de latrocínio.* *** *O assassino trata-se de foragido da Justiça.* Aliás, alguns jornalistas costumam cometer dois erros: *"As casas tratam-se" de bens de família.* *** *"Os assassinos tratam-se" de foragidos da Justiça.* Por quê? Porque eles são ótimos!...

Em tempo (2) – Também evite repetir um substantivo inicial por um pronome, como fazia (ou faz) muito D. Dilma Rousseff em seus discursos: *A inflação, "ela" pode ser contida.* *** *Os corruptos, "eles" se deram mal.*

Em tempo (3) – Repare que a abreviatura de *dona* é **D.**, e não "Da.", nem muito menos "Dna.", como já vimos.

379. Antônio: questão de pronúncia

Como pronuncia você esse nome próprio? Certamente, *António*. Mas qual é o acento que no Brasil usamos nesse nome? É o circunflexo: **Antônio**. Por quê, então, diabos todos dizemos *António*? Dirá você: é assim que se escreve esse nome em Portugal, com acento agudo. Sim, é verdade. Mas estamos em Portugal? Ou estamos num país onde o acento circunflexo indica som fechado? Agora, a pergunta final: você conhece alguém que diga "Antônio"?

Em tempo – O *u* de **questão** e de qualquer de suas derivadas não soa. Portanto, *kestão, kestiúncula, kestionar, kestionário*, etc., que, lógico, escrevem-se com *qu*.

380. quilômetro: questão de pronúncia

Como pronuncia você essa palavra? Certamente, *kilómetro*. Mas qual é o acento que no Brasil usamos nela? É o circunflexo: **quilômetro**. Por quê, então, diabos todos dizemos *kilómetro*? Dirá você: é assim que se escreve essa palavra em Portugal, com acento agudo. Sim, é verdade. Mas estamos em Portugal, onde também se diz *tambáim*? Ou estamos num país onde o acento circunflexo indica som fechado?

Em tempo – Se a letra **k** já faz parte do nosso alfabeto, por que a última Reforma Ortográfica não trocou o *qu* pelo **k** nessa palavra? Ou não há visível incoerência em a palavra ser escrita com **qu** e a abreviatura ser grafada com **k**?

381. homem: questão de pronúncia

No item 189 afirmamos que, numa palavra, antes de **m** a vogal é necessariamente fechada. Temos aí, em **homem**, um **m** antes de vogal (**o**). Agora, pergunto: como pronuncia você a vogal tônica dessa palavra? Certamente, com som aberto. Trata-se, novamente, de influência da pronúncia lusitana, em que não se observa timbre fechado em vogal que antecede fonema nasal. Mas ainda cabe a pergunta: estamos em Portugal? Dizemos "tambáim"? E *lobisomem*?

Em tempo – Repare na primeira linha que *item* não tem acento, assim como o plural *itens*.

382. fome: questão de pronúncia

Se antes de fonema nasal, a vogal deve ser fechada, como pronuncia você essa palavra? Certamente dando timbre aberto à vogal tônica, como fazem os lusitanos. Mas estamos no Brasil, e no Brasil a pronúncia deve ser *fôme*, assim como deve ser *hômem* e *côme*. No entanto, o que se ouve por aí é: *O hómem cóme porque está com fóme*. Não é assim? Pois é... Quem diz uma frase dessas poderia também dizer *tambáim*... Já que é para imitar ou homenagear os portugueses, que o façamos por inteiro!...

383. três curiosidades

1.ª) Chama-se *conclave* a reunião de cardeais para eleger o papa. *Conclave* significa, em suma, *com chave*. Isto porque, enquanto dura a eleição, os cardeais ficam fechados *à chave*.

2.ª) A operação *cesariana* deve esse nome a Júlio César, ditador romano que nasceu por esse processo. Muitos afirmam que a palavra nos vem do verbo latino *caedo, is, cecidi, caesum, caedere*, que significa ferir, cortar. É pouco provável.

3.ª) A palavra *gari* tem origem em Aleixo *Gary*, o primeiro proprietário de empresa de serviços de limpeza do Rio de Janeiro, no final do século XIX. Seus funcionários eram inicialmente chamados pela população de *empregados do Gary*; posteriormente, apenas **gari**, aplicada mais uma vez a lei do menor esforço – lei de que o povo tanto gosta, desde os tempos do latim vulgar.

384. a abreviatura de número é...

...**n.º**, com ponto e sem aquele estranho tracinho que costuma aparecer tanto nessa abreviatura quanto nos numerais ordinais representados por algarismos: 8.º, 80.º, etc. Até nas máquinas de escrever e hoje nos teclados aparece esse estranho tracinho. Para que serve ele? O que representa? Qual a sua finalidade? Ninguém sabe. Se alguém souber, por favor, aplaque-me a ignorância!

385. entre meia-noite e cinco horas

Os jornalistas brasileiros ainda não aprenderam que o nome das horas se usa com artigo: *a meia-noite, as cinco horas, o meio-dia,* etc. Veja uma das últimas notícias veiculadas por um deles, no portal G1, do Grupo Globo: *O toque de recolher em SC vale para todo o estado por 15 dias e pessoas não vão poder circular entre meia-noite e 5h.* Uma vírgula depois de *dias* também seria saudável...

Em tempo – Note que, no final da frase, usa-se (corretamente) **e** depois de **entre**: **entre ... e**. Alguns usam "a" no lugar do **e**, erroneamente. Já depois da preposição **de** é justamente **a** que se usa. Veja, porém, como escreveu o mesmo jornalista da frase transcrita, na mesma matéria: *As pessoas precisam ficar em casa da meia-noite "e" 5h.* Agora, a figura usou corretamente d**a** meia-noite, mas se borrou todo no "e". Eles são assim...

386. segue em anexo as notas fiscais

As secretárias de todo o Brasil precisam aprender que *"em" anexo* não existe; basta usar *anexo*, mas nesse caso, como se refere a *notas fiscais*, deve estar no plural, assim como o verbo. Portanto, secretárias, por favor: *Segu***em** anex**as** *as notas fiscais.* *** *Anexa, segue a nota fiscal.* *** *Anexos, seguem os documentos.* *** *As fotos vão anexas.*

Em tempo – Também *incluso* e *apenso* se usam da mesma forma: *Seguem inclus***as** (ou *apens***as**) *as notas fiscais.* (Alguma secretária usaria "em incluso", "em apenso"?)

387. a luz passa através o vidro

Na verdade, a luz passa através **d**o vidro. *Através de,* que equivale a *de um lado a outro, de, por entre, ao longo de,* é locução prepositiva, e toda locução prepositiva termina obrigatoriamente por preposição: *diante de, à custa de, a expensas de,* etc. *Viajei* **através de** *todo o país.* *** *A luz solar passa* **através do** *vidro da varanda.* *** *O conceito de beleza muda* **através d***os tempos.*

Em tempo – Os puristas condenam o uso de *através de* em lugar de *por* *intermédio de, por meio de* ou simplesmente em lugar de **por**, como nestas frases: *Ouvi a notícia através do rádio.* *** *O gol foi marcado através do centroavante.* *** *O cheque foi compensado através do serviço de compensação.* *** *Falei com ela através do telefone celular.* *** *A palavra bidê nos veio através do francês.* Desafiando os puristas, no entanto, estão grandes autores, que assim usaram a locução, mormente um dos maiores deles, Machado de Assis, nome que por si só já basta para abonar tal emprego. Trata-se, portanto, de fato linguístico, fenômeno que os puristas têm de admitir, quer queiram, quer não. Fatos, para esses, são cruéis...

388. em que pese o mau tempo, chegamos bem

Erro semelhante ao anterior. Temos aqui outra locução prepositiva, que, como tal, deve terminar por preposição: *em que pese **a***. Portanto: *Em que pese **ao** mau tempo, chegamos bem.* *** *Em que pese **à** impunidade que campeia no país, vamos evoluindo.* *** *Em que pese **às** opiniões contrárias, continuo firme com as minhas.*

Em tempo – Há quem admita uso dos mais variados dessa expressão, até com variação do elemento *pese* (*em que "pesem as" opiniões contrárias...*). A palavra *pese* aí é forma do verbo *pesar*, daí por que se diz rigorosamente *pêsi*, embora já se tenha consagrado *pési*.

389. pesquisa feita a nível nacional

Se trocar a preposição "a" por **em**, tudo ficará perfeito: *A pesquisa foi feita **em** nível nacional.* *** *As investigações estão sendo conduzidas **em** nível federal.* A expressão *em nível*, aí, equivale a *no âmbito, na esfera.* Há quem exagere no uso da expressão aqui impugnada, como nestes exemplos: *"A nível de" gramática, isso está errado.* *** *"A nível de" Brasil, isso é comum.* *** *"A nível de" política, tudo é possível.* Nesse caso nem mesmo recomendamos substituir a preposição *a* por **em**, mas por *em se tratando de, quanto a*. Como se vê, a situação é bem outra.

Em tempo – No entanto, há correção na construção *ao nível do mar*, que, por sinal, nada tem a ver com a que vimos, já que equivalente de *à altura de*.

390. ela tinha chego tarde

Não, "chego", no lugar de **chegado**, só mesmo na boca de gente que não aproveitou a contento os anos em que frequentou a escola. Evite, ainda, usar: *Dê "um chego" até aqui.* **Chego** é apenas forma verbal: *Eu **chego** tarde todos os dias.*

Em tempo (1) – O particípio dos verbos *falar, trazer, entregar* e *aceitar* é, respectivamente, **falado** (e não "falo"), **trazido** (e não "trago") e **entregado** (que se usa apenas com *ter* e *haver*, sendo **entregue** usado apenas com *ser* e *estar*) e **aceitado** (usado com *ter* e *haver*, reservando-se **aceito** apenas para acompanhar *ser* e estar). Portanto, evite usar: *eu tinha "falo" a verdade; eu não tinha "trago" dinheiro suficiente para pagar a conta; o goleiro tinha "entregue" o jogo, por isso perdemos; eu já tinha "aceito" o convite.* *** *O carteiro já tinha* **entregado** *todas as correspondências, quando foi assaltado.* *** *A mercadoria foi* **entregue** *ontem.* *** *Tudo já estava* **entregue** *no final do dia.* *** *Eu já tinha* **aceitado** *o convite.* *** *Sua proposta não foi* **aceita**.

Em tempo (2) – Na língua popular, *estar entregue* significa estar muito doente ou muito desanimado: *Com 120 anos, meu bisavô já* **está entregue**.

391. eminente e iminente

Uma pessoa é **eminente** quando está acima de todos, por suas qualidades intelectuais, é uma pessoa preeminente; usa-se apenas antes do substantivo: *o* **eminente** *Carlos Chagas; o* **eminente** *Tom Jobim; conhecia todas as* **eminentes** *figuras da política.* *** *Se não és* **eminente** *em nada, sê ao menos* **eminente** *em dignidade!* Algo é **iminente** quando está prestes a acontecer: *Nuvens plúmbeas são um sinal de chuva* **iminente**. *** *Sua promoção é* **iminente**. *** *É* **iminente** *a escassez de energia no país.*

392. Neusa é média

Não, nenhuma mulher é "média"; homens e mulheres são **médiuns**. Portanto: *Neusa é* **médium**, *e sua filha também é* **médium**.

393. deu agora mesmo duas horas

Não, nesse caso o sujeito do verbo *dar* é representado pelo número de horas; se são duas, então, o verbo tem de ir ao plural: ***Deram*** *agora mesmo duas horas*. Se houver verbo auxiliar, ele é que variará: ***Acabam*** *de dar duas horas.* *** ***Iam*** *dar seis horas quando houve o terremoto.* *** ***Vão*** *dar quatro horas daqui a dois minutos.*

Em tempo (1) – Se o sujeito for *relógio* ou *despertador*, evidentemente, o verbo fica no singular: ***Deu*** *agora mesmo duas horas o relógio da Matriz.*

Em tempo (2) – Os verbos *bater* e *soar* usam-se da mesma forma que *dar*.

394. carro à gás é melhor que carro à etanol

Antes de palavras masculinas não se usa acento no **a**. De fato, carro **a** gás é mais econômico que carro **a** etanol. Mas explode...

Em tempo – O **a** com acento deve aparecer apenas com palavra feminina: carro **à** gasolina, carro **à** bateria.

395. preconceito = racismo?

Não. Convém, por oportuno, estabelecer rigorosamente a diferença entre ambos os conceitos. Tem **preconceito** o indivíduo que forma conceitos antecipados ou faz prejulgamentos, por isso mesmo sem fundamento razoável. Levado por uma conclusão precipitada, quase sempre equivocada, o indivíduo *preconceituoso* forma certos juízos, que, em circunstância diversa, não formaria. Uma pessoa pode ter *preconceitos* sexuais, *preconceitos* matrimoniais, *preconceitos* conjugais, *preconceitos* sociais e até *preconceitos* raciais. Por outro lado, manifesta **racismo** o indivíduo que apregoa a superioridade de uma raça humana e o direito de sua supremacia, sempre em detrimento de outra(s). O indivíduo *racista* é geralmente ativo e simplesmente não tolera o convívio das pessoas que fazem parte da raça humana desprezada. O *preconceituoso* não alimenta ódio; o *racista* guia-se por ele. O *preconceituoso* é por índole quieto, passivo; o racista, ao contrário, deixa extravasar seus sentimentos negativos sempre que a ocasião lhe pareça oportuna. O **preconceito**, por isso, pode ser atenuado e até corrigido; o **racismo**, ao invés, arraíga-se cada vez mais, subjugando por completo o ser humano e deixando-o à sua mercê. No Brasil – positivamente – não temos **racismo**, mas **preconceito** social. Nos Estados Unidos, antes de 1964, e na República Sul-Africana, antes de 1994, porém, existia **racismo**, e não somente **preconceito** social ou racial. Quem diz, como Ivete Sangalo o fez recentemente na televisão, que o Brasil é um país racista e homofóbico, comete equívoco em grande estilo, começando pelo fato de não saber o que significa, de fato, **racismo**. V. 422.

396. haja vist<u>o</u> a chuva que caiu ontem

A expressão **haja vista** é fixa, não varia nunca; equivale a *veja*. Portanto, *o tempo está maluco,* **haja vista** *a chuva que caiu ontem.* *** *O povo não está contente,* **haja vista** *as grandes manifestações ocorridas no país.* *** *A situação está difícil,* **haja vista** *os protestos dos trabalhadores.*

Em tempo – Há quem admita "haja visto" e até "hajam vistas". Há de tudo por aí...

397. a criança ficou para tr<u>az</u>

Na verdade, a criança ficou para **trás** (que é advérbio); **traz** é forma verbal de *trazer*: *Dizem que dinheiro não **traz** felicidade. Manda buscar....*

Em tempo – Em certa capital do Nordeste, certa vez uma cartomante mandou poluir todos os postes da cidade com este cartaz maroto: *Dona Zica "trás" seu amor de volta.* Além de não *trazer* amor nenhum de volta, ela ainda **leva** seu suado dinheirinho...

398. ela não ouve <u>e</u> nem fala

Não, esse "e" está de mais, sem função; basta usar **nem**, que equivale a *e não*:

*ela não ouve **nem** fala.* *** *Ela não bebe **nem** fuma.* O uso de *e nem* só é aceitável quando há implícita a ideia de *sequer*: *Ela chegou de viagem há dias e nem me telefonou ainda* (e nem *sequer* me telefonou).

399. ela saiu e nem disse obrigad<u>o</u>

Mulheres devem agradecer com *obrigada*; se forem duas mulheres juntas que agradecem: *obrigadas*. Se forem dois ou mais homens, *obrigados*, que é o que se deve usar quando uma pessoa agradece em nome de uma empresa. As pessoas a quem se agradece devem responder **por nada**, e não "de nada" ou apenas "nada", ou – o que é pior – "imagine!". V. **279**.

400. esbaforido e espavorido

Uma pessoa *esbaforida* é uma pessoa que respira com dificuldade, em razão de cansaço, pressa ou grande esforço; enfim, é uma pessoa ofegante: *o carteiro chegou **esbaforido**, fugindo de um cão pequinês...* Uma pessoa **espavorida**, como a indicar o próprio adjetivo, é uma pessoa apavorada: *o carteiro chegou esbaforido e **espavorido**, fugindo de um rottweiler.*

401. aja ou haja?

Use **aja** quando tiver em mente forma do verbo *agir*: ***aja** com cautela!* Use **haja** quando tiver em mente forma do verbo *haver*: ***haja** paciência!*

402. descriminar, descriminalizar e discriminar

Descriminar alguém é inocentá-lo, absolvê-lo. ***Descriminaram** todos os acusados.* **Descriminalizar** é deixar de considerar crime, tornar legal, legalizar, legitimar: *O novo código **descriminalizou** muitas transgressões.* *** *Querem **descriminalizar** o uso das drogas.* *** *Querem – pior – **descriminalizar** a prática do aborto!* (Note que se descriminaliza o **uso**, e não "as drogas"; se descriminaliza a **prática**, e não "o aborto"). **Discriminar** nada tem a ver com crime. Significa distinguir, diferençar (***discriminar** as cores*), segregar (***discriminar** os judeus*) e especificar, listar, elencar (***discrimine** bem todas as mercadorias que chegaram*).

Em tempo – Na internet fazem a maior confusão principalmente quanto ao significado dos dois primeiros verbos. Cuidado!

403. coser e cozer

Coser é costurar: *Calasãs **cose** desde criança.* **Cozer** é cozinhar: *Hersílio **coze** desde a adolescência. Já Persival não **cose** nem **coze**...*

Em tempo – Note a grafia correta dos três nomes próprios masculinos.

404. ganhei um caderno aspiral

O presente que você ganhou foi, na verdade, um caderno **com espiral** ou apenas *caderno espiral*. Há, no entanto, por aí, papelarias que fazem promoção de *caderno "aspiral"*. Vê-se, ainda, na Internet propaganda assim: **caderno aspiral – melhores preços é no Buscapé.** Você compra?

405. a mala está leviana

Na verdade, a mala está **leve**. **Leviano** é termo que se aplica a pessoas; e a pessoas insensatas, precipitadas, que agem sem seriedade ou são inconstantes, inconsequentes. No interior do país, no entanto, toda mala leve é "leviana", todo fardo leve é "leviano". Convém **não** ser...

406. tive a súbita honra de saudar o presidente

Subida honra é que significa *elevada honra, eminente honra, grande honra*; **súbita**, por sua vez, significa *repentina*. Daí por que há pessoas que, ao invés de terem subida honra ao encontrarem certos presidentes, ou ex-presidentes, têm mal súbito...

407. que horas começa o jogo?

As pessoas, na língua do dia a dia, costumam "esquecer-se" de que antes do **que** deve haver uma preposição: **a**. É justamente essa preposição que nos obriga a crasear o **a** em **às** 2h, **às** 15h, etc. Portanto, que ninguém mais "se esqueça", mesmo na língua cotidiana: *A que horas começa o jogo?* *** *A que horas você vai chegar?* *** *A que horas decola o avião?* Recentemente, no Brasil, lançaram um filme e lascaram este título: "Que horas ela chega?" O filme até que foi bom, mas o título...

Em tempo – Como visto, **dia a dia** já não tem hifens.

408. eu levanto cedo e deito tarde

Também na língua do dia a dia, as pessoas "se esquecem" de usar o obrigatório pronome oblíquo com verbos pronominais. Os verbos são *levantar-se*, *deitar-se*, e não apenas "levantar", "deitar". Por isso, da próxima vez, levante-**se** cedo, sim, mas evite deitar-**se** tarde!... Mas nunca **se** levante para dizer *eu "se" levantei* cedo, nem *eu "se" deito tarde*, porque isso é coisa de quem fugiu da escola: **eu** e **se** não se combinam, embora combinem na boca de muita gente...

Em tempo (1) – O curioso é que essas mesmas pessoas que, no dia a dia, não usam o devido pronome oblíquo com os verbos pronominais, usam-no com verbos que **não são** pronominais. Por exemplo: quem já não ouviu alguém dizer que *"se" acordou* tarde? Pois é, mas o verbo *acordar* não é nem nunca foi pronominal.

Em tempo (2) – O verbo *combinar*, quando usado por *harmonizar-se, ajustar-se*, é pronominal ou não, indiferentemente. Assim, podemos construir: *Nossos gênios combinam* ou *Nossos gênios não se combinam*.

409. muitos carros demandam a̱o Maracanã

Jornalista esportivo tem o mau vezo (entre muitos outros, naturalmente) de usar o verbo *demandar* com a preposição "a", a exemplo de *adentrar*. Aí soltam frases como esta: *Muitos carros demandam "ao" Maracanã neste instante*. Ignoram, por certo, que *demandar* é verbo transitivo direto, assim como *adentrar*; significa *encaminhar-se a, dirigir-se a*. Por isso, não vacile: *Muitos carros demandam o Maracanã neste instante*. *** *Os bandeirantes demandavam o interior do país.* *** *Muitas pessoas demandam o litoral, a praia neste instante.*

410. o comércio abre a̱ partir ḏe 8h

Há quem tenha essa triste mania: usar "à" antes de *partir*, verbo, que nunca aceita *a* craseado. E o nome das horas, como já vimos no item **385**, deve ser usado com artigo: portanto, o comércio abre **a** partir d**as** 8h ou por volta d**as** 8h. Não há quem faça jornalista brasileiro usar o devido artigo com o nome das horas. Para constatar isso, basta passar por qualquer jornal na rede ou assistir a qualquer telejornal.

411. chove desde ḏe manhã

Nunca se deve usar a preposição "de" após *desde*, que é outra preposição. Por isso, que bom: *Chove desde manhã*. *** *Não a vejo desde 1990*. *** *Desde 1945 não há guerra mundial*.

Em tempo – A preposição *desde*, como se vê, indica tempo passado. Jornalistas brasileiros, mormente repórteres, têm a mania de fugir a esse emprego, usando-a como na língua espanhola, em que *desde* indica lugar: *Falamos "desde" Davos*. *** *A partida será transmitida "desde" Barcelona*. Basta substituir "desde" por **de**, que a língua muda de espanhol para português...

412. quando gritam, ela ta̱mpa os ouvidos

Como os ouvidos dela, naturalmente, não devem ter *tampa*, o que ela faz, verdadeiramente, é **tapar** os ouvidos. Só se *tampa* aquilo que tem tampa: panela, bueiro, garrafa, etc. Por isso, muitas vezes, é melhor ***tapar*** *a boca* e também ***tapar*** *o nariz...*

413. entorse, bacanal, alcunha

Três palavras femininas que a maioria das pessoas usa como masculinas. Vamos exercitar? *O jogador sofreu **uma entorse** no tornozelo.* *** *A polícia chegou e acabou com **a bacanal**.* *** *Qual é **a alcunha** dele? Pelé?*

414. deferir e diferir

Deferir é despachar favoravelmente, ou atender: *O diretor **deferiu** o pedido de licença do professor*. **Diferir** é adiar (***diferir** uma decisão*), distinguir, diferençar (*ele não consegue **diferir** o bem do mal*), ser diferente, distinguir-se (*amor **difere** muito de paixão*), divergir, discordar (*nossas opiniões **diferem** bastante*).

415. ela colocou em cheque o meu prestígio

Cheque é documento bancário; já **xeque** é jogada de xadrez e sinônimo de risco, perigo (*ela colocou em **xeque** o meu prestígio*). Entre os árabes, *xeque* ou *xeique* é um título honorífico que se aplica a autoridades religiosas ou políticas, é o mandachuva. Quem escala o time não é o treinador, é o *xeque*. (Note: *mandachuva* não se escreve com hífen.)

416. as estas horas todos devem estar dormindo

A estas horas equivale a *neste momento, neste instante*, e não "*as*" *estas horas*. Um jornalista esportivo, no entanto, escreveu: *Os dirigentes corintianos devem estar dando sonoras gargalhadas "as" estas horas*. Há muito mais pessoas que **estão** dando sonoras gargalhadas a estas horas...

417. prova anexada às folhas 22

Na linguagem forense, tanto com **folha** quanto com **página**, se usa corretamente de três modos, indiferentemente, mas não da forma vista aí: *à folha 22, **na** folha 22 e a folhas 22; à página 22, **na** página 22 e a páginas 22*. A abreviatura de *folhas* é **fl.** (singular) e **fls.** (plural); a de *página* é **p.** ou **pág.** (sing.) e **pp.** ou **págs.** (pl.).

Em tempo – Usa-se corretamente, também no meio forense, tanto com **folha** quanto com **página**: *a folhas vinte e **duas**, a páginas vinte e **duas**,* em vez de *a folhas vinte e "dois"* ou *na folha "vigésima segunda"*, etc.

418. comprei dois sabonetes por três reais cada

A preposição **por** só se usa quando se trata de preço total. Assim, por exemplo: *Comprei dois sabonetes **por** seis reais*. A ideia de individualidade se traduz mediante a preposição **a**: *Comprei dois sabonetes **a** três reais* (isto é: cada um dos sabonetes custou três reais). Uma vez empregada a preposição **a**, fica automaticamente dispensado o emprego de *cada um*, já que a preposição, por si só, imprime caráter partitivo à comunicação.

Em tempo – A propósito, não se usa "cada" isolado. Por isso, devemos dizer e escrever: *Comprei dois sabonetes; paguei três reais cada* **um** (e não simplesmente "cada").

419. losângulo

Edgar defende que essa palavra está certa; Gumersindo diz que ela está errada; já Virgílio não sabe se está certa ou se está errada, mas Jeni confessa que nunca ouviu falar em **losango**...

Em tempo – Note a grafia correta dos quatro nomes próprios.

420. cível e civil

A bem da verdade, a palavra **cível** nem deveria constar do nosso léxico, já que do latim *civilis* só poderíamos receber **civil**. Não obstante, ganhou foros de legítima, adquiriu especialização semântica e passou a ser paroxítona, por analogia com outras palavras com a mesma terminação, tais como *sensível, terrível, comestível*, etc. Daí termos hoje a *vara cível* (= vara do direito civil), o *juiz cível* (por oposição a juiz criminal), *a causa cível* (= a causa do direito civil), *o direito cível* e até o *código cível*. Usa-se como substantivo, em oposição a *crime*: *juiz do cível*. **Civil** é a forma rigorosamente correta, usada para tudo, inclusive para o direito (neste caso, sempre por oposição a criminal): *guerra civil, polícia civil, traje civil, casamento civil, registro civil, vida civil, sociedade civil, obrigações civis, tribunal civil, causa civil, sociedade civil, obrigações civis, tribunal civil, código civil, processo civil*, etc. Conclusão: **cível** é palavra de emprego restrito (só se usa no âmbito jurídico), criada ao sabor do arbítrio (por quem de direito?); **civil** deveria ser a única forma a ser usada.

421. reincidir de novo no erro

Há uma redundância aí, semelhante a subir *"pra cima"* e descer *"pra baixo"*. *Reincidir* já significa *tornar a praticar*. Portanto, errar é humano; *reincidir no erro* é comprometedor. Há quem, não satisfeito, ainda usa: *Ele reincidiu "de novo" no "mesmo" erro e foi demitido*. São justamente as pessoas que merecem a demissão...

422. a coisa 'tá braba

Não há erro nenhum em usar **'tá** nem **braba**. Na escrita, o uso do apóstrofo é recomendável. **'Tá** por **está**, porém, é forma que aparece muito na língua falada despretensiosa, assim como **'tô**, por *estou*, **'tão**, por *estão*, e **'tive**, por *estive*. **Brabo**, de sua vez, é palavra perfeita, a par de **bravo** (são formas variantes).

Eis mais algumas dessas formas: *abdome* e *abdômen, acordeom* e *acordeão, afeminado* e *efeminado, alpargata, alpergata* e *alpercata, aluguel* e *aluguer* (preferida no meio jurídico), *assoalho* e *soalho, assoprar* e *soprar, bêbedo* e *bêbado, berganhar* e *barganhar, bilhão* e *bilião, bólido* e *bólide, cabine* e *cabina, câimbra* e *cãibra, chopim* e *chupim, covarde* e *cobarde, demonstrar* e *demostrar, descarrilar* e *descarrilhar, desenxavido* e *desenxabido, engambelar* e *engabelar, estalar* e *estralar, geringonça* e *gerigonça, intrincado* e *intricado, labareda* e *lavareda, má-formação* e *malformação, maquiagem* e *maquilagem, moringa* e *moringue, odômetro* e *hodômetro, perova* e *peroba, ridicularizar* e *ridiculizar, surrupiar* e *surripiar, taberna* e *taverna*. Dentre as formas variantes, uma delas sempre é a mais usada. Poderíamos incluir entre essas formas também *braguilha* e "barguilha", mas esta é considerada mais uma corruptela do que uma variante de *braguilha*.

Em tempo (1) – Que ninguém conclua daí que podemos usar também "barrer", "berruga" e "basculhante" ou "vasculante"! Por enquanto, só temos *varrer, verruga* e *basculante*.

Em tempo (2) – Podemos dizer e escrever *a coisa tá* **braba**, sem problema nenhum, mas já não podemos nem pensar em dizer e escrever *a coisa tá preta*, que é rigorosamente a mesma coisa. Porque estão a ver nisso, de uns tempos a esta parte, laivos de racismo. Racismo! Mas essas pessoas que falam em racismo no Brasil não têm ideia do que é o racismo. No Brasil não há nem nunca houve racismo. Racismo supõe que negros (desculpe: afrodescendentes) não frequentem os mesmos ambientes que brancos; não podem sequer passear pela calçada dos brancos. Frequentarem as mesmas escolas dos brancos? Jamais! Há ódio no racismo. No Brasil o que temos (e muito) é preconceito social, mas de modo nenhum racismo. Não há, por aqui, o triste componente do ódio, como havia na República Sul-Africana e nos Estados Unidos. Deram, agora, de tachar Monteiro Lobato de racista, por causa da Dona Benta. Sua bisneta deseja (veja você!) apagar o "racismo" de sua obra. Ora! Deram, agora, também, de censurar o uso do verbo *denegrir*, porque é verbo "racista". Ah, é bom parar! As frutas, quando apodrecem, ficam pretas, podres, imprestáveis, às vezes fedorentas; estou agora empenhado em encontrar outro termo, que não *pretas,* para usar nessa situação, sob pena de ser tachado de racista... V. **395**.

423. v<u>ão</u> para dez anos que saí da escola

Nota-se... O verbo **ir**, junto da preposição **para** ou **em**, referindo-se a tempo, é impessoal, ou seja, não tem sujeito e, por isso, só é usado na 3.ª pessoa do singular: ***Vai para*** *dez anos que saí da escola.* *** ***Vai em*** *três anos que ela enviuvou.*

Em tempo – O verbo *enviuvar* não é pronominal; portanto, não se usa "enviuvar-se".

424. vocês: podemos pronunciar vocêis?

Podemos, sem cometermos qualquer tipo de erro. Da mesma forma, não há erro em dizermos *portuguêis, arrôiz, páiz* (paz), *fáiz* (faz), *japonêis, mêis, nóis, vêiz, gáis,* etc. Em algumas regiões do Brasil, no entanto, as pessoas dizem *vocêsss, arrozzz, vezzz,* etc., ou seja, cumprindo o rigor da letra. Não erram, mas pensam que se disserem *vocêis, arrôis, vêiz,* etc. cometem erro.

Em tempo – Da mesma forma corretas são as pronúncias *caxa, lôku, bêju, dinhêru,* etc., porque na fala é normal eliminarmos os ditongos decrescentes *ai* e *ou*.

425. avir-se com e haver-se com

Avir-se com é entender-se com, objetivando conciliação ou acordo: *Elisa se desentendeu com os colegas, mas agora seu único desejo é* **avir-se com** *todos.* *** *Calasãs e Virgílio discutiram, brigaram, mas logo depois um procurou* **avir-se com** *o outro.* Já **haver-se com** é ajustar contas, defrontar-se: *Se você bateu nesse garoto, terá agora de* **haver-se com** *o irmão mais velho dele, que é um armário!* *** *Os aliados ainda teriam de* **haver-se com** *os alemães na África.*

426. auto-estrada

Hoje se escreve sem hífen: *autoestrada*. Também *autoescola, autoajuda, autorretrato, autoafirmação,* etc. Porém, auto-ônibus.

427. o Brasil tem dois alcoóis

Não, o Brasil tem dois **álcoois**: o *anidro* (etanol puro, misturado à gasolina em até 27%) e o *hidratado* (com água, vendido nos postos como etanol).

428. creações infantis

O que a indústria de confecções pode nos fornecer hoje são apenas *criações infantis*. "Creação" é forma arcaica, mas esse tipo de indústria usa e abusa do que já não existe.

429. a reunião será à portas fechadas

Antes de palavras no plural não se usa "à", mas apenas **a** ou **às**: *a portas fechadas,* **a** *facadas,* **às** *pressas,* **às** *turras,* etc.

430. ainda há cidad**ões** de bem em Brasília
Quiséramos todos acreditar que ainda haja **cidadãos** de bem em Brasília!...

431. não recebi, de forma**s** que não posso pagar
A expressão correta é *de **forma** que*, assim como *de **maneira** que* e *de **modo** que*: *Não recebi meu salário, de **forma** que não posso pagar-lhe.* *** *Ela ganha bem, de **maneira** que pode ajudar nas despesas da casa.* *** *O caso é muito complicado, de **modo** que não há solução à vista.*

Em tempo – Constrói-se também: *Choveu de forma* (ou *maneira* ou *modo*) *a destelhar casas*, isto é, choveu tanto, que casas foram destelhadas. O inaceitável é usar *de forma* (ou *maneira* ou *modo*) "*a*" *que*, como se tem neste exemplo: *É preciso explicar de forma "a" que todos entendam.*

432. o motorista dormiu **no** volante
Na verdade, os acidentes só acontecem quando os motoristas dormem *ao volante*, isto é, junto dele, próximo dele, e não propriamente "nele", o que seria impossível... É a preposição **a** que indica proximidade, e não "em". Portanto, uma pessoa só pode estar *ao volante, ao piano, à sanfona, ao acordeom, ao computador, ao balcão, ao muro, à janela, à porta, ao portão, à mesa, à esquina, ao telefone, ao pescoço*, etc. Outros exemplos: *Bata à porta, antes de entrar!* *** *Estacionem seus veículos ao meio-fio, e não no meio da rua!* *** *O que foi que Luísa cochichou ao seu ouvido?* *** *A mãe dava de mamar à filhinha à mama.* *** *O homem trazia uma tornozeleira eletrônica à perna.* Recentemente, leu-se num para-choque de caminhão: *Não tenho medo de animais na pista, mas tenho muito medo de alguns burros "no" volante.* Ele próprio seria mais um?...

Em tempo – É ainda a preposição **a** que se usa para indicar exposição: *ficar ao sol, ao vento, à sombra, ao relento, à chuva,* etc.

433. ele joga na seleção de jú**niors**
Não, ele joga na seleção de **juniores** (ô); a de veteranos é a de **seniores** (ô).

434. **na** entrada, **na** saída
Os bons escritores sempre usaram *à entrada, à saída*, no lugar de *"na" entrada, "na" saída*. Machado de Assis, por exemplo, o maior nome da literatura brasileira, escreveu em *Quincas Borba*, pág. 238: *Os cavalos, que eram dous à saída, eram, daí a pouco quatro belas parelhas.*

Em tempo – *Dous* e *dois* são formas variantes, a exemplo de *cousa* e *coisa, ouro* e *oiro, louro* e *loiro, biscouto* e *biscoito,* etc.

435. melhoram as relações chino-americanas

O que estão a melhorar são, na verdade, as relações *sino-americanas*: o adjetivo contraído relativo à China é **sino-**.

Em tempo – Se o adjetivo contraído à China é **sino-**, o do Brasil é **brasilo-** (relações *brasilo*-argentinas), mas os jornalistas brasileiros, como não têm ideia disso, usam: *relações "brasileiro-argentinas"*. Normal.

436. pudico: pronúncia correta

Pronuncia-se *pudiko* (a palavra é paroxítona), e não "púdiko". Esse adjetivo significa *casto, recatado, puro*. Freiras costumam ser *pudicas*.

437. os acreanos foram às urnas

Não, quem foram às urnas, na verdade, foram os **acrianos**, que, aliás, abominam essa forma. Notem eles, porém, que os que nascem no *Iraque* (de mesma terminação *e*) são *iraquianos*, e não "iraqueanos"; quem nasce nos *Açores* é *açoriano*, e não "açoreano", etc. Ir contra os princípios da língua é, com certeza, machucar-se tanto quanto aqueles que dão murro em ponta de faca. Dói um bocado...

438. shampoo anti-caspa

No Brasil só existe, na verdade, *xampu anticaspa*, assim como só temos creme dental *anticárie* ou *antiplaca*, sempre sem hífen. Mas a indústria (que parece não ser brasileira) insiste em divulgar esse tipo de xampu, que mais suja que limpa...

Em tempo – No plural, temos: *xampus anticaspa, cremes dentais anticárie, cremes dentais antiplaca*.

439. fazer fusquinha

Quem fazia *fusquinha* era uma indústria automotiva alemã. Já quem faz *fosquinha* é gente (principalmente criança) desobediente ou teimosa.

440. mais amor e menas confiança

"Menas" não existe, a não ser na boca de incautos. Mas devemos reconhecer: cada dia **menos** gente usa essa excrescência.

441. de sábado não trabalho

Não, *aos* *sábados* é que você não trabalha, talvez nem *aos domingos*. *Aos finais de semana* o carioca vai invariavelmente à praia. É novidade isso?

442. estático e extático

Quando um corpo está em repouso ou em equilíbrio, está **estático** (em oposição a *dinâmico*): *eletricidade **estática***. Quando algo é fixo, ou não sofre alterações por longo tempo, também está **estático**: *radar **estático**, site **estático***. Quando, ainda, alguém fica imóvel como uma estátua, fica **estático**. Já **extático** é encantado, maravilhado, extasiado: *Crianças e adultos, **extáticos**, contemplam as evoluções da esquadrilha da fumaça.*

443. Andrônico

Esse nome próprio masculino, em português, é paroxítono (*Andronico*).

444. vim de a pé

Os tempos mudam, a ciência avança a passos largos, assim como a tecnologia, tudo se transforma rapidamente, mas ainda continua sendo melhor vir **a pé** que *"de" a pé*. No interior do Brasil, porém, há os que não só apreciam vir *"de" a pé* como também gostam de vir *"de" a cavalo*. Aliás, o equívoco provém de cruzamento com outras locuções. O caipira vê todo o mundo andar **de** trem, **de** ônibus, **de** automóvel, **de** motocicleta e pensa lá consigo: *Por que é que eu não posso, então, andar **de** a cavalo?*

445. ilhas Falklands

As ilhas britânicas, situadas no sul do oceano Atlântico, se chamam **Falkland** (sem o **s**). Os argentinos as chamam de *Malvinas*.

446. ele é craque no futsal

O *Vocabulário Ortográfico da Língua Portuguesa* (VOLP) registra isso aí, mas à luz das normas ortográficas portuguesas, trata-se de uma excrescência. Não é da índole da nossa língua formar palavras desse modo. A palavra racional seria *futessal*, que os luminares da Academia nem sequer cogitaram registrar no referido vocabulário, que – diga-se – está inçado de todo tipo de senões, conforme listo no **Dicionário de erros, dúvidas, dificuldades e curiosidades da língua portuguesa**, 2.ª edição.

Em tempo – Esse mesmo VOLP registra **futevôlei**. Ora, ora! Por que não, também, **futessal**? Com a palavra, os luminares...

447. contas fantasmas

Os substantivos, quando exercem função adjetiva, não variam. Portanto, *contas fantasma, eleitores fantasma*, etc. O Aurélio recomenda hífen nessas palavras.

Se fosse possível o hífen, o VOLP registraria o composto. Não há registro de "conta-fantasma" no referido vocabulário.

Em tempo (1) – E assim também, sem variarem os substantivos: *rádios pirata, programas de computador pirata, operários padrão, crianças prodígio, peças chave, gols relâmpago, sequestros relâmpago, tons pastel, notícias bomba, ataques surpresa, visitas surpresa, estados tampão, funcionários tampão*. Na indicação da cor, o substantivo jamais varia, igualmente: *camisas vinho, carros rosa, tintas gelo, olhos violeta*, etc.

Em tempo (2) – O mesmo Aurélio que reivindica hífen em "conta-fantasma" se omite quanto ao uso do hífen nesses casos. Por que seria?...

448. eu arrepio e assusto fácil

Há quem *se arrepie* e *se assuste* ainda mais fácil, mas quando ouve ou vê asneiras*... De minha parte, posso garantir que **me** arrepio e **me** assusto com a maior facilidade – principalmente quando alguém diz *kestã**. Os verbos são rigorosamente pronominais: *arrepiar-se, assustar-se*.

Em tempo* – Há por aí quem veja nessa minha brincadeira didática "preconceito linguístico". Pobres de espírito (ou espíritos de porco?) sempre estão a interpretar inocência por maldade. V. **147**.

449. está armando chuva

O verbo é *armar-se*, nesse caso, também rigorosamente pronominal, quando significa *preparar-se* (falando-se de fenômenos da natureza). Portanto: *Está se armando chuva*. *** *Uma tempestade se armou rapidamente, por isso tivemos de retornar*. *** *Quando se armavam tufões naquela região, era catástrofe na certa.*

Em tempo – *Tufão* e *furacão* definem o mesmo fenômeno; os *tufões* se formam nos oceanos Pacífico e Índico; os *furacões*, no Atlântico. Os tufões se movimentam no sentido horário, enquanto os furacões giram no sentido anti-horário. O termo científico para ambos os tipos de tempestade é *ciclone tropical*.

450. não tinha ninguém no estádio

Na língua falada, o verbo *ter* substitui o verbo *haver* de forma espontânea, absolutamente normal: **tem** *gente*, não **tem** *problema*, não **tem** *dúvida*, etc. Na língua escrita, todavia, convém usar *haver*, no lugar de *ter*: *Não* **havia** *ninguém no estádio*. *** *Não* **há** *mais vagas*. *** *Nunca* **houve** *furacão por aqui*.

451. Dilma era presidenta?

Era. A palavra *presidente* é substantivo comum de dois: *o presidente, a presidente*. Mas admite esse feminino, assim como *parente* admite *parenta*, *governante* admite *governanta* e *ajudante*, *ajudanta*. Tais femininos – convém não esquecer – são de uso facultativo, porque Dilma também era *presidente*, sem ser minha *parente*...

Em tempo – Só esses três nomes terminados em **-nte** podem fazer o feminino em **-nta**. Muita gente achou que outras palavras com a mesma terminação (*-nte*), caso de *estudante, viajante, doente*, etc. também podiam ter a terminação *-nta* ("estudanta", "viajanta", "doenta") e, sem razão, faziam pilhéria, ao rejeitarem a forma *presidenta*. Ou seja, escancaram a sua ignorância dos fatos da língua.

452. desinteressei-me pela casa

Não. Quem se desinteressa, se desinteressa **de** alguma coisa, e não "por". Portanto: *desinteressei-me da casa*. *** *Nunca pude pensar que um dia Cristina se desinteressasse de mim*.

453. 20% dos alunos passou

O verbo não está concordando nem com o percentual nem com o seu complemento. Portanto: *20% dos alunos passaram*. Se fosse **1%**, caberia o singular (concordando com tal percentual) ou ainda o plural (concordando com o complemento).

Em tempo – São formas variantes, portanto corretas: *percentagem* (preferível) e *porcentagem*, assim como *percentual* (preferível) e *porcentual*.

454. incipiente e insipiente

Incipiente é um adjetivo que significa que está no início, no princípio: *nossa incipiente amizade; o incipiente capitalismo russo*. Já **insipiente** é o mesmo que estúpido, ignorante: *Há certas profissões no Brasil que se caracterizam por gente insipiente*.

455. beliche: o ou a?

Quem deseja dormir um sono reparador, tranquilo, sem sobressaltos, que durma **num** beliche; dorme "numa" beliche quem gosta de pesadelos...

Em tempo – Feminina é a palavra *bicama*.

456. produtos multi-usos

Quem faz compras em supermercados encontra facilmente produtos "multi-usos". Mas produtos bons mesmo são os **multiusos**.

457. o governo interviu no câmbio

O verbo **intervir** é derivado de **vir**, e não de "ver". Portanto, *o governo* *interveio* no *câmbio*, mas não deveria ter **intervindo** (e não "intervido", como usa a maioria dos jornalistas).

458. velocidade máxima: 80 KM

É o que se lê em algumas das placas afixadas à margem das nossas principais rodovias. Mas os motoristas educados sabem que no lugar de "80 KM" deveria estar **80km/h** ou mesmo **80KM/H**. (Mas só os educados...)

459. conserve a direita

É o que se lê em outra das placas afixadas à margem das nossas rodovias. Os motoristas educados, porém, sabem que eles devem *conservar-se à direita*, mesmo porque "conservar a direita" é deixar limpa essa parte da pista, sem nenhuma sujeira... Nenhum motorista o faria, com certeza. Nem mesmo os educados... V. **543**.

Em tempo – Tanto o verbo *afixar* quanto o adjetivo *afixado* regem **a** ou **em**: *afixar avisos à* (ou **na**) *porta de entrada da escola*; *placas afixadas à* (ou **na**) *margem das rodovias*.

460. comprei 10 kgs de arroz

Eu preferi comprar **20kg** de arroz, quantidade que me é suficiente para o ano inteiro. Note: sem **s** de plural nem espaço entre os elementos.

Em tempo – Também *centímetros* e *metros* se abreviam sem "s" nem espaço: **5cm, 4m**, etc.

461. inapto e inepto

Uma pessoa **inapta** é uma pessoa incapaz, sem aptidão ou habilitação para alguma coisa: *Foi considerado **inapto** para servir o Exército*. *** *Há os que são completamente **inaptos** para especular preços*. Já a pessoa **inepta** é a mentalmente incapaz, ou seja, idiota, imbecil, parva: *Nos filmes de O gordo e o magro, era sempre o magro que fazia o papel de **inepto***.

462. grama, lança-perfume, lotação

São três palavras masculinas, desde que a primeira não seja vista como sinônima de *capim*, e sim como unidade de medida de massa. Portanto: **um** *grama de ouro*, **duzentos** *gramas de muçarela*, **dois** *lança-perfumes argentinos, pegar* **um** *lotação* (= autolotação) *para Copacabana*. Nos lotações, geralmente se usa uma *van*, um micro-ônibus ou uma topique, que é o nome que se dá em algumas regiões do Brasil a qualquer veículo que sirva como autolotação.

463. dispensa e despensa

Dispensa é forma do verbo *dispensar*, dispensa mais apresentações... Já **despensa** é o local da casa onde se guardam mantimentos. *Os pobres sempre temos a **despensa** vazia.*

464. estar melhor preparado

Antes de particípio não convém usar as formas "melhor" e "pior". Portanto: *Estou hoje **mais bem-preparado** que ano passado. *** Você está **mais malpreparada** que seu irmão. *** Se os jovens fossem **mais bem-orientados**, não haveria tantos marginais pelas ruas. *** É preciso que o professor seja **mais bem-remunerado**. *** Meu projeto está **mais bem-elaborado** que o seu. *** Nossas crianças são **mais mal-alimentadas** que as americanas. *** Seu filho está **mais malvestido** que o meu.* Consideramos como adjetivos o que muitos veem como particípio. Daí por que usamos hífen antes do adjetivo, para desfazer a combinação inadequada "mais bem" ou "mais mal". Particípio haverá, sim, sem nenhuma dúvida, quando o agente da passiva estiver claro, como neste exemplo: *O menino foi mais **bem educado** pelo pai do que pela mãe.* Nesse caso, o hífen não tem cabimento.

465. como o alface está caro, não?

Não. O que está caro é *a alface*.

Em tempo – Note o uso obrigatório da vírgula antes desse **não**, equivalente de *não é verdade?* Outro exemplo: *Não diga mais isso, **não**.* Diferente é este caso, em que não se usa a vírgula: *O dólar está alto, mas a libra **não**.* (ou seja: *não **está alta***)

466. ela véve pentiando os cabelos

Em algumas regiões interioranas se usa "véve" por *vive*, mas o verbo não é "vever", e sim *viver*. Há, ainda, pessoas que usam "pentio" os cabelos, por *penteio*, "pentiam" por *penteiam*, "pentiando" por *penteando*. *As mães **penteiam** os filhos. *** Embora **penteie** os cabelos a todo o momento, parece que nunca os **penteia**.*

467. espiar e expiar

Espiar é observar secretamente, às escondidas (por curiosidade ou algum interesse*): **espiar** alguém pelo buraco da fechadura; **espiar** a filha com o namorado, na sala.* **Expiar** é pagar (erro, crime, pecado, falta, etc.) mediante punição, é sofrer os efeitos ou consequências de algo que se fez errado ou malfeito: *Ele **expia** as extravagâncias que fez quando jovem. *** Se cometi um erro, é justo que eu tenha que **expiá-**lo. *** Os criminosos **expiam** seus delitos na prisão.*

468. eu se arrependi do que fiz

Tenha sempre isto em mente: **eu** não combina com "se"; **eu** combina com **me**, assim como **nós** combina com **nos**: *eu me arrependi, nós nos arrependemos*. Se você, um dia, em juízo, disser *"nós se arrependemos de tudo"*, o juiz não só não vai perdoar-lhe, como agravar-lhe a pena...

Em tempo (1) – Dia desses a televisão apresentou um casal de turistas brasileiros que se haviam perdido na mata da serra do Mar. Ao serem encontrados, os jovens declararam à imprensa: *Nós "se" perdemos*. Quem se perde na mata deve ter muito cuidado com a língua, no momento que experimenta o alívio de ser encontrado, muito além do cuidado com as cobras e os mosquitos, porque muitas vezes ela pica mais que eles...

Em tempo (2) – Na língua falada no Brasil é costume não usar pronomes oblíquos junto dos verbos pronominais, que nunca prescindem deles. É um tal de *"eu arrependi de ter feito aquilo"*, *"não grite, que mamãe zanga"*, *"ele machucou nos espinhos do limoeiro"*, etc. É bom parar.

469. ele faz isso só para se aparecer

O verbo *aparecer* não é pronominal em nenhum sentido, mas na língua popular é muito encontrado com o pronome oblíquo (principalmente "se"), em frases desse tipo. O interessante é que o povo omite o pronome em muitos verbos rigorosamente pronominais (*arrepiar-se, arrepender-se, zangar-se,* etc.) e usam-no naqueles que não admitem o pronome. É difícil entender. Em todo o caso: *Ele faz isso só para aparecer.* *** *Se ela quer aparecer, que carregue uma melancia na cabeça.*

Em tempo – Usa-se *em todo caso* ou *em todo o caso*.

470. você é daqui, do Recife?

Quem faz uma pergunta dessas usa preposições de mais (*daqui*, como se sabe, é contração da preposição *de* com o advérbio *aqui*); uma das preposições está a mais nessa pergunta, e é justamente a primeira, vista na contração. Perguntamos, portanto: *Você é aqui, do Recife?* *** *Vocês gostaram aqui de casa?* (e não: "daqui" de casa) *** *A que horas vocês vão sair aí da sua casa?* (e não: "daí" da sua casa).

471. queria poupar o pai de mais um desgosto

O verbo *poupar* rege a preposição **a**. Portanto: *O filho queria poupar o pai **a** mais um desgosto.* *** *O presidente queria poupar o país **a** mais um vultoso empréstimo externo.* Podemos construir ainda: *O filho queria poupar **a**o pai mais um desgosto.* *** *O presidente queria poupar **a**o país mais um vultoso empréstimo externo.*

Em tempo – É **vultoso** que significa *enorme, de grandes proporções*, e não "vultuoso".

472. o horário de verão começava às zero horas

Ora, ora, ora! Considerar *zero* como palavra de plural é tão grave quanto um gremista vestir vermelho... Na verdade, *o horário de verão começava à zero **hora** (0h) de um domingo.*

473. falt**ei** pouco para não morrer

Não, *"faltei" pouco* não. Se o sujeito do verbo *faltar* é **pouco** (o que faltou? pouco), o verbo, naturalmente, deve ficar no singular: **Faltou-me** *pouco para não morrer* ou **Faltou** *pouco para **eu** não morrer*. *** *Faltou muito pouco para eu não lhe dar um soco na cara.* (e não: "Faltei" muito pouco) É justamente para casos como esse que conhecer análise sintática é fundamental. Mas os pedagogos modernos têm ojeriza a análise sintática.

474. vag**a**lume também se chama pirilampo

Não. É o pirilampo que também se chama **vaga-lume**...
Em tempo – Também *cata-vento* se grafa com hífen.

475. apelarei **à** consciência dela

Como o verbo **apelar** rege *para*, e não "a", convém construirmos: *Apelarei **para** a consciência dela, a fim de me perdoar.* *** *Só resolveremos este caso se apelarmos **para** o latim.* *** *A primeira-dama apela **para** todos os cidadãos, a fim de que enviem cobertores aos pobres.* No sentido de *interpor recurso*, **apelar** rege *de*: *O advogado apelou **da** sentença.* *** *Os professores apelaram **dos** critérios adotados no concurso de provimento de cargos.* Ainda nessa mesma acepção, podemos construir: *O advogado apelou **da** sentença **para** o STF.* Ou simplesmente: *O juiz proferiu a sentença; o advogado disse que apelará.*

Em tempo – O substantivo **apelo** rege *a*, o que deve ter influído na regência verbal impugnada: *Os professores fazem um apelo **ao** ministro da Educação.* *** *Já fizemos vários apelos **às** autoridades.*

476. o motorista perdeu a direção do veículo

Não, nenhum motorista, por mais inábil que seja, perde a "direção" do veículo que dirige. O que mais costuma ocorrer é os motoristas perderem **o controle** do carro, ônibus, caminhonete, etc. *Perder a direção* é perder o rumo, não saber ao certo onde se encontra.

477. desculpe o transtorno

À luz da gramática, visível tolice. Como é possível alguém desculpar um transtorno, que nunca xingou ninguém ou que nunca fez mal a ninguém? Desculpam-se **pessoas**, e não coisas. Portanto, o pedido deve ser feito assim: *Desculpe-nos do* (ou *pelo*) *transtorno*. Houve uma época em que, em famoso telejornal, quando haviam cometido um erro, pedia-se: "Desculpe a nossa falha". Pois é: **duas** falhas...

478. tirei um xerox do documento

O que as pessoas fazem, em verdade, é tirar *uma xérox*: em português todas as palavras dissílabas (portuguesas ou estrangeiras) terminadas em **x** são paroxítonas. Confira: *bórax, cóccix, Félix, fênix, látex, ônix, sílex, tórax*, etc. Fogem à regra, naturalmente, as marcas comerciais: Lubrax, Gumex, Durex, Pirex, etc. Esqueça "xeróx", um "xeróx"! V. **626**.

479. jornalista não pode cometer um erro destes

Todos usamos acento grave no **a** ou no **as**, antes de numerais, quando se trata de locução adverbial de tempo: *Estarei lá **à** 1h.* *** *Voltei **às** 11h.*

Mas quando se trata do nome das horas, não tem cabimento usar o acento: *Estarei lá entre **a** 1h e **as** 2h.* *** *Dormi da uma hora até **as** quatro horas.* Note que agora estamos tratando da hora propriamente dita. Um jornalista jamais deve desconhecer tal diferença. Mas desconhece. Veja o que escreveram dois deles, ambos do portal G1, do Grupo Globo: *Diversos municípios brasileiros restringiram a circulação de pessoas com determinações referentes a horários e fechamento do comércio, como em Campo Grande, Bonito, Dourados e Ponta Porã. Na maioria há toque de recolher entre a noite e a madrugada. Na capital, a situação ficou mais rigorosa: entre "às" 20 e "às" 5h, somente podem ficar nas ruas quem trabalha com serviço essencial e delivery.* Ante isso, o que nos resta? Resta-nos parabenizar Martim Andrada e Nadyenka Castro por tão acentuado desconhecimento do assunto...

480. subsídio: pronúncia correta

Pronuncia-se **subsídio**, e não "subzídio". Quem diz "subzídio" que diga também "subzolo", "subzônico" e "subzecretaria"!...

Em tempo – O verbo *subsistir* e o correspondente substantivo *subsistência* também se pronunciam como *subsídio*. Todos os bons dicionários indicam as pronúncias *subssistir* e *subssistência*. Pois agora nos vem o *Vocabulário Ortográfico da Língua Portuguesa* (VOLP), que tem força de lei, e contraria tudo e a todos, indicando que também podemos dizer "subzistir" e "subzistência".

Mas não se atreveu a registrar a pronúncia "subzídio". A bagunça é geral na 5.ª edição do VOLP. Mas tem força de lei! Obrigam-nos ao crime...

481. fazer o dever escolar

Nenhum professor deveria exigir "dever escolar" de seus alunos. Professores cautelosos, prudentes, pedem a seus alunos que não deixem de fazer os **deveres escolares**, sempre no plural, que é sinônimo de *tarefas escolares*. O termo *dever*, no singular, usa-se para outros casos: *dever militar, dever de cidadão, dever de pai, dever de mãe* e até *dever de aluno*, que é fazer sempre **seus deveres**.

482. o Flamengo vendeu cara a derrota

Eis aí mais uma do esporte... Há somente dois inconvenientes na expressão *vender cara a derrota*: **1.º)** *caro*, como é advérbio, não varia. **2.º)** o vencido ou perdedor não vende "a derrota", que é a coisa desprezível, sem valor algum, mas sim **a vitória**, a coisa de real valor. Portanto: *O Flamengo vendeu **caro a vitória**.* (neste caso, o Flamengo foi o perdedor do jogo) *** *Os alemães, na guerra, venderam muito **caro as vitórias** aliadas.* *** *O Corinthians poderá vencer o Palmeiras; se derrotado, porém, é certo que terá vendido muito **caro a vitória**.*

Em tempo – Há outra frase criada pela genialidade da mídia esportiva, seja nossa, seja portuguesa: *correr atrás do prejuízo*. Quando uma equipe está perdendo, logo se usa essa frase. Ora, mas só os beócios correm atrás do prejuízo, que é algo negativo, desprezível, desalentador. Os vivos, os espertos, correm atrás do *lucro*, daquilo que vem, justamente, ajudar a recuperar o prejuízo. Se ao menos a mídia esportiva usasse: *correr atrás para **diminuir** o prejuízo*, estaria sendo coerente. Mas coerência é algo que se vê nesse meio? Quando? Quando diz que o Corinthians "perdeu de 5 a 0"?! Onde há coerência nisso? V. **48**.

483. crucial e cruciante

Sempre que você passar por um momento *decisivo* ou *de extrema importância para algo, alguém ou uma ocasião*, estará passando por um momento **crucial**. *A assinatura desse contrato é **crucial** para a empresa.* *** *A presença do melhor jogador da equipe é **crucial** na partida decisiva.* *** *O policial, numa decisão **crucial**, atirou contra o sequestrador.* Sempre que você estiver passando por um momento *aflitivo, desesperador*, ou por uma dor *difícil de suportar*, estará passando por um momento **cruciante** e por uma dor **cruciante**.

Em tempo – O verbo *atirar*, no sentido de *disparar*, rege, no português do Brasil, principalmente *contra* ou *em*: *O policial atirou **contra** o (ou **no**) sequestrador.*

484. fora_Dilma!

Está ocorrendo hoje no Brasil um fenômeno: ninguém mais usa vírgula antes de vocativo. É um tal de "Reage Rio", de "Parabéns campeões", etc., tudo sem a necessária vírgula antes dos vocativos e – também – sem o indispensável ponto de exclamação. Vamos corrigir? *Fora, Dilma!* *** *Reage, Rio!* *** *Parabéns, campeões!* *** *Salve, irmão!* Mas há pessoas que preferem o **Fora, vírgula!**...

485. "Fala Brasil", noticiário da Record

A Rede Record de Televisão tem um noticiário matutino a que dá o nome sofrível de "Fala Brasil", sem a necessária vírgula depois do verbo, já que temos aí um vocativo (*Brasil*). Dia desses, uma de suas apresentadoras, ao tratar de animais em zoológico, disse: *As elefantas vivem em "separadas" no zoológico do interior*. Essa "concordância" só vem reforçar a nossa convicção de que os jornalistas atuais não têm pleno domínio da própria língua. O idioma, para alguns deles, parece ser uma ferramenta alienígena, totalmente desconhecida. Como gente assim pode pretender ser jornalista? E mais: como gente assim pode pretender ser formadora de opinião? Quem frequentou escola sabe que as locuções (no caso presente, *em separado*) são elementos invariáveis. Daí por que usamos *blusas cor de laranja*, e não *blusas "cores de laranja"*, justamente porque as locuções são absolutamente invariáveis. Volta e meia, no entanto, surgem frases assim: *Os trabalhadores estão recebendo "em dias"*. *** *Recebi a mensagem "por escrita"*. É o desconhecimento da língua a toda prova. Nesse mesmo noticiário, registramos estes pequenos textos na parte inferior do vídeo: *Neymar vai responder processo na Justiça*. (Na verdade, vai responder **a** processo.) *Recuperações judiciais e falências "dispara" no país*. **Disparam** nesse programa as tolices.

486. cavóque, estóra, róba, afróxe, dóra

Pronúncias próprias do povo. Os verbos *cavoucar, estourar, roubar, afrouxar* e *dourar* não têm nenhuma forma em que o **o** tônico soa aberto. Ao contrário, suas formas devem ter o ditongo claramente pronunciado e, naturalmente, fechado: *cavôuque, estôura, rôuba, afrôuxe, dôura*. Dia desses, porém, a CNN Brasil, que apresenta à noite o seu chamado *Grande Debate*, teve sua apresentadora a alertar os debatedores desta forma: *Eu não quero que vocês "estórem" o tempo do debate*. A jornalista já é cinquentona, mas o tempo – ao que parece – não lhe foi útil no aprendizado da pronúncia de formas verbais tão elementares. Alguns dias antes desse fato, outra apresentadora, de outra emissora de televisão, entrevistava um famoso médico. Em uma de suas perguntas, a moça disse "róba". Mas o entrevistado, como que a desejar corrigi-la, na resposta usou **rouba**. E ela nem ficou vermelha. É perfeitamente compreensível...

487. é proibid<u>o</u> a entrada de estranhos

Nesse aviso o erro está em usar *proibido* no masculino, ante a presença do artigo *a*; se o artigo não aparecer, *proibido* fica absolutamente invariável. Veja: *É proibida a entrada de estranhos*, mas: *É proibido entrada de estranhos*. Outro exemplo semelhante: *É proibida a permanência de pessoas neste local*, mas: *É proibido permanência de pessoas neste local*.

488. amanhã talvez <u>irei</u> lá

Talvez, quando antecede o verbo, exige o modo subjuntivo: *Amanhã talvez vá lá*. *** *Talvez o pessoal chegue ainda hoje*. Após o verbo, *talvez* não interfere no emprego do modo: *Irei lá talvez amanhã*. *** *O pessoal chega talvez ainda hoje*.

Em tempo – A conjunção *caso* exige, também, o modo subjuntivo, mas apenas o presente e o pretérito imperfeito, não o futuro: *Caso vá à praia, leve protetor solar*. *** *Caso não chovesse, todos poderiam ir à praia*. Portanto, não se constrói: *caso você "for" à praia, caso eu "for" ao cinema*, etc.

489. tive apenas um panorama <u>parcial</u> dos fatos

É outra brincadeira de mau gosto. Se **panorama** traz os elementos gregos **pan** (tudo) e **orama** (visão, espetáculo), já significa *visão total, vista de tudo, vista geral*. Sendo assim, nenhum *panorama* pode ser "parcial", ao menos no planeta em que habitamos. Daí se conclui também que outra sandice é a combinação "panorama geral", visível redundância. Num jornal, porém, onde as sandices sempre acontecem, leu-se: *Um panorama "geral" visto de helicóptero tornava possível localizar os pontos de congestionamento no centro da cidade*. E nesse pequeno texto existe mais redundância ainda maior: "panorama geral visto". Ora, se **orama** já significa *visão*, como aceitar a repetição da ideia, sem tachá-la de estúpida?

490. Brodósqui ou Brodowski?

Sem dúvida, *Brodowski*, que se pronuncia *Brodóvski*. A Prefeitura dessa cidade paulista já adotou como oficial a grafia *Brodowski*, sobrenome do polonês, fundador da cidade.

491. nossa, como você está magérrima!

A verdadeira forma sintética irregular de *magro* é **macérrimo** (do latim *macer* + *rimo*); "magérrimo" surgiu em verdade nessas colunas sociais de jornais, que pouco têm a acrescentar à norma padrão do idioma. O VOLP e a maioria dos dicionários registram "magérrimo", mas fazem ressalvas quanto ao seu emprego. Celso Cunha, grande autoridade na língua, para citar apenas um, nem faz referência a essa forma, só aceita **macérrimo** como forma irregular. Xavier Fernandes, em suas *Questões de língua pátria*, considera "magérrimo" um despautério que não se justifica. É assim como dizer *advogacia, gabine, guspida, degote, degotado*. É bom?

492. dá-me um dinheiro aí

Essa colocação pronominal é eminentemente portuguesa; no Brasil damos preferência à próclise quase sempre. Daí por que pedimos e também cantamos *me dá um dinheiro aí*, mesmo porque *dá-me um dinheiro aí* é um convite a que ninguém dê...

Em tempo – Sobre isso, convém lembrar os versos de Oswald de Andrade:
Dê-me o cigarro,
Diz a gramática
Do professor e do aluno
E do mulato sabido;
Mas o bom negro e o bom branco
Da Nação Brasileira
Dizem todos os dias
Deixa disso, camarada
Me dá um cigarro aí!

493. antes de mais nada, quero agradecer

Antes de mais nada, em rigor, não significa coisa alguma, porém, algumas expressões não têm a obrigação de significar o que quer que seja; existem e pronto, usam-se. Em Portugal se emprega preferencialmente *antes de mais, antes de qualquer coisa, primeiro que tudo* e *antes de tudo*. Mas Camilo Castelo Branco e até Rui Barbosa usaram *antes de mais nada*, que já está mais do que arraigada no nosso dia a dia.

494. são uma e meia

Quem usa plural com *um* ou com *uma* está a merecer cuidados especiais... Quem tem mente sã naturalmente diz *é uma e meia, é meio-dia e meia, é meia-noite, é zero hora, é uma e quinze, é uma e vinte*. Um apresentador de programa esportivo da Fox Sports, no entanto, insistia em dizer *"são" uma e meia*. Com a ajuda dos céus, hoje, vocifera em outra emissora, cujo dono também não é lá um defensor intransigente das normas da língua...

495. gradação e graduação

Gradação é aumento ou diminuição sucessiva e gradual; é, enfim, transição: *uma **gradação** de cores*. Em semântica, é a apresentação de uma série de ideias em progressão ascendente (clímax) ou descendente (anticlímax): *Ela era muito pobre, feia, quase horrorosa, e ele era muito bem de vida, rico, quase milionário.* **Graduação** é divisão em graus (*a **graduação** do termômetro*), posto militar (*qual é a **graduação** daquele oficial?*) e também conclusão de curso superior (*daqui a dois anos obterei minha **graduação** em Farmácia*).

496. dito documento, referida arma

No meio forense é como se usa, porém, erroneamente: *Dito documento é falso* (em vez de: *O dito documento é falso*). *** *Referida arma não é a do crime* (em vez de: *A referida arma*). *** *Mencionada testemunha não é digna de fé* (em vez de: *A mencionada testemunha*).

497. os Corolla

Nomes de automóvel variam normalmente: os *Corollas*, os *Versas*, etc., com exceção dos que terminam em **s** ou em **x**: os *Virtus*, os *Lexus*, os *Ônix*, etc. Se, porém, usarmos um substantivo antes do nome do automóvel, este ficará invariável. Ex.: *os carros Corolla, os automóveis Versa*, etc.

498. V.Ex<u>cia</u>., V.S<u>a</u>.

Apesar de serem muito usadas, essas abreviaturas não são indicadas. A abreviatura de *Vossa Excelência* é **V. Ex.ª** e a de *Vossa Senhoria* é **V. S.ª** O difícil é representar a abreviatura no plural: **V. Ex.ªs, V. S.ªs** O ideal seria que os teclados tivessem também o **as** elevado; mas não têm; então, vamos com o que temos...

Em tempo – Note que o ponto da abreviatura encerra o período. Não há necessidade de usar outro ponto, quando o período finaliza por abreviatura. Outros exemplos: *Não comprei ainda o meu **ap**. *** Trouxe da feira bananas, laranjas, peras, **etc**.*

499. usa-se vírgula antes de etc.?

Etc. é abreviatura latina de *et coetera*, que significa *e outras coisas*. Do ponto de vista lógico, então, dispensar-se-ia o emprego da vírgula antes de tal abreviatura. No entanto, o uso nesta questão é soberano. Costuma-se empregar vírgula antes de **etc.** desde há muito; então, usa-se a vírgula antes de **etc.**, uso abonado pelo *Vocabulário Ortográfico da Língua Portuguesa* (VOLP), que teve como base o *Formulário Ortográfico*, aprovado em 1943. A partir daí, passamos a defender o uso da vírgula antes de **etc.**

Em tempo (1) – O dicionário Houaiss não usa vírgula antes de **etc.** Não surpreende: esse mesmo dicionário traz "bitransitivo" (nomenclatura antiga) para verbo transitivo direto e indireto e registra cacografias, como "salchicha", além de muitas outras aberrações. Não é obra confiável.

Em tempo (2) – Não se usa "e" antes de **etc.**, já que na abreviatura já existe **e** (**et** *coetera*). Também não se usam reticências depois dessa abreviatura. Alguns não usam essa abreviatura com nomes de pessoas. Tal uso, porém, está consagrado, embora **etc.** signifique *e outras coisas*.

Em tempo (3) – Depois de *caixa postal* não se usa vírgula. Com nomes de ruas, avenidas, alamedas, etc., a vírgula é obrigatória, em virtude do subentendimento da expressão *casa de número*: Rua da Paz, 18 = Rua da Paz, *casa de número* 18. No tocante a *caixa postal*, o número é o de ordem da caixa: a correspondência deverá ser colocada *na 18.ª caixa postal*.

Em tempo (4) – Erro grosseiro é usar vírgula entre o sujeito e o predicado, como fez um jornalista esportivo, certa vez: *Gerson, provou que é bom*. Sim, Gérson pode ter provado que é bom, mas... e o jornalista?

500. comuniquei a polícia sobre o roubo

Não, em sã consciência ninguém faz isso, porque aquele que comunica, comunica alguma coisa a alguém. Por isso: *Comuniquei o roubo à polícia.* *** *Vocês já comunicaram o fato aos pais da moça?* (e não: Vocês já comunicaram "os pais da moça sobre o fato"?) *** *A empresa comunicou "os funcionários da decisão" de encerrar as atividades.* (Corrigindo: *A empresa comunicou a decisão de encerrar as atividades aos funcionários.*)

501. basta ele querer, e todos estamos fritos

Pronome do caso reto (ele) jamais poderá ser complemento de verbo; usa-se corretamente pronome do caso oblíquo, conforme seja a transitividade do verbo. Como *bastar* é verbo transitivo indireto, é o pronome oblíquo *lhe* que se usa: *Basta-lhe querer, e estamos fritos! *** Basta-lhe querer algo, e todos lhe trazem imediatamente. *** Bastava-lhes comer camarão, para passarem mal. *** Bastou-nos esboçar reação para apanharmos dos ladrões. *** Bastar-nos-ia ficar quietos, que tudo ia acabar bem.* Note que mesmo que o pronome oblíquo esteja no plural (*lhes*), usamos infinitivo invariável (*comer, esboçar, ficar*), porque não se perde a noção do sujeito.

502. ela mesmo lava suas roupas

Mesmo, quando palavra reforçativa, deve variar. Portanto, *ela **mesma** lava suas roupas, elas **mesmas** lavam suas roupas*. Só não varia quando equivale a *de fato, realmente*: Ela disse **mesmo** isso de mim? *** Elas vivem **mesmo** do meretrício?

503. salve o tricolor paulista!

Depois de *salve*, não cabe uso de artigo e é obrigatória a vírgula. Portanto, *salve, tricolor paulista!* Repare como rezamos: **Salve**, Rainha, mãe de misericórdia. Veja como cantamos os primeiros versos do Hino à Bandeira: **Salve**, *lindo pendão da esperança; salve, símbolo augusto da paz!*

504. Ribeirão Preto ficou vazio ontem

Não, todo nome de cidade é de gênero feminino, exceto aqueles que se iniciam com artigo, como *o Rio de Janeiro, o Recife*, etc. Portanto, *Ribeirão Preto está vazia.* *** *São Paulo é fria demais no inverno.* *** *Luís Eduardo Magalhães é gostosa.*

505. duas curiosidades

1.ª) **Esplêndido** é um adjetivo que só deveríamos aplicar àquilo que tem luz, que brilha. Assim, usaríamos com muita propriedade: *aurora esplêndida, ocaso esplêndido, estrela esplêndida, palco esplêndido*, etc. Como tudo o que é esplêndido é magnífico, impressionante, deslumbrante, hoje podemos até dizer que uma sopa está *esplêndida*, que uma feijoada está *esplêndida*, que até automóvel brasileiro é *esplêndido*, mesmo sem nenhum brilho, sem nenhuma luz...

2.ª) Se você ouvir um dia alguém dizer que seu dinheiro está **safado**, não se ofenda! **Safado**, em rigor, significa *gasto com o uso*. Só depois de algum tempo veio a significar *homem desprezível, desprovido de senso moral*. E como os há, hoje, como os há!...

506. lustre e lustro

Lustre ou **lustro** é o brilho de algo engraxado, encerado ou polido: *O engraxate deu bom lustre (ou lustro) a meus sapatos*. **Lustre**, e apenas **lustre**, usa-se por brilho causado por beleza, mérito ou fama: *A presença da miss Bahia deu lustre à festa.* *** *O que restou de tudo foi apenas o lustre de meu nome.* Também apenas **lustre** significa luminária: *lustre de cristal*. **Lustro**, e apenas **lustro**, é o mesmo que quinquênio, ou seja, período de cinco anos: *O Papa João Paulo II faleceu no apagar do primeiro lustro do terceiro milênio.*

507. morreu de apêndice estuporado

Nenhum apêndice, por pior que seja o seu estado, fica "estuporado", mas **supurado**, isto é, cheio de pus.

Em tempo – Em algumas regiões brasileiras, usam "pênis" por *apêndice*: *Ela morreu porque "a pênis" estava "estuporada"*... Isso é possível?

▶ 508. quem torce pelo Vasco da Gama é vascaíno...
...ou *cruz-maltino*, com hífen, que a maioria dos jornalistas esportivos escreve sem.

▶ 509. conheço o Ceagesp
Os acrônimos recebem o gênero da primeira palavra reduzida. Se **Ceagesp** significa **Companhia** *de Entrepostos e Armazéns Gerais de São Paulo*, seu gênero é, portanto, feminino: *conheço a Ceagesp*.

▶ 510. conheço a Ceasa
Aqui, o caso é algo diferente do anterior. **Ceasa** é acrônimo de *Centrais de Abastecimento S.A.*, locução substantiva pluralizada, em que há a ideia latente de *entreposto* ou de *armazém*, palavras masculinas. Daí, o que existe em boa parte das cidades do país é *o Ceasa*. Nas locuções substantivas pluralizadas não se leva em conta o gênero da palavra inicial, como em *Ceagesp*, mas sim da ideia implícita ou latente.

▶ 511. a Dersa e seus escândalos de corrupção
Dersa é acrônimo de **Desenvolvimento** *Rodoviário S.A.* Note: a primeira palavra é masculina (*Desenvolvimento*). Sendo assim, não prevalece a ideia de *empresa*, como querem alguns, porque a palavra inicial não está no plural. O que existe em São Paulo, portanto, é *o Dersa*. Jornalista brasileiro sabe disso? Nada! Só usa *"a" Dersa*. No próprio *site* da empresa usam *"a" Dersa*. Está tudo contaminado...

▶ 512. mau aluno fica de recuperação
Não, exatamente: mau aluno *fica* **para** *recuperação* ou **para** *segunda época*, expressões reduzidas de, respectivamente, *para exame de recuperação* e *para exame de segunda época*.

▶ 513. feche a porta, por favor!
Se você leu *fêche*, acertou, embora no Sudeste do Brasil se diga "féche", "fécha", "fécham", etc. Verbos com a terminação *echar* têm a vogal tônica fechada durante a conjugação (com exceção de *flechar* e *mechar*): *fechar*, *desfechar*, *bochechar* (*bocheche* com antisséptico bucal), etc.

▶ 514. Hedvirges
Esse nome não existe; o que existe é **Hedviges**. Há uma santa com esse nome,

padroeira dos pobres e endividados. Há quem use *Hedwiges*, forma estrangeira. A forma "Edwiges" também é errônea, embora muito usada.

515. preciso repetir outra vez?

Não, basta *repetir*. Quem *repete "outra vez"* ou *repete "duas vezes"* comete redundância. Já quem *repete três vezes* ou mais, ou *repete várias vezes* não comete pleonasmo nenhum.

Em tempo – Outras redundâncias muito comuns: *"caí" um tombo* (em vez de **levei** *um tombo*), *vereador "municipal"* (como se houvesse vereador estadual ou federal), *exultar "de alegria"* (como se fosse possível exultar "de tristeza"), *encarar "de frente"* ou *enfrentar "de frente"* (creio que todos gostaríamos de saber se é possível alguém encarar de lado ou enfrentar de trás...).

516. entreguei a carta em mãos

Os antigos e confiáveis dicionários só traziam *em mão*. Aí vieram outros dicionários, que passaram a registrar também "em mãos" e, assim, acabou a paz. Mas, a meu ver, nem mesmo controvérsia existe: não há dúvida de que toda carta entregue pessoalmente é entregue *em mão*. A questão é clara, cristalina, indiscutível, embora muita gente defenda o emprego da expressão no plural. Normal. Afinal, entre seres humanos, tudo é possível. Assim como ninguém lava roupa *"a mãos"*; assim como ninguém fica de *"orelhas em pé"*; assim como ninguém faz sapatos *"a mãos"*, uma carta ou um volume qualquer só pode ser entregue *em mão*. Nunca ouvi dizer que alguém fosse a algum lugar *"a pés"* nem que pianista tocasse *"de ouvidos"*, ainda que tenhamos todos – graças a Deus – dois pés e dois ouvidos. Que apareçam agora os que defendem a expressão no plural e nos convençam da sua correção!

517. os Estados Unidos é uma potência mundial

O nome *Estados Unidos* se usa sempre no plural, assim como *Andes, Alpes, Filipinas*, que, por isso, exigem não só o verbo no plural, como todos os seus determinantes. Portanto: *Os Estados Unidos são uma potência mundial*. Recentemente, um jornalista nos informou: *"Todo" os Estados Unidos estão se manifestando contra o racismo*. É o caso de retornar à escola. Veja mais exemplos: *Os Estados Unidos inteiros foram às urnas*. *** *Todos os Estados Unidos foram afetados pelo furacão*.

Em tempo – Quando os jornalistas usam a abreviatura **EUA** em títulos de notícias, mesmo prescindindo do artigo, que é praxe nesse caso, o verbo deve ainda assim ir ao plural: *EUA vão à guerra*. Veja, porém, como publicou este título de notícia o *Diário do Nordeste*: **EUA "aprova" uso emergencial da vacina da**

Pfizer e BioNTech. E também a *ISTOÉ*: **EUA "autoriza" uso emergencial de vacina**. No portal Terra, porém, aleluia!: **EUA admitem 6 reações alérgicas graves, após vacina da Pfizer**. (A vírgula, todavia, foi por nossa conta...)

518. Os Lusíadas é de Camões

Nomes de obras literárias de relevância, de importância universal, quando trazem o artigo no plural, exigem o verbo também no plural. Portanto: *Os Lusíadas* **são** *de Camões*. *** *Os Três Mosqueteiros* **são** *de Alexandre Dumas*. Se a obra não tiver tamanha relevância, o verbo fica no singular. Por exemplo: *Os Ratos* **mexeu** *muito comigo* (em referência ao romance de Dionélio Machado, publicado em 1935).

519. seje mais educado!

Não, "seje" não existe. Por favor, *seja* mais educado!... Também não existe "esteje", que se substitui por *esteja*: *Embora esteja doente, foi à escola*.

520. caiu a energia; deve ser fuzil queimado

Quando cai a energia, é comum ter como causa um *fusível* queimado; *fusível* é um dispositivo que garante as instalações elétricas contra os excessos da corrente. *Fuzil* é espingarda, objeto que serve para outros ofícios...

521. morada e moradia

Morada é, em rigor, a casa em que habitamos, a residência, o nosso lar: *O crime se deu na própria* **morada** *da vítima*. **Moradia** é, em rigor, o tempo durante o qual se morou ou se mora num lugar: *Minha* **moradia** *em Miami foi de cinco anos*. *** *Tive uma* **moradia** *no exterior cheia de imprevistos*. *** *Sua* **moradia** *na cidade era recente*. Esse é o emprego rigorosamente correto de *moradia*.

Em tempo (1) – Ocorre que hoje se usa "moradia" por *morada* (*gente sem* **moradia**). O curioso é que ninguém quer, de jeito nenhum, ir tão já para a última "moradia". Por que será?... Tampouco alguém está interessado em conhecer a sua última "moradia". Por que será?...

Em tempo (2) – O mais curioso, ainda, é que quando as grandes construtoras brasileiras, quando edificam prédios suntuosos, logo os nomeiam assim: *a* **Morada** *dos Anjos, a* **Morada** *do Sol, a* **Morada** *do Atlântico*, etc. Ora, por que não, aí, *moradia*, então? Ou não há visível incoerência nisso tudo?

522. o presidente está no palácio

A palavra *palácio* não aceita artigo, quando significa *sede do governo*. Portanto: *O presidente está* **em** *palácio*. *** *Cheguei agora* **de** *palácio, mas não falei com* *o presidente.* *** *O secretário da Educação vai **a** palácio, sai **de** palácio, chega **de** palácio, retorna **a** palácio, e nunca traz a solução para o problema da baixa remuneração dos professores.* Quando, porém, o termo *palácio* vem determinado, o uso do artigo é obrigatório, sendo maiúscula a inicial: *O presidente está n**o** **P**alácio do Planalto.* *** *Cheguei agora d**o** **P**alácio dos Bandeirantes, mas não estive com o governador.*

523. perdemos, porque os jogadores medraram

Medrar, com o sentido de *tremer, ter medo*, é mais uma das maravilhosas invenções da nossa mídia esportiva. *Medrar*, em verdade, significa *desenvolver, crescer*: *A planta **medra** rapidamente, a dívida interna brasileira **medra** a olhos vistos*. Como se vê, está bem longe de significar *tremer*.

Em tempo – Um dos dicionários brasileiros registra *medrar* no sentido de *tremer, sentir medo*, e nos leva a concluir que tal verbo foi criado por analogia com *medroso*. Esse dicionário traz muito mais "novidades", algumas delas listadas no **Dicionário de erros, dúvidas, dificuldades e curiosidades da língua portuguesa**, 2.ª edição. Sugiro-lhe que as conheça.

524. ela se considera superiora a todas as colegas

Nenhuma mulher é *superiora*, mas **superior**. Só madres, embora também mulheres, são *superioras*. Portanto: *Ela se considera **superior** a todas as colegas.* *** *A madre **superiora** está no Vaticano.*

525. deixe de estupideza!

Será melhor deixar de **estupidez**, embora o dicionário Houaiss registre "estupideza" como variante, certamente apoiado no *Vocabulário Ortográfico da Língua Portuguesa* (VOLP) que, na sua 5.ª edição, deu para registrar "estupideza", entre muitas de suas estupidezes... Em alguma próxima edição talvez tenhamos nesse mesmo vocabulário, que é oficial e tem força de lei (!), registros de "questã", "mendingo", "estrupo", "mortandela" e até de "menas"... E o Houaiss, certamente, irá atrás...

526. deixe de malcriadeza!

Será bem melhor deixar de **malcriadez**, embora o VOLP registre "malcriadeza" em sua 5.ª edição. Normal. Desta feita, porém, o dicionário Houaiss não quis acompanhar o VOLP; afinal, nem todo dia é dia de índio... O dicionário Aurélio também não encampou "malcriadeza", evitando mais uma das malcriadezes do VOLP...

Em tempo – São reprováveis as formas "estupideza" e "malcriadeza", mas não **malvadeza**, que convive com *malvadez*.

527. emergir e imergir
Emergir é vir à tona: *Os mamíferos marinhos **emergem**, para respirar.* **Imergir** é mergulhar, afundar: *Ninguém sabia **imergir** o submarino.*

528. morte e falecimento
Morte é palavra que serve para todos, indistintamente, seres humanos, irracionais e vegetais. **Falecimento**, porém, é próprio do ser humano e principalmente dos que já viveram o bastante, aos quais chamamos *idosos*. Só a **morte** pode ser violenta; o **falecimento**, ao contrário, exprime apenas um efeito natural. Por isso, ninguém "falece" num violento acidente de automóvel, assim como não há "falecimento" num assassinato. Há, em ambos os casos, **morte**. Os animais e as árvores não "falecem"; simplesmente, *morrem*.

529. meia dúzia
Meia dúzia, sem hífen, define tanto um conjunto de seis indivíduos quanto um pequeno número indeterminado: *Comprei **meia dúzia** de bananas.* *** *Veio à festa **meia dúzia** de gatos pingados.* Sou pelo uso do hífen no último exemplo, mas o VOLP não recomenda "meia-dúzia" no sentido de *alguns*.

Em tempo – *Meia dúzia* requer o verbo no singular: *Meia dúzia de bananas **anda** custando caro.* *** *Meia dúzia de pessoas **compareceu** à festa.* Há quem defenda o plural. Normal.

530. justo hoje você me vem dizer isso?
Por mais abertos que sejamos aos estrangeirismos, não há como defendermos esse. Aos estrangeirismos cabe unicamente o papel de suprir falhas do idioma, mas nunca o de substituir mera e simplesmente palavras e expressões legítimas. "Justo" não substitui *justamente*, assim como "independente" não substitui *independentemente*. Portanto: ***Justamente** hoje, dia do meu aniversário, você me vem dizer isso?* No lugar de *justamente*, na língua cotidiana, se vê *logo*: ***Logo** hoje, que viajo, chove!*

531. eu pareço mesmo com Brad Pitt?
Não! Você está longe de *parecer-se* com qualquer ator... O verbo *parecer*, no sentido de *assemelhar-se, ser parecido no aspecto fisionômico ou no temperamento*, é pronominal e pode reger **com** ou **a**: *Eu me pareço mesmo **com** (ou **a**) Brad Pitt?* *** *Não acho que você **se** parece **com** (ou **a**) sua irmã.* *** *Veja como essa moça **se** parece **a** mim (ou **comigo**)!*

532. minha irmã é crânia em física

Qualquer mulher inteligente é **crânio**, nome sobrecomum, portanto usado tanto para homem quanto para mulher: *Minha irmã é crânio em física.*

533. minha mãe é membra da Academia

Toda mãe importante pode ser *membro* de uma Academia, seja de Ciências, seja de Letras. **Membro**, a exemplo de *crânio*, é nome sobrecomum e se usa, portanto, tanto para homem quanto para mulher. Temos, aqui, de fazer uma ressalva. O escritor e poeta português António Feliciano de Castilho, grande purista e mestre do idioma, escreveu em *Mil e um Mistérios*: *D. Matilde, pelo sim, pelo não, sem ser "membra" do Conservatório, julgou mais conveniente omitir aquela parte do divertimento.* Serve esse exemplo para provar que os clássicos também têm o direito de vacilar. Não é porque um escritor de nomeada fez uso deste ou daquele nome, expressão ou construção que estamos obrigados a segui-lo. Os brutos também amam...

534. o mendigo tilintava de frio

Tilintava?! Não, apenas campainha, sino e moeda *tilintam*, isto é, soam: *Ao cair no chão, ouviu-se o **tilintar** da moeda.* Pessoas que estão com muito frio ou com muito medo, **tiritam**, ou seja, tremem. Portanto: *o mendigo **tiritava** de frio.*
Em tempo – O verbo *cair* usa-se com **a** ou **em**: *cair ao* (ou *no*) *chão.*

535. o treinador falou com um ênfase daqueles

Não; **ênfase** é palavra feminina: *a ênfase, uma ênfase.* Portanto: *O treinador falou com uma ênfase daquelas antes da partida.* *** *O orador põe muita ênfase no que diz.*

536. morreu de mau súbito

O ideal seria que ninguém morresse de *mal súbito*. Em Santa Bárbara d'Oeste, uma caminhonete invadiu uma pastelaria, provocando mortes e muitos estragos. Assim relatou um jornalista: *O motorista admitiu que ingeriu bebida alcoólica e disse que teve um "mau" súbito.* E dizer-se que o jornalista estava sóbrio...

537. prova dos nove

A prova verdadeira é a dos *noves*. Tanto é assim, que se diz *noves fora*, e não "nove fora". O nome dos números varia normalmente: *Ele escreve 77 sem cortar os setes.* Só os terminados em *s* ou em *z* são invariáveis: *os dois, os três, os dez*, etc.

538. trovejou, no entretanto não choveu

Trovejou, no entanto (ou *entretanto*) *não choveu*: eis como se usa. *No entretanto* significa *neste ínterim*: *Fomos ao cinema e voltamos três horas depois; no entretanto furtaram nosso carro*.

Em tempo – A expressão *nesse* (ou *neste*) *ínterim* significa *nesse* (ou *neste*) *intervalo de tempo, nesse* (ou *neste*) *meio-tempo*: *Estacionei o carro e fui comprar um medicamento na farmácia; **nesse ínterim**, roubaram meu carro*. Veja: a palavra é proparoxítona (*ínterim*), e não oxítona ("inte**rim**").

539. o CEP da minha rua é 14.060-110

Os números que compõem o CEP (código de endereçamento postal) não se separam por ponto: *O CEP da minha rua é **14060-110***.

540. meu avô foi rádio-amador

Isso foi antigamente; hoje só há **radioamador** e **radiamador**, assim como só existe *radiopatrulha*. Já a *rádio-vitrola*, também coisa do passado, continua com o hífen.

541. os semi-novos da concessionária

Muitas concessionárias de veículos têm um setor a que dão este nome: "semi--novos". São os veículos usados que elas recebem como entrada na compra de um novo. Todo cuidado é pouco na compra de um **seminovo**...

Em tempo – Também sem hífen, sempre que *semi* se ligar a palavra não iniciada por *i* ou por *h*: *semifinal, semianalfabeto, semimetal, semirreta, semissábio*, etc. Mas: *semi-interno, semi-humano*, etc.

542. o Palmeiras foi super-campeão em 1959

Na verdade, o Palmeiras foi *supercampeão* em 1959, numa disputa com o poderoso Santos F.C., a máquina mortífera da época, que vencia tudo e a todos. O *supercampeonato* foi disputado em três partidas; nas duas primeiras houve empate, e na última houve a vitória, de virada, por 2 a 1 dos esmeraldinos. De virada sempre é mais gostoso...

543. mantenha a sua mão

É a recomendação que se lê em algumas placas afixadas à beira das nossas rodovias. Trata-se de um mau pedido, porque para **manter a mão** é preciso usar produtos de limpeza. O que as referidas placas deveriam conter era outro aviso: *Mantenha-se na sua mão*. Aí, sim, dá para obedecer... V. **459**.

544. o pai, assim como os filhos, trabalha**m**

Quando os sujeitos são separados por *bem como* ou *assim como*, a concordância verbal deve ser feita com o primeiro núcleo: *O pai, assim como os filhos, **trabalha***. Ou: *Os filhos, bem como o pai, **trabalham***.

545. 1 milhão de pessoas morre**ram**

Essa frase só estará correta quando os extraterrestres chegarem e revelarem que **1** é plural, e não singular. Do contrário, nem tente me convencer... *Milhão*, assim como *bilhão, trilhão*, etc., é nome coletivo, e todo nome coletivo, mesmo que seguido de complemento no plural, exige o verbo no **singular**: *1 milhão de pessoas **morreu** durante a guerra.* *** *Mais de um bilhão de crianças **passa** fome no mundo.* Ou você acha bom construir: *Uma turma de alunos "saíram" mais cedo?* Pois essa concordância é tão ridícula quanto *1 milhão de pessoas "morreram"*. Sem tirar nem pôr.

546. um bando de pombos pous**aram** no beiral

Eis aí mais um nome coletivo (*bando*). Repare que o complemento está no plural (*de pombos*). Mas o verbo concorda sempre com o **núcleo** do sujeito, o comandante, e não com o recruta ou a "periferia". Sendo assim: *Um bando de pombos **pousou** no beiral do telhado.*

Em tempo – Há autores e professores que defendem também o verbo no plural nesse caso. Só aceitarei tal defesa se eles também aceitarem esta concordância: *Uma turma de alunos "saíram" mais cedo, Um bando de moleques "picharam" o muro*, ou *O grupo de turistas já "saíram" do hotel*. Perdoe-me se repito: neste vasto mundo, há autores e autores, há professores e professores...

547. copo d'água e copo com água

Copo d'água é copo cheio de água. Quem tem muita sede pede um *copo d'água*. **Copo com água** é copo com uma pequena quantidade de água. Quem precisa tomar um analgésico, pede um ***copo com água***.

548. Jogos Pan**a**mericanos

Os jogos mais saudáveis são os **Pan-Americanos**. Antigamente uma rádio de São Paulo se chamava "Panamericana"; fugindo ao hífen, que não quiseram admitir, preferiram renomeá-la para Jovem Pan...

549. cerrar e serrar

Cerrar é fechar ou unir fortemente: *O comércio **cerra** as portas às 18h.* *** *Para* *evitar o beijo do rapaz, ela **cerrou** os lábios*. **Serrar** é cortar com serra ou serrote (***serrar** madeira*) e conseguir grátis, filar (***serrar** cigarro*).

550. aero_s_ol é bom?
Nunca foi. Procure escrever e dizer **aerossol** (com **e** aberto). Pelo menos este não borrifa gotículas de tolices...

551. quem é o centro-avante da seleção?
O **centroavante** da atual seleção brasileira de futebol, hoje não sei quem é, mas guardo na lembrança o nome de grandes **centroavantes** da nossa seleção, como Vavá.
Em tempo – Note: *seleção brasileira de futebol* se grafa com minúsculas.

552. Antió_quia ainda existe?
Não, nunca existiu. A cidade que hoje se chama *Antáquia* (ou *Antakya*), na Turquia, chamava-se *Antioquia*. No século I, Roma, Alexandria e *Antioquia* eram as três grandes metrópoles do império romano. Na Colômbia também existe um departamento com o nome de *Antioquia*.

553. século I: como ler?
Leia *século primeiro*. De I a X, leia sempre como ordinal, depois daí, como cardinal. Portanto, ano **V** (quinto) antes de Cristo, mas século **X** (décimo), Pio **X** (décimo), século **XX** (vinte), Pio **XI** (onze), Bento **XVI** (dezesseis).

554. no calor, eu s_o_o demais
Não, você não "soa", porque não é campainha. Você **sua**. Eu também **suo**.

555. moro (ou resido) à_ Rua da Paz
Ninguém mora (ou reside) "a" lugar nenhum, mas **em** algum lugar. Ninguém mora nem reside "a" um bairro, mas *num* bairro; por quê, então, morar "à" rua, residir "à" rua? Portanto, você, na verdade, mora (ou reside) *na* Rua da Paz. E que assim sempre seja!...
Em tempo – Também com a preposição **em** se usa *situado, sito, morador* e *residente*: *O shopping está situado **na** Praça da Luz*. *** *O shopping, sito **na** Praça da Luz, está fechado*. *** *Baltasar, morador* (ou *residente*) *na Rua da Paz, está foragido*. Também com **em** se usa neste caso: *Precisa-se de funcionários. Tratar **na** Rua da Paz, 540*.

556. em confirmação à_ minha tese
Faz-se *confirmação de* alguma coisa, e não "a" alguma coisa. Em confirmação

disso, eis exemplos: *Em confirmação **d**a minha tese, opinou o senador.* *** *Levantou-se, então, o notável deputado por Goiás, em confirmação **d**essa verdade.*

557. não estou hoje nos meus melhores dias

Quando alguém se levanta visivelmente mal-humorado, pode dizer que não se levantou **num** *dos seus melhores dias*, mas não "nos seus melhores dias". Portanto: *Não estou hoje **num** **d**os meus melhores dias.* *** *Procure não conversar hoje com o diretor, porque ele não está **num** **d**os seus melhores dias.*

Em tempo – Uma pessoa, dançando depois de longo tempo de inatividade, pode dizer ao parceiro: *Estou como nos meus melhores dias*. Agora, sim, podemos usar a expressão toda no plural, porque se trata de uma comparação.

558. as letras i e j têm pingo?

Sim, ambas têm pingo, mas não bolinha, como alguns costumam colocar, ao escreverem tais letras. As maiúsculas não têm pingo, embora haja quem nelas coloque. A Sadia, produtora de alimentos, chegou a anunciar na televisão o seu nome SADIA com o indigesto pingo no I.

559. o Papa abençoou as milhares de pessoas...

Se você for a qualquer dicionário brasileiro ou português, verificará que a palavra **milhar** é de gênero masculino. Portanto, o que o Papa fez foi abençoar **os** milhares de pessoas que estavam na Praça de São Pedro. *** ***Dois** milhares de crianças foram vacinados.* *** *O governo atendeu **aos** milhares de reivindicações dos trabalhadores.* Os jornalistas só usam a palavra no feminino. Eles são ótimos! Nem mesmo os mais desastrados minidicionários aprovados pelo MEC do PT conseguiram mudar o gênero dessa palavra. Mas nossos jornalistas empenham-se diariamente em usá-la como feminina, que ela nunca foi. Veja o que escreveu uma jornalista do *Estadão*, publicado no portal UOL: *Apesar "das" milhares de mortes em países como Itália (mais de 8 mil), Estados Unidos (mais de mil), Espanha (mais de 4 mil) e China (mais de 3 mil), Bolsonaro afirmou que o povo foi enganado sobre a gravidade da infecção e que a previsão de milhares de mortes não se confirmou.* Mas ela não está só. Uma jornalista catarinense fez questão de unir-se à colega, quando escreveu em manchete: **Meio milhão de pessoas já foram infectadas no mundo.** Logo abaixo desse título mambembe, em que **meio milhão** levou o verbo ao plural, se leu: *Milhares de pessoas morrem no mundo, todos os dias, "acometidas" pela covid-19. "Outras" milhares, de todas as idades, vão parar nas emergências dos hospitais.* A credibilidade de um jornalista começa pelo conhecimento que ele demonstra ter da língua. Daí por que sentimos saudade, muita saudade, de Lenildo Tabosa Pessoa, que nunca claudicava.

560. no Brasil, de menor não vai preso

Há países em que o **menor** (e não *"de" menor*) responde como se fosse adulto, se cometer um crime violento. No Brasil, no entanto, *um menor* pode assassinar trezentos, cometer uma chacina inominável, que não vai preso. O presidente Obama perdeu uma grande oportunidade de dizer, quando ainda era presidente: **Esse é o país!...** (Como afirmou, com a mesma ironia, que aquele então nosso presidente era **o cara**...)

Em tempo – Também se usa apenas **maior de idade**, e não *"de" maior*. No Brasil, só *maior de idade* vai preso. E, ainda assim, nem sempre...

561. esse fato me passou desapercebido

É preciso estabelecer a diferença entre **despercebido** (não percebido, não notado) e **desapercebido** (desprovido). Fatos podem passar *despercebidos*, e não "desapercebidos". Se você sai de casa sem guarda-chuva ou capa e começa a chover, saiu *desapercebido(a)* de protetores de chuva. Se você vai a um restaurante com uma linda companhia e acaba percebendo que está sem dinheiro, está *desapercebido(a)* de condições de pagar a conta. E nunca mais vai ter a mesma companhia...

Em tempo – O mais antigo e tradicional dicionário que existe entre nós considera sinônimos *desapercebido* e *despercebido*. E eis a razão pela qual hoje muito se vê o emprego de um adjetivo pelo outro. Não sei por quê (já sabendo), mas agora me veio à lembrança a famosa frase de Chacrinha: *Eu não vim para explicar, vim para confundir...*

562. chegarei aí tipo 2h

Eis aí mais uma das pragas da comunicação moderna. Hoje, há "tipo" para tudo. *Estou "tipo" gripado, por isso não vou sair de casa.* *** *Ela estudou "tipo" meia hora e já saiu.* Houve um tempo, porém, em que se afirmava: *Chegarei aí* **por volta das** *2h*. Mas esse modo de dizer já caiu em desuso. O mundo anda muito moderno...

563. uso ponto em cada grupo de três algarismos?

Não; deve deixar espaço correspondente a um algarismo. Assim, por exemplo: **5 439 861, 1 000 000**, etc. O símbolo de separador decimal entre nós é a **vírgula**, e não o "ponto". Portanto, grafamos: 5 000,50, 1 000, 90, etc. Mas a indústria automotiva só nos despeja carros "2.0", "3.5", etc., que é como se faz nos países de cultura inglesa. E os nossos economistas só nos dizem que o aumento foi de **5.8%** no preço da gasolina este ano. Eles pensam que estão em território americano ou inglês, onde se usa vírgula nos números decimais.

564. futebol tem plural?

Sim, o Brasil praticava um dos melhores **futebóis** do mundo. Também *voleibol* tem plural: *O Brasil pratica um dos melhores **voleibóis** do mundo.*

565. arroz-doce tem plural?

Sim, há dois tipos de **arrozes-doces**: o que você gosta e o que **EU** gosto.

Em tempo – Depois de **tipos de** cabe singular ou plural, indiferentemente. Portanto, poderia estar aí também: *há dois tipos de **arroz-doce**.*

566. contralto é palavra feminina?

Não; *contralto*, a voz mais grave da mulher, ou a própria mulher que possui essa voz, é nome masculino: *o contralto*, **um** *contralto*, **dois** *contraltos*, etc.

Em tempo – *Soprano*, contudo, é nome comum de dois gêneros: *Mançur é **um** excelente soprano. *** Hortênsia é **a** soprano da orquestra.*

567. ave Maria, que mulher feia!

Você se espantou tanto com a feiura da mulher, que se esqueceu de usar a vírgula: *Ave, Maria, que mulher feia!* O início da oração católica também não dispensa a vírgula: *Ave, Maria, cheia de graça...*

Em tempo – O nome da oração, porém, grafa-se *ave-maria*. Note que *feiura* já não tem acento gráfico.

568. rezei duas ave-maria e três pai-nosso

Convém voltar a rezar, mas agora dez *ave-**marias*** e cem *pai-**nossos**...*

Em tempo – *Pai-nosso* também aceita o plural *pais-nossos*. *Padre-nosso* também tem dois plurais: *padre-nossos* e *padres-nossos*.

569. atendi os pedidos dele

O verbo **atender** é transitivo indireto quando o objeto é coisa. Portanto: *Atendi **aos** pedidos dele. *** Atenda **ao** telefone! *** Elas atenderam **ao** chamado de Jesus.* Quando o objeto é pessoa, sua transitividade é direta: *Atendi o casal. *** O diretor atendeu os pais de alunos. *** O presidente sempre atende os seus seguidores.*

Em tempo – O pronome oblíquo a ser usado, porém, será sempre **o** (ou variações): *Os pedidos feitos ontem? Eu já **os** atendi. *** As pessoas que queriam falar comigo, eu já **as** atendi.*

570. dourado é peixe de muito espinho

Peixe não tem "espinho"; peixe tem *espinha*. Árvore é que tem espinho; o limoeiro, por exemplo. Já as roseiras não têm propriamente espinho, mas *acúleo*, porque se destaca facilmente do caule, ao contrário do espinho.

571. já respondi o questionário

Melhor voltar e responder novamente, agora **ao** questionário. O verbo *responder* não dispensa a preposição **a**, nesse caso. Por isso, todos respondemos **a** processo, **a** questionário, **a** uma carta, **a** um chamado, **a** um interrogatório, etc.

572. produto mais superior que outro

Não é possível isso: **superior** já contém a ideia de *mais* e exige **a** (e não "que" ou "do que"). Portanto: *O produto importado é superior ao nacional.* *** *Meu carro é superior ao seu.* *** *Os carros japoneses são superiores aos nacionais em tecnologia e acabamento.* Vale o mesmo para *inferior*: *Nossos produtos não são inferiores a nenhum outro.*

573. cê-cedilha ou cê-cedilhado?

De ambas as formas: *Muçarela* se escreve com *cê-cedilha* (ou com *cê-cedilhado*). No plural: *cês-cedilhas, cês-cedilhados.*

574. sanduíche de mortandela é bom

Mas os sanduíches de **mortadela** são ainda melhores. Quem gosta demais de sanduíche de **mortadela** são os petistas. Outras palavras e expressões que devem ser evitadas: queijo "prata" (por *queijo prato*), "carramanchão" (por *caramanchão*), carrinho de "rolemã" (por *carrinho de rolimã*), ficar de "cocre" (por *ficar de cócoras*), ficar de bruço (por *ficar de bruços*), mixto quente (por *misto quente*), xuxu (por *chuchu*), duzentos e vinte páginas (por *duzentas e vinte páginas*), "encarpetar" o apartamento (por *acarpetar* ou *carpetar o apartamento*), "onteonte" (por *anteontem*), "caixa toráxica" (por *caixa torácica*), "inhoque" com frango (por *nhoque com frango*), "áudio--visual" (por *audiovisual*), "fragância" (por *fragrância*).

575. indefeso (ê) e indefesso (é)

Indefeso é que está sem defesa: *réu indefeso, país indefeso.* **Indefesso** é que não se cansa, incansável, e usa-se antes do substantivo: *a indefessa busca de um diploma; os indefessos professores brasileiros.*

576. estrambólico ou estrambótico?

Podem ser vistas como formas variantes, mas a primeira é apenas corruptela da segunda. Por isso, num discurso formal, convém usar **estrambótico** (*roupa* *estrambótica*); num discurso informal ou na língua cotidiana, admite-se *estrambólico*, que se formou por analogia com *diabólico*.

577. a medida provisória continua vigindo

Não: continua *vigendo*. O verbo é *viger*, e não "vigir". O verbo *viger* só se conjuga nas formas em que depois do radical (*vig*) aparece **e**.

578. glosa e grosa

Glosa é anotação breve e explicativa que se apõe à margem de texto obscuro, ao lado de palavra difícil, desconhecida, estrangeira, muito técnica ou regional, ou que se insere entre as linhas do texto: *Encontrei um livro antigo de meu avô com várias glosas*. Também significa análise crítica: ***glosa** cinematográfica*. **Grosa** é o conjunto de doze dúzias: *uma **grosa** de laranjas*.

Em tempo – *Glosa médica* é não pagamento das operadoras de saúde por atendimentos, internações, exames laboratoriais ou de imagem, remédios e outros serviços utilizados pelos beneficiários.

579. malgrado e mau grado

Malgrado usa-se principalmente por: **1)** aborrecimento, desagrado: *a obra, para **malgrado** do autor, saiu muito atrasada*. **2)** apesar de, a despeito de, em que pese a: ***malgrado** a chuva, foram à praia;* ***malgrado** a derrota, foram campeões*. **Malgrado meu** = contra a minha vontade; **malgrado seu** = contra a sua vontade; **malgrado nosso** = contra a nossa vontade. Ex.: *Malgrado meu, viajou.* *** *Malgrado seu, casou.* *** *Malgrado nosso, ele foi eleito*. Já **mau grado** entra na expressão **de mau grado**, que significa a contragosto, de má vontade: ***De mau grado**, acompanhei-a até a porta*.

Em tempo – Cuidado com os "ensinamentos" da internet! Num dos *sites* em que tentam explicar a diferença de emprego entre *malgrado* e *mau grado*, oferecem estes exemplos: *Não gosto do rapaz, mas tentei, de "mau grado", convencê-lo a ficar.* *** *A viagem foi ótima, "mau grado" o incidente no aeroporto*. Ou seja, tudo errado. Essa rede é um perigo!

580. ter à mão e ter na mão

Ter algo *à mão* é tê-lo ao alcance da mão; ter algo *na mão* é tê-lo na mão, estar de posse dele. Assim, convém ter sempre **à mão** um bom dicionário e **na mão** um bom livro de português, como este, por exemplo...

Em tempo – Houve uma época em que no aeroporto de Salvador existia um aviso assim para os passageiros: **SALA DE EMBARQUE – Passagem "à" mão**. O que se pedia, em verdade, era que os passageiros, na sala de embarque, estivessem com os bilhetes **na** mão. Será que já corrigiram?

581. nunca faria uma coisa dessa

Depois de **um** (ou **uma**) + **de** + **pronome demonstrativo**, este sempre fica no plural. Por isso, nunca faça mesmo uma coisa *dessas*. *** *Nunca mais votarei num sem-vergonha daqueles.* *** *Quem é que vai sair de casa com um frio destes!* *** *Um país destes não pode viver em crise.*

582. lactante e lactente

Lactante é a mulher que amamenta ou diz-se dessa mulher: *As mães lactantes devem cuidar muito da alimentação e absolutamente não fumar.* *** *Lactante que engravida pode continuar amamentando.* Já **lactente** é o bebê até os dois anos de idade ou diz-se desse bebê: *A mãe não sabia o que fazer para parar o choro do lactente.* *** *É comum que os bebês lactentes tenham cólica.*

Em tempo – Há por aí adultos que se referem a crianças até os dois anos de idade desta forma: *crianças de "0" a dois anos de idade.* É mais uma tolice adulta. Tolice ainda maior conseguiu um jornalista, que escreveu: *São histórias sem nexo. Para crianças e adultos "dos 0" aos 80 anos.* E ele ainda fala em histórias sem nexo...

583. lutulento e lutuoso

Lutulento significa cheio de lodo ou lama, é o mesmo que lamacento: *Os leitos lutulentos dos rios.* *** *Sempre chegava do sítio com lutulentas botas.* Já **lutuoso** se relaciona com luto: *Vivi os lutuosos dias que se seguiram à morte do Papa João Paulo II.*

584. conjuntura e conjetura

Conjuntura é o conjunto de fatos que acontecem concomitantemente ao principal, podendo trazer-lhe vantagens ou desvantagens: *Como a conjuntura não lhe era favorável, não quis tocar em assunto tão delicado.* Usa-se também por crise: *A explosão demográfica é um fator a mais de sérias preocupações na atual conjuntura mundial.* Significa ainda circunstância: *A conjuntura econômica atual não é nada boa.* **Conjetura** é juízo precipitado, suposição, hipótese (*raciocinar por conjeturas*). Tem a variante *conjectura*.

585. pronuncie claramente o r dos infinitivos

A fala admite muita coisa que a escrita não perdoa, mas pessoas que não pronunciam claramente o **r** dos infinitivos e o **s** do plural das palavras podem ser vistas com reservas ou até malvistas. Dizer *vou te "contá", não gosto de "cantá", vou "curti" um cineminha*, ou *estou com dor nas "costa", comprei dois "livro", você vai "tá" em casa hoje à noite?*, etc. não melhora a imagem de ninguém. Não custa articulá-los. Mas não é preciso ser pernóstico e estender o **r** ("contarrr") ou o **s** ("livrosss"), só para mostrar que respeita a norma. Toda discrição é bem-vinda em qualquer esfera do relacionamento humano.

586. cadafalso e catafalco
Cadafalso é patíbulo: *No cadafalso já havia dois algozes encapuzados*. **Catafalco** é estrado alto em que se coloca o féretro: *O catafalco foi armado na sala*.

587. seca, aqui, não; hoje, <u>inclusive</u>, choveu
A palavra *inclusive*, em rigor, só vale quando significa *com inclusão de*. Assim, por exemplo: *Digite seus dados, **inclusive** apelido e senha!* *** *Leia da página 20 à página 50, **inclusive**.* *** *Os pais trabalham, **inclusive** os filhos.* Fora daí, o *inclusive* é desnecessário e condenável, ao menos na língua escrita. A língua falada é como papel: aceita tudo.

588. cavaleiro e cavalheiro
Cavaleiro é aquele que sabe andar a cavalo ou que monta muito bem. Tem como feminino *cavaleira*. **Cavalheiro** é homem educado, de ações nobres e fino trato: *Seja **cavalheiro**, rapaz: ceda seu lugar àquela senhora!* Tem *dama* como heterônimo feminino.

589. temos serviço de tel<u>e</u>-entrega
O *Vocabulário Ortográfico da Língua Portuguesa* (VOLP) não registra "tele-entrega", mas registra *teleducação*, pela qual já podemos concluir que a palavra correta é *telentrega*. Não há registro também de "tele-educação".

590. Lima Duarte foi <u>a</u> personagem principal
Já fomos defensor intransigente do gênero feminino da palavra *personagem*. Porque em português todas as palavras terminadas em *gem* são femininas, com exceção de *selvagem*. Mas estamos abrindo mão dessa defesa intransigente quando a referência é a homem. O uso generalizado é o responsável pela mudança de rumo: quando um uso se torna fato linguístico, não há como insistir, sem desejar ser tachado de teimoso, ou – pior – de turrão. O uso generalizado faz lei. Haja vista o caso do verbo *pedir*, cuja 1.ª pessoa do singular do presente do indicativo, em vez de ser "pido" (que subsiste no espanhol) acabou sendo **peço**, justamente porque todo o mundo usava assim. A vida é uma eterna evolução, principalmente quando se trata de língua. Fato linguístico não se questiona, aceita-se. Portanto, *Lima Duarte foi **o** personagem principal dessa telenovela, assim como Isis Valverde foi **a** personagem principal daqueloutra*.

591. não estacione: garage

Isso é francês. Em português, é *garagem*. Em francês, *garage* é palavra masculina (*le garage*), mas em português é feminina. *Personnage* também é masculina em francês (*le personnage*), o que muito contribuiu para que por aqui também fosse usada como masculina.

592. be<u>n</u>vindo a Piraçununga

Há prefeitos que, à entrada da cidade, estampam faixas com a palavra "benvindo". São prefeitos que não nos estão dando as boas-vindas com sinceridade... Os prefeitos sinceros preferem que sejamos **bem-vindos**.

593. serviço be<u>m-</u>feito

Antigamente, todos escrevíamos assim, com hífen. Hoje, no entanto, o hífen desapareceu e surgiu a grafia ***benfeito***. Esperamos estar fazendo um trabalho ***benfeito*** aqui. Se achar que está malfeito, avise-nos, que continuaremos do mesmo jeito... Quando nos damos por alegres ou satisfeitos com o mal ou a infelicidade de alguém, no entanto, escrevemos: **Bem feito!** (com ponto de exclamação e em duas palavras). *Ele roubou quanto pôde e deixou os companheiros roubar à vontade. Foi preso.* **Bem-feito!**

594. colocou as coisas em <u>seus</u> respectivos lugares

Redundância cometida por muitos; *respectivo* já significa *seu, próprio*. Portanto, vamos colocar as coisas em **seus** lugares (ou: vamos colocar as coisas **nos respectivos** lugares).

Em tempo – Também há redundância em *partir a melancia em "metades iguais"*. Ou se parte a melancia em *metades*, ou se parte em *partes iguais*.

595. Turiaçu é palavra de origem tupi-guarani

Não, *Turiaçu* é palavra de origem **tupi**. O *guarani* é outra língua, ainda muito falada no Paraguai. Há quem use língua "tupi-guarani". Na Universidade de São Paulo existe o Departamento de Língua Tupi; nenhum aluno da universidade cursou língua "tupi-guarani", mesmo porque não seria possível...

Em tempo – *Turiaçu*, sempre com **ç** e sem acento, significa *grande fogueira*: *turi* = fogueira + *açu* = grande.

596. visitei a Antárti<u>d</u>a

Não, em verdade, você visitou a **Antártica** que, internacionalmente, é conhecida como *Antarctica*. Embora alguns autores do passado tenham advogado a forma "Antártida", hoje já não tem nenhum sentido apoiá-los. A palavra correta, absolutamente correta, que define o continente situado principalmente dentro do círculo antártico e assimetricamente centrado no polo Sul, é *Antártica*, que se forma de *ant-* + *artic-*. Assim como temos o *Ártico* (e não o "Ártido"), que em grego significa *Ursa*, no extremo oposto temos a *Antártica*, região da qual não era possível avistar a constelação da Ursa Maior. Por isso, o que convém mesmo é você fazer uma expedição à *Antártica*. Se fizer à "Antártida", pode acabar partindo para uma gelada...

Em tempo – Como você acha que um esperto empresário, depois milionário, registrou a marca da sua fábrica de cerveja?

597. som alto pert<u>u</u>ba

Pertur<u>b</u>a mesmo! Vai chegar um dia em que, se quisermos evitar *perturbações*, teremos de ir morar no meio da floresta amazônica. E bem lá no interior dela! Sim, também lá haverá algumas *perturbações*, alguns animaizinhos e pequenos insetos vão nos *perturbar* também, mas mesmo assim, entre picadas e beijos, viveremos com mais sossego...

598. animai<u>z</u>inhos?

Sim, mosquitos, formigas e tudo o mais... Você notou que o plural do diminutivo *animalzinho* é **animaizinhos**, e não "animalzinhos". Para fazer o plural dos diminutivos terminados em *zinho*, primeiro passe o substantivo primitivo para o plural e retire o **s** final; depois acrescente *zinhos*. Exemplos: **casalzinho**: plural de *casal* = casais – casai + *zinhos* = **casaizinhos**; **cãozinho**: plural de *cão* = cães – cãe + *zinhos* = **cãezinhos**.

599. ficar <u>n</u>o aguardo de boas notícias

Todo o mundo usa assim: *no aguardo*. Mas todo o mundo também usa *ficar à espera*, que em suma traduz o mesmo fato. Se assim é, de minha parte (não vou exigir de você), prefiro ficar sempre *ao aguardo de boas notícias*. Só para ser coerente, já que coerência é uma das maiores virtudes a que o ser humano pode aspirar. Na vida, busco a coerência como um animal faminto busca a caça.

600. time sem lateral direit<u>o</u>

Eis aí outro caso interessante. Antigamente, os *ponta-direitas* jogavam n**a** ponta-direita; os *ponta-esquerdas* jogavam n**a** ponta-esquerda. Por que diabos, então, a lateral direita tem *lateral direito*, e a lateral esquerda tem *lateral esquerdo*? A meu ver, os times têm lateral direit**a**, têm lateral esquerd**a**. Que me perdoe o mundo, mas coerência é fundamental! Só o uso generalizado é que me faz aceitar o inaceitável...

601. eu <u>me</u> simpatizei com ela

As pessoas simplesmente *simpatizam* umas com as outras, e não "se" simpatizam. *Eu **simpatizei** com ela.* *** *Nós **simpatizamos** com você, Jeni.* *** *Eles foram **simpatizar** com uma vigarista!*

Em tempo – *Antipatizar* se usa da mesma forma. Note que também não é verbo pronominal: *Eu **antipatizei** com ela.* *** *Nós **antipatizamos** com você, Jeni.* *** *Ele foi **antipatizar** justamente com o pai da moça!*

602. vaporar, evaporar e volatilizar-se

Vaporar é exalar vapores: *Delicioso cheiro de comida **vapora** neste instante das panelas da cozinha.* **Evaporar** é passar do estado líquido para o gasoso, lentamente e sem ebulição, como se dá, em condições normais, na superfície do mar, rios, lagos, etc.: *A água do mar **evapora**, para depois cair em forma de chuva.* **Volatilizar-se** é passar diretamente ao estado gasoso, sem emitir vapores: *O éter facilmente **se volatiliza**.* *** *O mercúrio é o único metal que **se volatiliza** à temperatura ambiente.*

603. o velho implicava-<u>se</u> com as crianças

Assim como *simpatizar, antipatizar* e *sobressair*, o verbo *implicar* não é pronominal no sentido de *mostrar-se impaciente*: *O velho **implicava** com as crianças.* *** *O professor **implicou** com Teresa e a reprovou.* *** *O policial, sem mais nem menos, **implicou** comigo.*

604. friorento e friento

São formas variantes. Significado: que é muito sensível ao frio [*ela é muito friorenta* (ou *frienta*)]. Diz-se também do lugar em que faz muito frio: *varanda friorenta, quarto friento.*

Em tempo – A palavra "friolento" não existe, não tem registro em nenhum dicionário sério, mas, na 5.ª edição do VOLP, lá está ela. É o que sempre digo: é uma questão de tempo para que esse vocabulário agasalhe "mendingo", "mortandela", "estrupo" e a formidável "questã"...

605. embora <u>estando</u> cansado, acompanhei-a

Não, gerúndio não deve vir regido de conjunção. Portanto: *Embora **estivesse** cansado, acompanhei-a.* *** *Embora **gostasse** do filme, saí do cinema.* (e não: embora "gostando" ...) *** *Ainda que **tivesse** criado juízo, não o queria comigo.* (e não: ainda que "tendo" juízo...) Se, porém, trocarmos *embora*, que é conjunção, por *mesmo*, palavra denotativa, poderemos usar o gerúndio: ***Mesmo** estando cansado, acompanhei-a.*

606. protótipo

Embora haja acento a indicar a sílaba tônica, volta e meia se ouve *prototipo*. A universidade está desenvolvendo um **protótipo** de geladeira solar. *** Essa política de aumento cada vez mais de impostos é o **protótipo** do descaso do governo para com o povo, já tão sofrido.

Em tempo – Já *biótipo* convive com *biotipo*, embora esta seja mais vulgarizada e aquela, mais aconselhável.

607. estrato e extrato

Estrato, entre outros significados, é a camada de rocha sedimentar que tem aproximadamente a mesma composição em toda a sua extensão. É também a camada da sociedade composta de pessoas com o mesmo *status* social, cultural e econômico: *Os militares costumam provir de um mesmo **estrato** social*. Também define o tipo de nuvens acinzentadas, de baixa altitude (entre 500 e 1.000m), em camadas extensas, contínuas e horizontais, geralmente formadas ao pôr do Sol (abrev. internacional: St). Já **extrato** é o produto extraído de alguma coisa (*extrato de uva*), resumo de um escrito (*extrato de relatório*), cópia (*extrato de conta-corrente*), substância concentrada, preparada de outra (*extrato de tomate*), etc.

Em tempo – Antes da recente Reforma Ortográfica se escrevia com hifens: *pôr-do-sol*. A Reforma aboliu os hifens, deixando, porém, de efetuar uma correção. Quando a palavra **sol** se refere ao próprio astro, tem de ser grafada com inicial maiúscula. Portanto, *pôr do Sol*.

608. restaurante de rodísio de carnes

O *rodízio* de carnes, quando benfeito, com carnes nobres, é muito bom. Mas veja bem: o rodízio... Há restaurantes por aí que oferecem "rodísio" até de massas. Aí já é demais...

609. você come bastante frutas e legumes?

Sim, desde criança como *bastantes frutas e legumes*. É bem melhor do que rodízio de massas... *Bastante* é sinônimo de *muito*. Veja, então, como fica a frase com essa palavra: *Você come muitas frutas e legumes?* Estou certo de que ninguém diz "muita frutas e legumes". Outros exemplos: *Já tenho **bastantes** preocupações para ter que me preocupar com fofocas*. *** *Há **bastantes** motivos para a demissão desse funcionário*.

610. estância e instância

Estância é estação balneária: *a **estância** de Caxambu (MG)*. No Rio Grande do Sul se usa por *fazenda*. **Instância** é grau de jurisdição ou de hierarquia do poder judiciário, foro: *tribunal da primeira **instância***.

611. esterno e externo
Esterno é o nome do osso dianteiro do peito. **Externo** é do lado de fora: *esqueleto externo*.

612. desejar votos de felicidades
É desejar demais: a palavra *voto*, por si só, já contém a ideia de desejo. Assim, "desejar votos" é redundância. Melhor é **formular** *votos de muitas felicidades*. Ou, então, simplesmente, *desejar muitas felicidades*.

613. canja de galinha
Nova redundância. Existe *canja* que não seja "de galinha"? Por isso é que todos devemos dizer: *Canja não faz mal a ninguém*. Ou, então, se fizer questão de usar galinha: *Caldo de galinha não faz mal a ninguém*.

Em tempo – Também há visível redundância quando se usa: *Quando entrei "dentro de" casa notei que eu havia sido roubado*. *** *O descarado foi flagrado entrando "dentro do" vestiário feminino, justamente quando as jogadoras estavam tomando banho*. Gostaríamos todos de saber quando é que uma pessoa entra num lugar sem ser dentro...

614. chofer: pronúncia correta
Pronuncia-se *chofér*; o plural também tem **e** aberto: *choferes*.

Em tempo – Aqui reside mais um problema. O VOLP registra *chofer* como substantivo masculino. Se assim é, qual é o seu feminino? Não existe? Vamos ver. *Chofer* nos vem do francês *chauffeur*, cujo feminino é *chauffeuse*. Teríamos, então, **o chofer** e **a chofese**; mas – convenhamos – o uso de *chofese* é inteiramente descabido. Imagine você dizer que em São Paulo existem muitas *chofeses* de táxi! Alô, luminares da Academia Brasileira de Letras: e aí?

615. esperto e experto
Esperto é vivo, ativo: *Seus filhos são **espertos***. **Experto** é muito habilidoso ou capaz no seu ofício, perito: *Um **experto** desativou a bomba*. *** *Tornou-se um **experto** em mecatrônica*.

616. vocês não são nenhum coitadinhos
Por que deixar de variar o pronome *nenhum*? Se o substantivo está no plural, o pronome deve acompanhá-lo: *Vocês não são nenhuns coitadinhos*.

*** *Não aceito nenhum**as** desculpas suas.* *** *Não havia nenhum**as** condições de continuar.* *** *Não há nenhum**as** provas contra o senador.* Agora, atenção: **nenhum** só varia quando **antecede** o substantivo; quando posposto, só é usado no singular, naturalmente com o substantivo também nesse número. *Não havia dinheiro **nenhum** no cofre.* *** *Não temos reclamação **nenhuma** a fazer.*

617. nenhum dos alunos sa<u>í</u>ram

Quando o sujeito é formado por **nenhum** + *complemento no plural*, o verbo concorda sempre com o pronome. *Nenhum dos alunos **saiu**.* *** *Nenhuma das ofertas **era** boa.* *** *Nenhum dos candidatos a prefeito **recebeu** mais que 50% dos votos.* Esse é um dos erros de concordância mais comuns entre os jornalistas, principalmente os repórteres de televisão.

Em tempo – Existe *nenhum,* a par de *nem um,* que é mais enfático que o pronome. Repare na diferença: *Não vi **nenhum** homem lá. Não vi **nem um** homem lá.* A segunda frase tem numeral (*um*).

618. de modo algum viajo de carro à noite

Há alguma inconveniência aí em usar *de modo algum* por *de modo nenhum*? Não, ambas podem ser usadas uma pela outra, sem problema. Há que se considerar, no entanto, que invertendo *de modo nenhum* para *de nenhum modo,* a equivalência continua. Já se invertermos os elementos da primeira (*de modo algum*), o que era **não** passa a ser **sim**. Repare nestes exemplos: *Você está satisfeito com o seu casamento? De modo **algum*** (isto é, **não**). *** *Você está satisfeito com o seu casamento? De **algum** modo* (isto é, **até que sim**).

Em tempo – *Algum* (ou *alguma*), quando posposto ao substantivo, como se viu, tem valor de *nenhum*. Mais exemplos: *Estou sem dinheiro **algum**.* *** *Brigar não leva a lugar **algum**.*

619. quatorze, quota, quotidiano, quociente

Essas quatro palavras têm em comum o fato de não possuírem o "u" sonoro. Dizemos *katôrzi, kóta, kotidiánu, kociênti.* E também: *quotizar* (ko). **Quatorze** tem a variante **catorze**, que é a grafia preferível. Há repórteres de televisão que dizem "kuatôrzi". Normal.

620. dado ao interesse demonstrado

Quando **dado** equivale a *por causa de,* não se usa a preposição "a" posposta. Portanto: ***Dado** o interesse demonstrado pelo meu projeto, estou otimista.* *** ***Dada** a importância do jogo, foi escalado um árbitro experiente.* *** ***Dados os** inconvenientes apontados, optou-se por outra solução.* *** ***Dados os** altos índices *de audiência, a diretoria resolveu manter o programa.* *** **Dadas as** circunstâncias *em que ocorreu o acidente, tudo indica que o chofer do ônibus dormiu ao volante.* *** **Dados os** *seus antecedentes, não foi admitido.*

621. o aumento dos professores causa inflação

Errado duas vezes... Quando um governador declara que o aumento "dos" professores causa inflação, comete dois erros imperdoáveis... O menos grave deles é o erro de regência, já que a palavra *aumento* (= maior remuneração) se usa com **a**, e não com "de": *O aumento aos professores não causa inflação.* *** *O aumento ao funcionalismo veio tarde.* Aumento só se usa com **de** em frases como estas, em que está por *acréscimo*: *O aumento dos professores no quadro do magistério público se fará mediante concurso.* *** *O aumento do funcionalismo só no ano passado foi de cinco mil pessoas.* *** *O aumento do preço da gasolina revoltou a população.*

622. de hipótese nenhuma farei isso

Em hipótese nenhuma repita isso! No Nordeste ouve-se muito *"de" hipótese nenhuma*; **em** hipótese nenhuma se deve usar "de" por **em** aí.

623. ela tem olhos castanhos escuros

Qualquer garota pode ter olhos **castanho**-*escuros* ou **castanho**-*claros*, desde que *castanho* não varie nunca e seja ligado ao outro elemento por hífen. Em concursos de misses se ouve muito a frase acima.

624. espectador e expectador

Espectador é o que assiste a qualquer coisa (filme, espetáculo, desfile, jogo, etc.): *O crime ocorreu ante dezenas de* **espectadores**. **Expectador** é o que tem esperança ou pretensão de alcançar alguma coisa: *O brasileiro é um eterno* **expectador** *de melhores dias.*

625. derreter-se

Sempre com pronome, porque é rigorosamente pronominal no sentido de tornar-se líquido, liquefazer-se, fundir-se e também no de chorar; sumir-se, desaparecer: *O gelo* **se** *derreteu em poucos minutos.* *** *Juçara* **se** *derrete por qualquer coisinha, principalmente quando vê o namorado com outra.* *** *Onde está o engraçadinho que fez isto: por certo* **se** *derreteu.*

626. triplex ou tríplex?

Ambas as prosódias existem. Também são boas as prosódias *duplex* e *dúplex*. O povo prefere usar as que não têm acento.

Em tempo – Embora sejam admitidas as prosódias *duplex* e *triplex*, convém saber que, em português, todas as palavras dissílabas terminadas em **x** são naturalmente paroxítonas: *bórax, cóccix, Félix, fênix, látex, ônix, sílex, tórax, xérox*, etc. Do ponto de vista gramatical, portanto, a preferência é por **dúplex** e **tríplex**. V. 478.

627. já estou ao par de tudo

Pois, então, fique mais *a par* disto: não se usa "ao par" nesse caso. A expressão *ao par* é de uso estritamente comercial. Por exemplo: quando dois países negociam reciprocamente, e um compra do outro tanto quanto este lhe vende. Aí se diz que o câmbio está *ao par*. Também *ao par* estará a ação emitida por uma empresa, quando seu valor atual é o mesmo do valor nominal, ou seja, aquele que se encontra declarado na referida ação. No sentido de *estar ciente, estar inteirado*, usa-se *a par*. Agora – espero – que você esteja realmente *a par* de tudo.

628. raios ultravioletas

Não, os raios são apenas **ultravioleta**, justamente por causa da presença do substantivo *violeta*. Já em *infravermelho*, como não há substantivo, o plural é *infravermelhos*. Note: ambas as palavras não se escrevem com hífen.

629. Neusa, preciso falar consigo

No português do Brasil isso é condenável. Por aqui só se admite *com você* ou, então, *contigo*, numa frase como essa. Em Portugal, no entanto, tal frase é perfeita.

630. as crianças irão com nós

É melhor que as crianças venham *conosco*... Você só deve usar *com nós* quando há palavra reforçativa. Por exemplo: *as crianças irão* ***com nós*** *dois* ou ***com nós*** *mesmos* ou ***com nós****, professores*, etc.

631. ela se trocou e saiu

Não, evite usar "trocar-se" por *trocar de roupa*. Na verdade, portanto, *ela trocou de roupa e saiu*.

632. emigrar, imigrar e migrar

Emigrar é sair do país de origem ou em que mora para ir para outro: *Os brasileiros **emigraram** em massa para o Japão no final do século passado*. Também significa mudar regularmente de região, para evitar os rigores do inverno (aves de arribação): *As andorinhas **emigram***. **Imigrar** é vir fixar-se num país estranho ao seu: *Muitos italianos e japoneses **imigraram** no final do séc. XIX e início do séc. XX*. **Migrar** é deslocar-se de uma região para outra, num mesmo estado ou num mesmo país: *Os nordestinos **migram** para o Sudeste*.

633. bo**a** apetite, muit**a** açúcar

Apetite e *açúcar* são e sempre foram palavras masculinas: ***bom** apetite, **muito** açúca*r.

634. Bossa Nova, bossa nova e bossa-nova

Bossa Nova é o nome que se deu ao movimento da música popular brasileira, liderado principalmente pelo baiano João Gilberto e pelo carioca Antônio Carlos Jobim, a fim de dar à nossa música popular suavidade e sobretudo valorização nas letras, com o ressurgimento do sentimento da beleza da vida, dos encantos da terra e da paixão à mulher brasileira. Já **bossa nova** é o ritmo musical, misto de *jazz* com samba, de melodia e harmonia novas, excepcionalmente inovadoras, surgido em 1958, em Ipanema, Rio de Janeiro. Por sua vez, **bossa-nova** é adjetivo e tem relação com a bossa nova (*batida **bossa-nova**, cantor **bossa-nova***) e se usa, também, porque está na moda ou em voga (*presidente **bossa-nova**, garota **bossa-nova**, penteado **bossa-nova***).

635. corsos: pronúncia correta

Todo aquele que nasce na ilha da Córsega se diz *corso* (ô). Napoleão Bonaparte, por exemplo, era *corso*. No plural, o timbre da vogal tônica não varia: *corsos* (ô). Há, no entanto, um livro de Alexandre Dumas, que depois virou filme, chamado *Os irmãos corsos*. Boa parte das pessoas lê esse adjetivo pátrio com **o** tônico aberto: "*kórsus*".

636. eu não fa**ço** erros de português

Erros não se "fazem", se **cometem**. O uso do verbo "fazer" por **cometer** constitui um francesismo ou galicismo. Navegando pela Internet, encontro alguém interessada em eliminar dois erros de português de nossa língua do dia a dia. Ela escolheu escrever assim o título de sua lição: **Dois erros de português aparecem em muitos e-mails. Será que você "faz" algum deles?** É bom continuar lendo o que ela tem a nos "ensinar"?

637. radioatividade ou radiatividade?

Ambas as formas são corretas (trata-se de variantes), mas sempre dou preferência à segunda. Também são variantes, com preferência pela segunda forma: *radioativo* e *radiativo*, *gastrointestinal* e *gastrintestinal*, *gastroenterologista* e *gastrenterologista*, *gastrenterite* e *gastroenterite*, *hidroavião* e *hidravião*, *hidroelétrica* e *hidrelétrica*, *frecha* e *flecha*, *frocos* e *flocos*, *termoelétrico* e *termelétrico*, *termoeletricidade* e *termeletricidade*, *paraestatal* e *parestatal*, *susceptível* e *suscetível*.

Em tempo – Escreve-se apenas *hidrossanitário* (*instalações hidrossanitárias*).

638. deixar o umbigo à mostra ou à amostra?

É indiferente. Há mulheres que, danadinhas, em vez de deixarem só o umbigo **à mostra**, apreciam deixar também parte dos seios **à amostra**...

639. largue mão!

Essa frase é muito usada no interior paulista, contra a qual nada há. Quando alguém está fortemente empenhado em fazer algo que traga pouco proveito ou benefício, sempre existe uma pessoa que diz: **Largue mão!**, ou seja, deixe-se disso, cai fora!

640. marcineiro

Embora todos pronunciemos *marcineiro*, a escrita é com **e** na segunda sílaba: *marceneiro*. Agora, uma novidade: não há erro em dizer *marcineiro*. Por quê? Porque o **e** em sílaba átona geralmente se reduz e se transforma em **i**, na fala. Daí por que dizemos *privinido* (na escrita: *prevenido*), *disprivinídu* (na escrita: *desprevenido*), *minínu* (na escrita: *menino*), *espicular* (na escrita: *especular*), *futibol* (na escrita: *futebol*), etc. Repare que também o **o** em sílaba átona, na fala, geralmente se transforma em **u**. Daí por que dizemos *minínu*, *guvêrnu*, *puder* (poder), etc., sem esquecer *culhão*, que, naturalmente, se escreve *colhão*. Convém repetir: não há erro nenhum em pronunciarmos todas essas palavras assim.

641. tchau, tcheco

O *Vocabulário Ortográfico da Língua Portuguesa* (VOLP) registra tanto um quanto outro vocábulo. Mas isso é português? Não. O VOLP registra não só essas palavras, como também *tchã*. De minha parte, continuo fiel às grafias *chau*, República *Checa* e *chã*, ainda que pronuncie *tchau, tcheca, tchã*. Sim, a pronúncia às vezes difere um pouco da escrita, como já vimos no item anterior. Os chilenos, por exemplo, escrevem *Chile*, mas dizem *tchíli*. O fato de ter que pronunciar esse **t** inicial não implica que ele deve estar presente na escrita. Nós, brasileiros, assim como o mundo, dizemos *djins*, mas escrevemos *jeans* (que não traz aquele *d* da pronúncia). Ou você diz "jins"? Ou o mundo diz "jins"?

642. essa é a minha opinião pessoal

Visível redundância. Se a opinião é **minha**, só pode ser *pessoal*. Portanto, *essa é a minha opinião*, ou: *essa é meramente uma opinião pessoal*.

643. clítoris ou clitóris?

Embora seja defensável a primeira prosódia, a que se consagrou no português moderno é a segunda.

644. Ivã é um bom sentinela

Não, qualquer homem sempre será *uma sentinela*, porque se trata de nome sobrecomum e feminino. Ivã é **uma boa** *sentinela*. *** *A sentinela era um jovem soldado que morreu em razão do ato terrorista dos comunistas.*

Em tempo – O caso de *ordenança* é diferente, por tratar-se de nome comum de dois, assim como *segurança*: *o/a ordenança*, *o/a segurança*: *A segurança do supermercado era uma matrona, mais forte que um homem. Ordenança* é o soldado ou a soldada sujeita às ordens de uma repartição ou de um militar superior.

645. existem patinetes elétricos?

Não, só no mundo de alguns jornalistas, que estão mais para estagiários do que para profissionais de respeito. O mundo evolui a passos largos e a olhos vistos, mas não a ponto de mudar o gênero de **patinete**, que é e sempre foi palavra feminina: *a patinete, uma patinete,* **duas** *patinetes*, etc. Os jornalistas (leia-se estagiários) brasileiros, no entanto, preferem andar em patinetes "elétricos". Eles são ótimos!...

646. levei uma mordida de pernilongo

Pernilongo tem dentes? Não. Se não tem, pernilongo só pode **picar**. Portanto, o que você levou foi uma *picada* de pernilongo. Ninguém leva, também, "mordida" de vespa ou de abelha; leva *ferroada*.

647. apesar que

Não, evite usar "apesar que"; prefira incluir um **de** aí: *apesar* **de** *que. Gosto de viajar, apesar* **de** *que já tenha 110 anos...* *** *Gosto de Hilca, apesar* **de** *que ela calce 44...*

Em tempo – Em São Paulo existe um jornalista esportivo por todos considerado uma figura. Com mais propriedade: uma **figuraça**! O homem comete erros infantis quando fala. Já o vimos defendendo ferozmente o gênero masculino para *dengue*. Oh, coitado!... No trecho abaixo, ele tratava de um assunto muito a gosto dos corintianos de todo o universo: sobre se o Palmeiras deve considerar-se campeão mundial, pela conquista da Taça Rio, em 1951. *Deve o Palmeiras, sim, se posicionar como primeiro campeão mundial de clubes. "Apesar que" o mais legítimo campeão do mundo chama-se Santos Futebol Clube.* Da próxima vez, convém que ele faça lá suas gracinhas com outro assunto. Usando a língua, já se vê que não agrada a ninguém. Apesar **de** que – creio – será difícil demovê-lo de fazer suas gracinhas, todas sem nenhuma graça...

◆ 648. Ivã e Luís chegaram; todos dois são...

Não, não se usa "todos dois" ou "todas duas", como muito se ouve no Nordeste, mas *ambos, ambas*, ou então, apenas *os dois, as duas*: *Ivã e Luís chegaram;* **ambos** (ou **os dois**) *são meus amigos*. De *três* em diante, usa-se *todos três, todos quatro*, etc. V. item seguinte.

◆ 649. Ivã, Hilda e Hilca chegaram; todos os três...

Conforme afirmamos no caso anterior, só se usa *todos três*, sem artigo, a menos que o numeral anteceda substantivo. Assim, por exemplo: *Todos os três amigos dela foram convidados, mas não compareceram*. Sem a presença do substantivo e em referência a pessoas já citadas, temos: *Ivã, Hilda e Hilca chegaram;* **todos três** *são meus amigos*. *** *Cassilda, Hortênsia e Susana foram minhas alunas;* **todas três** *passaram no vestibular*.

◆ 650. Toninho, Tonhão, Tonho

Todos três são hipocorísticos de *Antônio*. Como no Brasil esse nome se diz com **o** aberto (*António*), embora tenha acento circunflexo (*Antônio*), as pessoas se acham no direito de dizer também esses hipocorísticos com o primeiro **o** aberto, quando o correto entre nós, para sermos fiéis ao *Antônio*, seria dizermos com **o** fechado. Há um quarto hipocorístico, *Totonho*, que também deveria ter **o** tônico fechado: *Totônho*, mas o povão diz *Totónho*, por influência do *António*, usado pelos lusitanos, a quem imitamos.

◆ 651. virar às direita ou às esquerda

É assim que se costuma ouvir no interior do país, mas o melhor mesmo é *virar à direita* ou *à esquerda*: chega-se mais rápido e com mais saúde...

◆ 652. deixe de ser xereto, rapaz!

Algumas mulheres costumam advertir dessa forma rapazes enxeridos. Mas o melhor mesmo é pedir que deixem de ser *xeretas*, porque "xereto" *non eksísti*, como diria o padre Quevedo.

◆ 653. enquanto a mim, estou tranquilo

Não existe em nossa língua a locução "enquanto a", mas apenas *quanto a*. Portanto: **quanto a** *mim, estou tranquilo*.

654. absolver e absorver

Absolver significa inocentar: *O juiz absolveu o réu*. **Absorver** é assimilar em si por ação química ou molecular: *As células absorvem a água e os elementos nutritivos para o organismo*.

655. só uso meias azul-marinhas

Não; *azul-marinho* é um composto invariável. Portanto, continue usando suas meias, porém, sempre *azul-marinho*. Também invariáveis são: *azul-celeste* e *furta-cor*: *metais azul-celeste, tecidos furta-cor*. V. **865**.

656. nossa, daqui no Japão é longe!

Na verdade, é muito longe daqui ao Japão. Após *daqui* ou *dali*, use sempre **a**: *Daqui a Salvador são três mil quilômetros*. *** *Daqui ao centro é meia hora*. *** *Daqui a pouco já serão seis horas*. *** *Daqui a dois minutos eu volto*. *** *Daqui a um pouquinho ela chega*. *** *Dali à cidade são poucos quilômetros*. *** *Dali ao hospital são dez minutos a pé*. V. **234**.

657. eu não lhe vi na festa

No Nordeste frase assim é comum; por lá o pronome oblíquo *lhe* é soberano: *eu não "lhe" vi, eu "lhe" procuro, eu "lhe" incomodo?* No entanto, os verbos transitivos diretos (como todos três vistos aí) rejeitam esse pronome tão querido dos nordestinos. Portanto, *eu não o (ou a) vi na festa*; *eu o (ou a) procuro*, *eu o (ou a) incomodo?*

658. condor, ovos chocos, circuito, gratuito

O problema aqui são as pronúncias corretas: *kondôr, óvus chócus, cirkúito, gratúito*. Anote mais um: **miolos** de pão. Você, naturalmente, leu *miólus*.

659. cecear e ciciar

Cecear é pronunciar os sons *sê* e *zê* tocando a ponta da língua nos incisivos superiores, como fazem muitos militantes do PT. **Ciciar** é sussurrar (*ciciar palavrinhas de amor ao ouvido da amada*) e fazer cicio (*o beija-flor cicia*).

660. a menos que não cessem as hostilidades

Ao usarmos *a menos que*, não precisamos usar "não", visto que na locução já existe a ideia de negação. Portanto: ***A menos que** cessem as hostilidades, os dois países poderão entrar em guerra novamente*. *** *Você vai ser muito infeliz na vida, Hermengarda, **a menos que** case com Gumersindo*. **A menos que** é equivalente de *a não ser que*.

661. ela tem muito ciúmes da irmã

Não se usa singular (*muito*) com plural (*ciúmes*). Portanto, o que na verdade ela tem é muito **ciúme** da irmã. Ela também pode ter **ciúmes** da irmã, ou seja, sem associar singular com plural.

662. possuo algumas propriedades, qual seja...

Qual deve concordar com o antecedente (*propriedades*), e o verbo deve concordar normalmente com o seu sujeito. Portanto: *Possuo algumas propriedades,* **quais sejam** *dois apartamentos e um iate.* *** *Possuo uma propriedade,* **qual seja** *um apartamento.* No lugar de *qual seja* podemos usar *como seja*.

663. informamo-lhe que o dólar vai subir

Algumas secretárias têm esse costume, ou seja, de "capar" o **s** das formas verbais da primeira pessoa do plural junto do pronome *lhe*. Assim, escrevem: "informamo-lhe", "comunicamo-lhes", etc., quando devem usar *informamos-lhe, comunicamos-lhes*, etc.

664. sujeito a guincho

É comum vermos placas afixadas aos portões de algumas casas com esse aviso, ou seja, advertindo motoristas de que não devem estacionar em frente delas. Mas nenhum veículo no mundo está sujeito a "guincho", o equipamento, mas a *guinchamento*, ou seja, a seu içamento com guincho.

665. segundo quem

O pronome relativo que se usa com palavras dissílabas e trissílabas é *o qual* (ou variações), e não "quem". Portanto: *Entrevistei o ministro, para* **o qual** (e não: para "quem") *tudo não passa de rumores.* *** *Acusaram de corrupto o governador, segundo* **o qual** *tudo não passa de intriga.* *** *A notícia segundo* **a qual** *o presidente renunciaria é falsa.* *** *Todos viram na televisão o momento durante* **o qual** *foi assassinado o presidente americano em 1963.* Nossos jornalistas não têm noção dessa norma. Então, escrevem: *A afirmação é do porta-voz da Presidência, segundo "quem" o principal objetivo das mudanças é conter o gasto público.*

666. posso usar grandessíssimo?

Sim, pode usar, a par de *grandíssimo*. Mas esse superlativo parece que só se usa com termos pejorativos: *ele é um grandessíssimo sem-vergonha, ela é uma grandessíssima vigarista*. Nunca ouvi ninguém dizer: *ele é um grandessíssimo herói, ela é uma grandessíssima amiga*, caso para o qual se reserva *grandíssimo*.

667. existe artigo de primeiríssima qualidade?

Sem dúvida, existe, assim como existem escritores de *primeiríssima* água.

Em tempo – *Primeiro*, como numeral que é, não aceita sufixo, mas na linguagem comercial, na língua cotidiana, esse acréscimo já se tornou fato linguístico. Assim é que tal sufixo se junta não só a numeral, como também a pronomes, advérbios e substantivos: *notícia em **primeiríssima** mão, **tantíssimas** vezes repeti isso, há **pouquíssimas** possibilidades de sucesso, **mesmíssimo** tratamento recebi eu no hospital, escola **longíssima**, corintiano **coisíssima** nenhuma, **muitíssimo** obrigado*.

668. censo e senso

Censo é o alistamento geral da população, o mesmo que *recenseamento*: *A pandemia não permitiu que o **censo** de 2020 fosse feito*. **Senso** é o juízo aplicado a coisas corriqueiras da vida (*é difícil conviver com pessoas sem **senso***), a faculdade ou função da mente semelhante ao sentido físico (*o **senso** moral*), a capacidade natural de perceber, entender, calcular, raciocinar, apreciar, julgar, etc. (*bêbado não tem **senso** de direção; você não tem **senso** de humor?*); noção (*ter **senso** de responsabilidade*) e consciência (*ter **senso** do próprio valor; ter **senso** de justiça*).

669. a sessão de camisas da loja

Toda loja tem **seção** (ou **secção**), isto é, *setor, departamento* de cada uma de suas mercadorias. Portanto, *a **seção** de camisas da loja, a **seção** de calçados*, etc. Já **sessão** significa reunião em que as pessoas geralmente ficam sentadas (o latim *sessio* = sentar-se): ***sessão** de cinema, **sessão** espírita*, etc. Existe ainda **cessão**, que é o ato de ceder: *A **cessão** do seu lugar a uma pessoa mais velha é sinal de educação*. Palavras que se escrevem de modo distinto, mas têm a mesma pronúncia são *homófonas*.

670. ele visa o cargo de chefe de seção

Na verdade, ele visa **ao** cargo de chefe de seção, em que *visa* está por *deseja veementemente*. *Visar*, sem a preposição *a*, significa *mirar, focar, apontar para*, ou então, *autenticar, validar*: *visar o gol, o alvo; visar um cheque, um passaporte*. Outros exemplos com *visar **a***: *Essas medidas visam **ao** progresso do país*. *** *Os governantes nem sempre visam **à** melhoria das condições de seus povos*.

Em tempo – Antes de infinitivo, o verbo transitivo indireto pode dispensar a preposição. Assim, construímos corretamente de ambos os modos: *Ele visa **a** chegar à chefia* ou *Ele visa chegar à chefia*. *Visar* não aceita como complemento o pronome "lhe" (ou variação), mas **a ele** (ou variações). Portanto, construímos:

*É um bom cargo, por isso viso **a ele** há tempos. *** É uma meta incrível, daí por que sempre visei **a ela**.*

671. ele aspira o cargo de chefe de seção

Na verdade, ele aspira **a**o cargo de chefe de seção, em que *aspira* está por *deseja veementemente, visa*. *Aspirar*, sem a preposição *a*, significa *inspirar, inalar*: *aspirar gás, o perfume das flores*. Também significa *sugar, chupar, sorver*: *aspirar o pó da sala, aspirar a piscina*. Outros exemplos com *aspirar **a***: *Todos aspiramos **à** melhoria de vida*. *** *O governador aspira **ao** cargo de presidente*.

Em tempo – Antes de infinitivo, o verbo transitivo indireto pode dispensar a preposição. Assim, construímos corretamente de ambos os modos: *Ele aspira a chegar à chefia* ou *Ele aspira chegar à chefia*. *Aspirar* não aceita como complemento o pronome "lhe" (ou variação), mas **a ele** (ou variações). Portanto, construímos: *É um bom cargo, por isso aspiro **a ele** há tempos*. *** *É uma meta incrível, daí por que sempre aspirei **a ela***.

672. brocha e broxa

Brocha é prego curto de cabeça larga e chata. **Broxa** é pincel grande usado para caiar ou para pintura ordinária e indivíduo sem potência sexual (*aos 20 anos nenhum homem fica **broxa***).

673. ela sofreu estrupo

Só quem fugiu da escola diz "estrupo". Os que ficaram até formar-se dizem *estupro, estuprar*. Note que ***estu**pro* tem as mesmas sílabas iniciais de ***estú**pido*, que é exatamente como se classifica um ***estu**prador*...

674. eu tinha pego forte gripe

O verbo **pegar** tem duas formas de particípio: *pegado* e *pego*. A primeira se usa com os verbos *ter* e *haver*: *eu tinha **pegado** forte gripe, eu havia **pegado** a covid-19*. Já **pego** se usa apenas com *ser* e raramente com *estar*: *fui **pego** em flagrante, o deputado foi **pego** com notas na cueca*.

675. ela não raspa as axilas

Na verdade, há mulheres que não **rapam** as axilas. Normal. **Raspar** significa desbastar ou alisar a superfície de: *raspar madeira, raspar um bilhete de raspadinha*. E também tocar de raspão, roçar, relar: *nem **raspei** nela; um Fusca velho **raspou** no meu carro*. **Rapar** é que significa cortar rente o pelo ou cabelo de uma parte do corpo: *Entrou na faculdade, **raparam**-lhe a cabeça*. *** *Há homem, hoje, que **rapa** sovaco*. Normal...

Em tempo – E para quem duvidar do que foi dito, eis palavras de Deus a Moisés: *Os sacerdotes não **raparão** as cabeças, nem as barbas, e não farão golpes no seu corpo.* Você ainda continua duvidando?... Agora, palavras de um jornalista: **Carecas "raspadas" invadem as ruas**. A invasão (cá entre nós) não é só de carecas *rapadas*, não.

676. veja quanto desperd<u>i</u>ço de dinheiro público

O verdadeiro **desperdício** provém do próprio governo, que quase sempre não termina as obras que inicia.

677. essa matéria eu li <u>em</u> *Veja*

Não, todo nome de revista exige artigo: ***a*** *Veja,* ***a*** *Placar,* ***a*** *Caras*, etc.

Em tempo – A direção da editora Abril, à época do lançamento da revista *Veja*, houve por bem não usar o artigo. Por isso é que nas suas páginas só se lê "de" *Veja*, "em" *Veja*, "por" *Veja*. O desejo de ser diferente entrou em rota de colisão com os princípios da língua.

678. o assassino da mot<u>o-s</u>erra

Essa palavra nunca foi escrita com hífen. Nem mesmo antes da recente Reforma Ortográfica. Sempre se escreveu **motosserra**. Mas a *Veja* trouxe certa vez, na capa: **O massacre da "moto-serra"**. Seus jornalistas tentaram consertar o estrago em edição posterior, usando argumentos pueris, simplórios, e não deram a mão à palmatória. Mereceram o verdadeiro mico que pagaram; a arrogância sempre tem seu preço.

679. acredito <u>de</u> que tudo vai passar

Houve uma época em nosso país caracterizada pelo *dequeísmo*: com qualquer tipo de verbo se usava "de que": eu acredito "de que", eu vejo "de que", eu sinto "de que", eu comentei "de que", eu disse "de que", etc. A preposição **de**, mesmo com os verbos transitivos indiretos, geralmente é omitida antes de *que*: *acredito que, creio que, duvido que*, etc. Mas alguns "artistas", desconhecedores das normas do idioma, tentaram inventar moda. O dequeísmo é próprio de políticos filiados ao Partido dos Trabalhadores (PT). Não conhecer os princípios mais elementares da nossa língua e se meter a falar em público tem consequências.

680. São Vicente de Paul<u>a</u>

Não existe esse santo; o que os católicos conhecem é *São Vicente de Paulo*, que não se confunde com *São Francisco de Paula*.

681. se caso chover, não viajo

Não se usam juntos, em português, *se* e *caso*, duas conjunções, por sinal, equivalentes. O que o povo, que usa muito "se caso", quer dizer, na verdade, é: *se acaso chover*, que é o mesmo que *se por acaso chover*.

682. você, por ventura, se chama Zósimo?

Cuidado, existe **por ventura** (= por sorte, por felicidade) e **porventura** (acaso, por acaso): *Por ventura ninguém morreu nesse acidente.* *** *Você sabe me informar, porventura, se o dólar baixou?*

Em tempo – Ninguém poderá proibir alguém de dizer: *Eu me chamo Zósimo por ventura.* Nesse caso, é gostar muito do próprio nome... Já uma pessoa que não se chame Zósimo, poderá perguntar: *Eu me chamo Zósimo porventura?*

683. Deus lhe ajude!

É mais aconselhável desejar de outra forma: *Deus o* (ou *a*) *ajude!* Por quê? Porque o verbo *ajudar*, em princípio, é transitivo direto: *É preciso ajudar os pobres.* *** *Ajudei-a no trabalho.* *** *Melancia não ajuda a digestão.* *** *Eu não devia, mas vou ajudá-lo* (e não: *vou "lhe" ajudar*, como diz o professor Raimundo Nonato, ao inquirir o personagem Rolando Lero).

Em tempo – Devemos, contudo, *ajudar à missa*. Se – ainda – depois de *ajudar* vier infinitivo transitivo direto, serão possíveis duas construções: *Ajudei-o a escrever a carta* ou *Ajudei-lhe a escrever a carta.* *** *Ajude a Prefeitura a manter a cidade limpa* ou *Ajude à Prefeitura a manter a cidade limpa.* Se, por outro lado, vier qualquer outro tipo de verbo, *ajudar* se usará apenas com objeto direto de pessoa: *Ajudei o rapaz a estudar.* (= *Ajudei-o a estudar.*) *** *Ajudei o rapaz a pensar no assunto.* (= *Ajudei-o a pensar no assunto.*) *** *Ajudem uma criança a ser feliz!* (= *Ajudem-na a ser feliz!*) Como se vê, meio complicadinho esse verbo, não?

684. Deus lhe abençoe!

Desejando dessa forma, Deus não abençoará. O verbo **abençoar** é transitivo direto (portanto, exige *o* ou *a*). Daí por que convém desejar de modo diferente: *Deus a* (ou *o*) *abençoe!*

Em tempo – Já *Deus lhe pague!* e *Deus lhe perdoe!* são desejos perfeitos. Por quê? Porque tais verbos, *pagar* e *perdoar*, são transitivos indiretos, que se usam com *lhe*.

685. acender e ascender

Acender é, entre outros significados, pôr fogo a ou fazer funcionar (sistema elétrico, etc.): *acender um fósforo; acender as luzes.* **Ascender** é subir, elevar-se:

*Com o fogo, todos queriam **ascender** ao último andar do edifício.* *** *Marginais **ascenderam** ao poder no país.*

686. usou a palavra ou usou da palavra?

Ambas as construções são corretas. O verbo *usar* aceita a preposição *de*: usar *a* (ou *da*) *faca, usar o direito* (ou *do direito*) *de chiar contra o preço da gasolina.*

687. declarei tudo com a maior espontan**ie**dade

A declaração sempre será muito mais benfeita, se for com *espontaneidade*. A *espontaneidade* é muito importante em todos os setores da vida. Seu oposto é a dissimulação, a farsa, irmãs da infelicidade e do desastre.

688. tenho atestado de idon**ie**dade

Não, o que você tem é o atestado de *idoneidade*, ou seja, aquele que atesta que você possui integridade moral, que é honesto, justo, correto. As pessoas moralmente *idôneas* caracterizam-se pela *idoneidade*.

Em tempo – A palavra *contemporaneidade* rima com *idoneidade* e *espontaneidade*: *São inúmeros os desafios que a **contemporaneidade** apresenta para a educação.*

689. somatória ou somatório?

Antes da recente Reforma Ortográfica só havia **somatório**. O *Vocabulário Ortográfico da Língua Portuguesa* (VOLP) resolveu agasalhar *somatória*. Por quê, ninguém sabe. Se foi por se tratar de uso generalizado da palavra *somatória*, então que se registrem também "menos" e "mendingo"...

690. veredito ou veredicto?

Antes da recente Reforma Ortográfica só havia **veredicto**. O VOLP, em sua 5.ª edição, resolveu "capar" o **c** da palavra. Sem nenhuma explicação. Os melhores dicionários portugueses não acataram a forma sem o **c**.

691. mitório ou mictório?

Bem, aqui é diferente das duas anteriores. O VOLP ainda não "se dignou" registrar "mitório". Por enquanto, só agasalha **mictório**. Aleluia!

692. kiwi ou quivi?

É claro que todos preferimos **kiwi**. É preciso não esquecer que o nosso alfabeto já agasalha as letras *k* e *w*. Então, por que ir ao supermercado para comprar *quivi*? Ou mesmo *quiuí*?

693. tangerina d<u>o</u> cultivar Dancy

Cultivar, como *variedade*, seu sinônimo, é substantivo feminino: *a cultivar, uma cultivar, duas cultivares*, etc. Portanto: *Gostei muito da tangerina Dancy, uma cultivar nativa da Coreia do Sul.*

694. tangerina p<u>o</u>kan

Não, essa cultivar se chama, em verdade, **poncã**, que bem poderia chamar-se *ponkã*. Afinal, por que diabos entrou a letra **k** em nosso alfabeto?

695. em nosso alfabeto ou no nosso alfabeto?

Ambas são construções corretas, porque antes de pronome possessivo se usa ou não o artigo, indiferentemente. Portanto: *meu carro* ou *o meu carro, sua casa* ou *a sua casa, nosso vizinho* ou *o nosso vizinho*, etc. Apenas com nomes de parentesco é que convém omitir o artigo, segundo a gramática tradicional. Sendo assim, use apenas *meu irmão, teu tio, seu pai, nosso primo, vossa mãe*, etc.

696. a gente faz<u>emos</u> o que pod<u>emos</u>

Não, isso é fala de gente que nunca foi à escola, que nunca passou perto da escola. Ou – o que não muda nada – de gente que fugiu da escola. A gente **faz** o que **pode** para que todos aprendam mais a própria língua. Isso a gente **faz** porque **pode**. Mais não é possível. Ou não é recomendável...

697. diferençar e diferenciar

Diferençar é estabelecer diferença entre (duas ou mais coisas), é o mesmo que distinguir, discriminar: *As crianças já estão **diferençando** as letras do alfabeto.* *** *Ela não **diferença** um q de um g.* *** *Ela não sabe **diferençar** uma vela de um lápis.* **Diferenciar** é sofrer alterações ou modificações, é mudar: *A cor dos carros **diferencia** com o passar do tempo.* *** *A cor dos olhos dela **diferencia** de acordo com a cor da roupa que ela veste.* *** *Ficou trinta dias na praia: sua pele **diferenciou** tanto de tom, que ninguém mais o reconheceu.*

Em tempo – Repare: enquanto com *diferençar* se estabelece diferença entre duas ou mais coisas, com *diferenciar* se estabelecem diferenças, geralmente graduais, na mesma coisa.

698. aqui no alto, só se ouve o zu<u>m</u>bido do vento

Não, propriamente; **zumbido** é coisa mormente de insetos alados (mosquitos, besouros, etc.). Pode haver, ainda, **zumbido** *de bala, de motor, de ouvido*, mas não de vento, que faz **zunido**. Nem me pergunte se dicionários trazem a diferença. Por isso, se moras no 111.º andar, como já existe em Balneário Camboriú, vais ficar doido com tanto **zunido** do vento.

699. calção e caução

Calção, palavra masculina, é a peça do vestuário de bocas meio largas: *um calção de banho*. **Caução**, palavra feminina, é coisa ou meio com que se assegura o cumprimento de uma obrigação contraída; garantia: *Depositei uma caução de cinco mil reais, para garantir o negócio*.

700. conheci vários índios bororós

Não, com certeza, não. Você conheceu, em verdade, índios *bororos* (rô), que vivem numa tribo em Mato Grosso. *Bororó* é nome de uma espécie de veado do Brasil central, o menor da fauna brasileira. Daí por que os *bororos* não gostam muito de lhes chamarem "bororós".

701. amanhece o dia

Visível redundância. Basta usar **amanhece**, já que ainda não houve ser neste mundo criado por Deus que presenciasse o amanhecer de uma noite. A propósito, certa vez lemos no para-choque de um caminhão: *Quer você acorde ou não, o dia amanhecerá*. Caminhoneiros, contudo, incansáveis trabalhadores, merecem todo o perdão deste mundo...

Em tempo – A referida frase de caminhão, respeitada a gramática, fica assim: *Quer você acorde, quer não, amanhecerá*. Não existe a conjunção alternativa "quer... ou", mas apenas *quer... quer, ou... ou, seja... seja*, etc. Uma vez usado o primeiro elemento, deveremos repeti-lo obrigatoriamente. Recentemente escreveu um jornalista: *Não se pode confiar nos homens públicos, seja na Nova República "ou" na Velha*. E confiar em jornalista se pode?

702. monstrengo ou mostrengo?

A palavra original, legítima, é *mostrengo*, que nos vem do espanhol *mostrenco*; *monstrengo*, na verdade, é corruptela desse espanholismo, criada pelo povo, que a viu como derivada de *monstro*. A qualquer consulta a dicionário, tanto brasileiro quanto português, se verá que **mostrengo** é o verbete principal, e não *monstrengo*, forma que pode ser usada, mas, a meu ver, com ressalvas.

703. Quasimodo ou Quasímodo?

Quasímodo. Nome de um personagem muito feio, monstruoso, do romance *O corcunda de Notre Dame* (1831), de Victor Hugo. Em sentido figurado, usa-se com inicial minúscula para designar uma pessoa muito feia, malfeita de corpo, um mostrengo: *A professora era um **quasímodo**, mas ensinava muito bem.*

704. tenho de estudar ou tenho que estudar?

Ambas são corretas, mas a primeira tem certa preferência. O **que** só se classifica como preposição nesse caso.

705. banana: uma questão de pronúncia

Todo o mundo, um dia, já disse essa palavra. A maioria, com certeza, disse *bá-nãna*, com o primeiro *a* aberto. Note, porém, que, depois do **a** da primeira sílaba existe um fonema nasal (*n*), que costuma, no Brasil, fechar a vogal anterior. Ao dizer *bã-nana*, a boca já está fechada, preparada para a pronúncia do fonema nasal. Note que o segundo *a* também é fechado, justamente pela presença de um *n* posterior. Ou você já disse "banána"?

Em tempo – Tudo o que afirmamos fica por conta da curiosidade. É claro que não há erro em dizer *bá-nãna*; só que pronunciar *bã-nãna* é mais próprio dos que buscam sempre chegar a um fim com o menor esforço, ou seja, dos mais inteligentes...

706. e o mãs dos gaúchos?

Os gaúchos, ao que tudo indica, ouviram o galo cantar, mas não souberam dizer exatamente onde. A vogal se fecha quando vem **antes** do fonema nasal, e não depois. Portanto, o *mãs* gaúcho é algo equivocado (levado em conta sempre o ponto de vista fonético). No país todo, exceto no Rio Grande do Sul, as pessoas dizem *mas*. Que continuem assim!

Em tempo – Antes de *mas*, conjunção adversativa, convém sempre usar vírgula: *Estou indisposto, **mas** vou trabalhar.* *** *Não só o meu time, **mas** também o seu foram desclassificados.*

707. genitor e progenitor

Genitor é o que gera, portanto, o pai: *O jovem afirmou que só queria do **genitor** o seu amor e reconhecimento como filho.* **Progenitor** é o que procria antes do pai, portanto, o avô: *Ele só queria do **progenitor** o reconhecimento deste como seu neto legítimo.*

708. superinteressante

Essa palavra se divide em sílabas assim: *su-pe-rin-te-res-san-te*. Uma revista nacional tem esse nome. Mas... como está esse nome na capa?

709. o feminino de sapo é...

...*sapa*, e não "rã", como querem alguns professores do ensino fundamental. Sapo não cruza com rã!

710. o feminino de lavrador é...

...*lavradeira*, e não "lavradora", como querem os apresentadores de telejornais. Outro feminino interessante é *maestrina* (de *maestro*).

711. cust<u>ei a</u> acreditar nisso

Essa é uma construção que pertence à língua popular; à luz da gramática, não faz nenhum sentido, porque o sujeito do verbo *custar* é *acreditar*, e não "eu", como está aí. Veja: o que custou? *acreditar* é que custou. Portanto, na língua cotidiana podemos até admitir essa aberração lógica e também gramatical, mas na língua padrão é aconselhável usar **custou-me** *acreditar nisso*. Repare como agora tudo faz sentido: o que me custou? acreditar nisso. Outro exemplo: *Custou às crianças dormir.* (Na língua popular essa mesma frase tem esta construção: *As crianças custaram a dormir.* Ora, foram "as crianças" que custaram, ou o que custou foi *dormir*? Dar coice na gramática até professores universitários por aí andam dando, mas coicear também a razão, a lógica, o bom senso?

712. liquidar: pronúncia correta

Pronuncia-se com **u** sonoro ou não: *likuidar* ou *likidar*. Da mesma forma: *líquido, liquidação, liquidez, liquidificador.*

713. abjeção e objeção

Abjeção é falta de dignidade, vileza, último grau de baixeza: *As declarações do deputado foram consideradas uma **abjeção**.* *** *Para atingir seus propósitos, não lhe importava a mais torpe das **abjeções**.* **Objeção** é contestação, obstáculo: *Enquanto ouvia o promotor, o advogado preparava mentalmente a **objeção**.* *** *Os estrangeiros encontraram mil **objeções** para prestarem o concurso.*

714. Goulart: pronúncia correta

Pronuncia-se *Gulárt* (o *t* soa brandamente) e não "Gular", como diz a maioria dos homens da televisão. Já tivemos um presidente com tal sobrenome e, mais recentemente, um jogador de futebol. Os gaúchos pronunciam corretamente; paulistas e cariocas, porém, só dão vexame.

715. Garrett: pronúncia correta

Pronuncia-se *Garrét* (aqui também o *t* soa brandamente). Há, no entanto, quem diga "Garré" e até "Garrê". Grande escritor e dramaturgo português foi João Baptista da Silva Leitão de Almeida *Garrett*.

716. aconteceu muitas coisas

O verbo **acontecer** costuma aparecer antes do sujeito. Por isso, muitos não o flexionam, ainda que o sujeito esteja no plural. Convém flexionar: *Aconteceram muitas coisas hoje por aqui.* *** *Espero que não* **aconteçam** *terremotos violentos no Brasil.* Se vier acompanhado de auxiliar, só este varia: *Acabam de acontecer coisas ruins por aqui.* Diz-se exatamente o mesmo do verbo *ocorrer*, seu sinônimo.

717. seguir as pégadas do assassino

Quem seguir as "pégadas" do assassino, como quis um "adevogado", certa vez, vai se dar mal. Ele certamente pensou em *pé* para produzir essa "linda" pronúncia. A palavra é – claro – paroxítona: *pegada*.

718. tóxico: pronúncia correta

Pronuncia-se *tóksico*, e não "tóchico", como muito se ouve em certas regiões do Brasil. O *x* tem o mesmo valor *em intoxicar, intoxicação, toxicômano, toxicomania, agrotóxico, toxicidade* (que muitos dizem e escrevem "toxidade").

719. carro brasileiro vem com auto-falante?

Não, nenhum carro, nem brasileiro, nem do mundo, vem com "auto-falante", porque isso não existe. No Brasil, quando o carro vem com bom *alto-falante*, já é uma exceção...

720. visitei o Marrocos

Não, as pessoas visitam *Marrocos* (sem artigo), as pessoas moram *em Marrocos* (sem artigo), as pessoas gostam *de Marrocos* (sem artigo). Já fui a Marrocos.

721. mulher pé-fria

Não, não existe mulher "pé-fria", por mais ziquizira que ela traga. Toda mulher que traz maus agouros pode ser tachada de *pé-frio*, porque isso existe – e muito! Usa-se também como adjetivo, a exemplo de *pão-duro*: *turma pé-frio, gente pé-frio*.

722. aumentar ainda mais

Trata-se de uma redundância muito comum. Mas em vez de "os impostos aumentaram ainda mais" não será possível usar *os impostos aumentaram **muito***? Em vez de "as exportações brasileiras vão aumentar ainda mais" não será possível usar *as exportações brasileiras vão aumentar **consideravelmente***? É o que proponho para evitar o pleonasmo, um dos preferidos da mídia brasileira. Frase de um jornalista: *A fúria arrecadatória do governo aumentou "ainda mais" a carga de impostos paga pelos brasileiros.* A carga de impostos que nos impõem chega a ser desumana, visto que não há contrapartida. Aumenta sempre. Mas não "ainda mais".

723. melhorar ainda mais

Eis outra redundância comum. Proponho substituir "ainda mais" por *muito, consideravelmente, significativamente*, etc. *A economia brasileira, com essas medidas do governo, vai melhorar **muito**.* *** *Com a contratação desse jogador, meu time melhorou **consideravelmente**.*

724. deu a luz a um lindo bebê

As mulheres e fêmeas em geral dão *à luz* (isto é, *ao mundo*) um ser. Se substituirmos *luz* por *mundo*, veremos que não tem cabimento o uso da preposição "a" nessa expressão: *deu ao mundo "a" um lindo bebê.* Não deu... Por isso, use sempre assim: *Ifigênia deu à luz um lindo bebê de 5kg.* *** *A cadela deu à luz cinco filhotes.*

725. por falar em bebê...

A palavra *bebê*, assim como *nenê*, sempre foi masculina: *o bebê, o nenê*; os antigos dicionários só as registravam assim. De repente, como que a nos surpreender como um raio, o VOLP registra tais nomes como substantivo comum de dois, possibilitando, assim, o uso de *o bebê* (ou *nenê*) para o menino e *a bebê* (ou *nenê*) para a menina. Por isso, agora, os pais brasileiros andam a falar *"minha" bebê está dormindo*, em referência a menina. Não há erro, porque o VOLP tem força de lei (lamentavelmente), mas em espanhol *bebé* é substantivo masculino, e não comum de dois. Isso equivale a dizer que os espanhóis usam *o bebê* tanto para o menino quanto para a menina, que é **o que** se fazia antes **por aqui**. Mas o mundo anda muito mudado, muito moderno (e também muito chato), agora menina é *a bebê, a nenê*.

726. nenê ou neném?

As duas formas são corretas, mas aqui reside mais uma "incoerência" dos sábios elaboradores do *Vocabulário Ortográfico da Língua Portuguesa* (VOLP), que registram *nenê* como substantivo de dois gêneros, mas *neném* apenas como substantivo masculino. A verdade é que também *nenê* é apenas substantivo masculino. Isso desde Camões... Eles mudaram isso recentemente e a seu talante. Para os referidos sábios, um casal pode, sim, ter **um** *nenê* ou *uma nenê*, mas só pode ter – obrigatoriamente – apenas *um neném*, jamais *"uma" neném*. Digo **obrigatoriamente**, porque o VOLP tem, lamentavelmente, força de lei. Portanto, se você não o seguir, ficará irremediavelmente prejudicado em concursos ou no exame do Enem. Enfim, estamos na mesma situação daquele recruta que sabe que vai morrer, mas tem que seguir o seu comandante, que está levando a passos largos a tropa ao abismo...

727. Brasil e Argentina jogam hoje

Aliás, **o** Brasil e **a** Argentina. Jornalista brasileiro tem mania de omitir, principalmente em título de notícia, o artigo antes de nomes que o exigem. Alguém usa, por acaso: *cheguei "de" Brasil ou cheguei "de" Argentina*? Sua resposta é a minha.

728. Flamengo e Palmeiras jogam hoje

Tudo o que se disse no caso anterior serve para este. Nomes de clubes exigem artigo. Alguém usa, por acaso: gosto "de" Flamengo, torço "por" Palmeiras? Isso é coisa da língua espanhola, e não da portuguesa.

729. Mora*es*

A grafia atual e correta desse sobrenome é **Morais**. O nome de pessoas já mortas que tiverem no registro civil a grafia antiga deve ser atualizado. Daí por que Thomé de Souza virou Tomé de Sousa e Luiz de Camões virou Luís de Camões. Mas muitos resistem em mudar de Vinicius de Moraes para Vinícius de Morais. Estou com eles.

730. Pa*es*

A grafia atual e correta desse sobrenome é **Pais**. Mas muitos resistem em mudar de Fernão Dias Paes para Fernão Dias Pais. A meu ver, com alguma razão. Quem aceitará, por exemplo, que Antônio Carlos *Jobim* vire Antônio Carlos Jubim, a grafia correta desse sobrenome? A meu ver, o que está no registro civil – e já contrariando as normas vigentes – é imexível...

731. cassetete: pronúncia correta

Pronuncia-se *kassetéti*. Trata-se de um galicismo ou francesismo, em que se tem o elemento **tete** (cabeça), cuja pronúncia é *téti* (*tête-à-tête*).

732. o não-pagamento da dívida

Não, já não se usa hífen em casos assim, em que **não** funciona como prefixo, equivalente de *in*. Portanto: O ***não pagamento*** *da dívida acarretará prejuízos ao país*. Outros exemplos: *não variação, não flexionado, não flexão, não verbal*, etc.

733. a culote

Culote sempre foi palavra masculina. Desde Camões. Até aparecer a 5.ª edição do *Vocabulário Ortográfico da Língua Portuguesa* (VOLP), que é um desastre, para não dizer uma vergonha. Para os sábios organizadores desse vocabulário, *culote* agora é, assim como *bebê* e *nenê*, substantivo de dois gêneros. O dicionário Aurélio não se rendeu à mudança e continua registrando *culote* como substantivo masculino. Já o dicionário Houaiss...

734. afeito e afoito

Afeito é o mesmo que acostumado, habituado: *São homens **afeitos** a intempéries.* *** *Entre nós não havia ninguém **afeito** a indisciplina.* **Afoito** é o adjetivo que se aplica a quem é apressado ou precipitado em fazer alguma coisa, geralmente por causa de ansiedade, nervosismo ou preocupação: *Foi tão **afoito** ao pote, que este acabou se quebrando.* *** *A namorada lhe pediu que não fosse **afoito**, que deixasse tudo acontecer normalmente.*

735. perante a Deus

Perante não admite a companhia de outra preposição. *Ela está com a consciência tranquila perante Deus.* *** *Não poderíamos nunca dizer isso perante todos ali.* *** *Você terá coragem de afirmar isso perante ela?* *** *No Brasil todos somos iguais perante a lei.* Bom é quem acredita...

Em tempo – Também **ante** se usa da mesma forma, ou seja, sem preposição posposta: *ante o exposto, ante o ocorrido, ante a situação*, etc.

736. de vez que

Não é locução nossa, mas os "adevogados" apreciam muito o seu emprego. Deve ser substituída por *pois, porque* ou *porquanto*: *Zusa deve ter viajado, pois/porque/porquanto não está em casa.*

Em tempo – Os "adevogados" também apreciam muito usar *eis que* como locução explicativa ou causal, no lugar de *pois* ou *porque*: *o réu teve de ser absolvido, "eis que" não se apresentaram provas contra ele.* **Eis que** só se emprega corretamente quando há ideia de imprevisto: *Quando menos esperávamos, **eis que** surge Cristina.*

737. as uvas chilenas são, disparad<u>as</u>, as mais...

Quando *disparado* está por *de longe*, não varia. Portanto: *As uvas chilenas são, **disparado**, as mais saborosas do mundo.*

Em tempo – Sobre o uso de *disparado*, permita-me aqui reproduzir o comentário de Paulo Buschbaum sobre o **Grande dicionário Sacconi**: *O Sacconi é um dicionário com qualidades impressionantes! Suas definições têm frescor e clareza. Ele utiliza-se de exemplos expressivos, e sua modernidade e atualização impressionam. Nota-se que foi um dicionário realmente escrito com carinho e dedicação. O Sacconi foge da prática de outros dicionários, que se copiam mutuamente. Merece ser elevado ao panteão de melhor dicionário da língua portuguesa.* **Disparado!** Paulo, esse carinho e dedicação me custaram quarenta anos de vida! Quem puser – sobre a qualidade desse dicionário – só uma pitadinha de dúvida, proponho que compare! Antecipando-me a qualquer comparação alheia, apresento um exemplo: o mais tradicional dos nossos dicionaristas define **beleza** como *qualidade de belo*. E só. Mas isso é definição que se apresente? Comparemos com a definição do Sacconi: *propriedade dos seres que causam admiração e deleite dos sentidos, principalmente da visão e da audição, por seu aspecto, forma, harmonia e boas qualidades em geral.* Isso é **definir**. Só para exagerar, veja como aquele mesmo dicionarista define **bondade**: *qualidade ou caráter de bom*. Mas isso é **definir**? E o Sacconi também não registra "salchicha"...

738. anote a grafia correta destas palavras

Algumas podem surpreender: *paralelogramo* (e não "paralelograma"), *rissole* (e não "risole" ou "risólis"), *esfirra* (e não "sfiha"), *plebiscito* (e não "plesbicito"), *muçulmano* (e não "mulçumano"), *cromar* (e não "cromear"), *digladiar* (e não "degladiar"), *sicrano* (e não "siclano" ou "ciclano"), *nascença* (e não "nascência"), *convalescença* (e não "convalescência"), *catálogo* (e não "catálago"), *diálogo* (e não "diálago), *reivindicar* (e não "reinvindicar"), *burocracia* (e não "burrocracia"), *burocrata* (e não "burrocrata").

Em tempo – O Novo Acordo Ortográfico estabeleceu que as palavras *fulano*, *beltrano* e *sicrano* são escritas com inicial minúscula, alterando, portanto, o Acordo Ortográfico de 1945.

739. para mim tanto faz<u>em</u> cem como mil reais

A expressão *tanto faz... como* é absolutamente invariável; subentende-se *receber* ou *ter*, após *faz*: *Para mim tanto **faz** cem como mil reais.* *** *Para nós tanto **faz** oito como oitenta.*

740. subi no ônibus errado

Pessoas assim estão acostumadas a fazer tudo errado... Explico melhor: na verdade, todos nós *subimos* **para** *o ônibus,* **para** *o carro,* **para** *o trem*, pois quem entra num veículo, sobe **para**, e não sobe "em", mas na língua cotidiana do Brasil é raro ver a verdadeira preposição. Os brasileiros adoram a preposição *em*, mesmo quando a sua presença não tem cabimento. E, então, sobem "no" ônibus, "no" carro, "no" trem, assim como *vai "no" cinema, vai "no" estádio*, etc. Dê uma chance para **para**! Se der, pode subir sem medo até **para** um teco-teco, que sua viagem será tranquila...

741. pode deixar, que eu me intéro da situação

Ninguém se "intéra" de situação nenhuma. O verbo *inteirar* tem todas as formas com o ditongo **ei** pronunciado claramente e sempre fechado. *Pode deixar, que eu me **inteiro** ainda hoje da situação!* *** *Você sempre se **inteira** de tudo.*

Em tempo – Também *peneirar* tem o ditongo **ei** pronunciado claramente e sempre fechado.

742. anote a grafia correta destes nomes próprios

Piaçaguera (e não "Piassaguera"), com **u** sonoro; *Guaianases* (e não "Guaianazes"), *Pascoal* (e não "Pasqual"), *Bebiano* (e não "Bibiano"), *Calisto* (e não "Calixto"), *Aguinaldo* (e não "Agnaldo"), *Dejanira* (e não "Djanira"), *Dinis* (e não "Diniz"), *Felisberto* (e não Filisberto"), *Eurípides* (e não "Eurípedes"), *Alcibíades* (e não "Alcebíades"), Dioclécio (e não "Deoclécio"), Creusa (e não "Cleusa"), Dênis (e não "Denis").

Em tempo – *Guaratinguetá*, nome de uma cidade paulista, pronuncia-se *ghe* na penúltima sílaba, ou seja, o **u** não é sonoro.

743. o croquis

Aquele que diz ou escreve "o croquis" pode perfeitamente tomar "um chopes" e comer "um pastéis", que a diferença é nenhuma... Use sempre *o croqui*, no singular, e, no plural, naturalmente: *os croquis*. Mas só no plural. Outros casos semelhantes: *o piloti, os pilotis; o chassi, os chassis; o lambri* (ou *lambril*), *os lambris. Sursis*, galicismo que se pronuncia *sursí*, usa-se tanto para o singular quanto para o plural: *o sursis, os sursis*.

744. relógio atrasa ou se atrasa?

Relógio bom não **se** atrasa nunca; mas o bom mesmo é ter relógio que nem **se** *atrase* nem **se** *adiante*. Como se vê, o verbo é atrasar-**se** (e não apenas "atrasar") e também *adiantar-se* (e não apenas "adiantar"). *Todos os relógios do mundo se atrasaram um segundo na passagem de 1999 para 2000.* *** *No início do finado horário de verão, meu relógio adiantava-se uma hora automaticamente e atrasava-se, também automaticamente.*

745. celerado, marche!
Celerado significa *bandido, facínora*. Por isso, o instrutor militar sempre pede um pouquinho diferente aos seus comandados: *Acelerado, marche!*

746. deixe eu ver isso!
Frase típica da língua popular. Na língua padrão ela se transforma para: *Deixe-me ver isso!* O verbo *deixar* não admite formas retas antes de infinitivo. *Deixe-os entrar!* *** *O porteiro nos deixou subir.* Na língua popular essas mesmas frases ficam assim: *Deixe "eles" entrar!* *** *O porteiro deixou "nós" subir...*

747. eu me consultei com um médico
Não, o mais aconselhável mesmo é que você *consulte* um médico: o verbo *consultar* é transitivo direto e não é pronominal. No mundo há de tudo: pessoas que consultam cartomantes, videntes, feiticeiros, quiromantes, macumbeiros, etc. O melhor mesmo é *consultar* o travesseiro e lhe perguntar: *estarei eu agindo certo, ao consultar essa gente?*

748. aquele um, aquela uma
Não, nunca faça referência a uma pessoa usando tais expressões, a não ser que deseje demonstrar desrespeito ou desprezo por ela. Não havendo sentimento negativo, prefira usar *aquele sujeito, aquela pessoa, aquele indivíduo* ou até *aquele cara*, que é aceitável.

Em tempo – Muitos pensam que *cara* é gíria. Machado de Assis, o maior escritor da literatura brasileira, usou e abusou de *cara* em *Quincas Borba*; foram quinze vezes. Ademais, as gírias não são flagelo da língua; muito ao contrário, são geralmente muito expressivas e necessárias, como *dica*, por exemplo. A língua portuguesa não tem nenhum termo tão preciso quanto esse para definir a boa sugestão, indicação ou informação. Só mesmo outras gírias: *toque, palinha*. Mas não tão precisas quanto *dica*.

749. que tal meus planos?
Tal deve concordar com o nome a que se refere (no caso presente, *planos*), embora o povo não o flexione por nada, mormente na língua cotidiana. Há até autores que aceitam a sua não flexão. Normal. O mais aconselhável, contudo, é

usar como a língua manda: *Que tais meus planos?* *** *Que **tais** minhas filhas?* *** *Que **tais** meus novos óculos, Juçara?*

Em tempo – Machado de Assis, em *Quincas Borba*, escreveu: *D. Tonica confessava-lhe que tinha muita vontade de ver Minas, principalmente Barbacena. Que **tais** eram os ares?* Já uma escola em São Paulo passou muito tempo anunciando assim: **Colégio tradicional? Colegial técnico? Que "tal" os 2 juntos?** Que tais os dois, mas noutra escola?

750. o pai é tal qua<u>l</u> os filhos
Tal e *qual* são palavras que devem concordar com o nome a que se referem: **o pai-tal, os filhos-quais**. Portanto: *O pai é **tal quais** os filhos*. *** *Os filhos são **tais qual** o pai*. *** *As garotas eram **tais quais** os rapazes*.

Em tempo (1) – Há quem advogue a não variação de *tal qual*, considerando ambas as palavras equivalentes de *como*. A meu ver, equivocadamente. Assim, estariam corretas as frases *O pai é **tal qual** os filhos* e *As garotas eram **tal qual** os rapazes*.

Em tempo (2) – Uma de nossas mais belas canções populares tem esta letra: *Teus olhos são duas gotas pequeninas, "qual" duas pedras preciosas, que brilham mais que o luar*. Seu autor, naturalmente, baseou-se na tese controversa, acima citada.

Em tempo (3) – Veja o texto de um jornalista: *Os travestis, com os corpos tratados **tal qual** as mulheres, tomaram de assalto a grande cidade*. Esse jornalista, também, baseou-se na tese controversa, acima citada.

751. dizer em alto e bom som
Existe *em alto e bom som* e apenas **alto e bom som**, que é a expressão mais usual, mais clássica que a outra. Por isso, prefira-a. *O pai disse **alto e bom som** ao filho desobediente: neste mês você fica sem mesada*. *** *O ganso é uma boa ave de guarda: ele tem bons ouvidos e emite **alto e bom som** o seu alarme, ao perceber alguma anormalidade*. Em língua, assim como na vida, elegância é fundamental.

752. por que dizem arto, tarco, iguar?
Em certas cidades do interior paulista, principalmente, o sujeito que bebe muito não fica *alto*, fica "arto", assim como o nenê não usa *talco*, mas "tarco". É um mundo sem "iguar"... A razão dessa troca é puramente histórica, nada tem a ver com caipirismo. Ocorre que, nas regiões banhadas pelo lendário rio Tietê, utilizado pelos bandeirantes, as pessoas realmente trocam o **l** pelo **r**, num fenômeno linguístico chamado *rotacismo*, por influência da língua dos indígenas, que não conheciam o som **lê**, de *alto, talco*, mas apenas o som **rê**

brando, de *caro, barato*. Os bandeirantes, espertinhos, preocupados em se aproximar dos índios (e das suas riquezas), faziam o que podiam para serem compreensíveis, amáveis, gentis. Assim, toda palavra que tinha o som *lê* sofria a natural modificação, num processo inverso ao que ocorre com o personagem infantil Cebolinha, que troca o **r** pelo **l**, fenômeno linguístico esse conhecido pelo nome de *lambdacismo* (*lambda*, nome da letra grega (λ). O rotacismo acabou vingando, então, entre a população de todas as cidades ribeirinhas, como Tietê, Salto, Itu, Porto Feliz, etc.

Em tempo – Um professor de Brasília, ao escrever um opúsculo, tecendo críticas a obras minhas, plagiou quase todo o meu texto sobre esse assunto, publicado em edições anteriores do livro ***Não erre mais!***. O plágio a trabalhos meus tem sido feito com tamanha desfaçatez, que um professor televisivo de São Paulo achou de plagiar vinte e seis páginas minhas e publicá-las na Internet, como se fossem suas. O descaramento é amplo, a cara de pau é geral.

753. perder a libido
Se você leu como está aí escrito, *libido*, acertou. Muitos querem que a palavra seja proparoxítona ("líbido").

754. choveu granito ontem aqui
Chuva muito perigosa essa! Muito menos perigosa é a chuva de *granizo*...

755. 18 de Dezembro
Os nomes de meses se escrevem com inicial minúscula, a não ser que se trate de data histórica, como 7 de Setembro, 15 de Novembro, etc. O dia 18 de *dezembro* não é histórico, ao menos que eu saiba...

756. as mãos enrugam ou se enrugam?
As mãos *se* enrugam bem mais depressa que o rosto. Como se vê, o verbo é *enrugar-se*, rigorosamente pronominal, e não apenas "enrugar". Peles secam enrugam-*se* mais facilmente que peles oleosas. *** Seu rosto *se* enrugou logo aos trinta anos.

757. lojão: pronúncia correta
De *loja* sai *lojinha* e também *lojão*, todas três com **o** aberto. Em certa cidade do país existe uma loja chamada *O lojão da construção*. Nem é preciso dizer como pronunciam *lojão*... O mesmo se diz em relação a *bola, bolinha* e *bolão*, que os jornalistas esportivos dizem com o primeiro **o** fechado; *cobra, cobrinha, cobrão; bigode, bigodinho, bigodão*.

Em tempo – Sempre que no plural uma palavra tenha vogal tônica aberta, seu diminutivo e seu aumentativo mantêm esse timbre nas vogais subtônicas. Portanto, **o**lhos/**o**lhinhos, **o**ssos/**o**ssinhos, f**o**gos/f**o**guinhos, mi**o**los/mi**o**linhos, c**o**rnos/c**o**rninhos, gr**o**ssos/gr**o**ssinhos, n**o**vos/n**o**vinhos, p**o**vos/p**o**vinhos, c**o**rvos/c**o**rvinhos, f**o**rnos/f**o**rninhos, tij**o**los/tij**o**linhos, t**o**rtos/t**o**rtinhos, car**o**ços/car**o**cinhos, p**o**ços/p**o**cinhos, p**o**stos/p**o**stinhos, etc.

758. vou todos os fins de semana para o Guarujá

Dois problemas nessa frase: quem vai todos os fins de semana, vai **a**, e não "para", porque esta preposição indica tempo demorado ou permanente. Por isso é que, ao morrermos, vamos **para** o Céu, onde desejamos morar eternamente... Já *Guarujá*, como nome de cidade que é, não aceita artigo. Portanto: *Vou todos os fins de semana a Guarujá.* *** *Foi lá mesmo, em Guarujá, que um xeique adquiriu, sem comprar, um tríplex, com direito a móveis e eletrodomésticos grátis, além de elevador privativo...*

Em tempo – Apenas estes principais nomes de cidade aceitam o artigo: *Recife, Rio de Janeiro* e *Cairo*.

759. estória: existe?

Existe para designar *a lorota, a conversa fiada*. Ladrão ou bandido, quando está perante um juiz, numa audiência, é mestre em *estórias*. Já *história* é ciência, é o registro de fatos do passado. Nada tem a ver com *estória*, coisa que qualquer pessoa pode inventar. Nem sempre, porém, as pessoas observam a diferença. Alguns querem que haja *histórias em quadrinhos* e *histórias da carochinha*. A meu ver, isso tudo são *estórias*...

760. o brócoli

Eis aí uma das várias palavras que só se usam no plural: *os brócolis*. Mas o que se vê e ouve por aí é apenas "o brócoli". O *Vocabulário Ortográfico da Língua Portuguesa* (VOLP), em sua 5.ª edição, teve o desplante de registrar "brócoli", assim como traz "hemorroida" e "olheira". O bom da estória é que nenhum dicionarista o acompanhou no caso de *brócolis*, mas infelizmente todos o acompanharam nos outros dois casos citados.

761. o Amazonas deságua ou desagua no mar?

A recente Reforma Ortográfica aceita ambas as prosódias; mas antes dela somente havia *deságua*. A mesma faculdade aceita *aguar* e *enxaguar*: eu *águo* (ou *aguo*) *as plantas;* eu *enxáguo* (ou *enxaguo*) *os cabelos*. E assim, também: *Esses rios desaguam* (ou *deságuam*) *no mar*. *** *Ele água* (ou *agua*) *as plantas; ela enxágua* (ou *enxagua*) *os cabelos*, etc. V. **267**.

762. a impunidade premia ou premeia o crime?

Antes da Reforma Ortográfica, no português do Brasil só se admitia *premia*; em Portugal, no entanto, se usava *premeia*. Hoje podemos usar tanto *premia* quanto *premeia*, *premiam* como *premeiam*, mas, por aqui, deveremos optar mesmo pelas primeiras dessas formas. São mais eufônicas aos nossos ouvidos. Diz-se o mesmo de *negociar*. Você *negoceia* joias?

763. poupou o pai de mais um desgosto

O verbo *poupar* se usa com **a**, e não com "de". Portanto: *O filho poupou o pai **a** mais um desgosto*. *** *O presidente quis poupar o país **a** mais um plano econômico*. Podemos construir ainda: *O filho poupou **ao** pai mais um desgosto*. *** *O presidente queria poupar **ao** país mais um plano econômico*.

764. cromossoma

Essa palavra não existia até pouco tempo atrás. Nenhum dicionário sério a registrava. De repente, aparece a 5.ª edição do VOLP e... pimba! Lá está ela, como tantas outras que não existiam. Por isso, prefira usar *cromossomo*, que é justamente a rigorosamente correta e, por isso, a que ninguém contesta. Com tantas alterações ortográficas a que se procedeu nessa lamentável edição do VOLP, não será de espantar se na próxima edição aparecer "cataclisma", além, evidentemente, de "mortandela", "mendingo", "estrupo", "rinxa" e a gloriosa "questã"...

765. pai e filho sofrem dos corações

Não, não é assim. Sem dúvida, são dois os corações, um do pai, o outro do filho, mas isso não é motivo bastante para que usemos o plural. Existe uma norma em nossa língua que justifica o emprego do singular: se algum nome genérico se aplicar em sentido distributivo a duas ou mais pessoas ou coisas, usar-se-á o singular. Assim, construímos: *Pai e filho sofrem **do coração***. *** *A mãe e a filha foram operadas **do apêndice***. *** *Todos os meus filhos têm defeito **na boca***. *** *Quando o pai perguntou às filhas se elas iriam ao cinema, responderam afirmativamente com **a cabeça***.

766. vinho aberto logo estraga ou se estraga?

Vinho aberto facilmente **se** *estraga*: o verbo é *estragar-**se***, nesse caso, rigorosamente pronominal. *Fora da geladeira, o leite logo **se** estragou*.

767. precavenha seus filhos contra as drogas

O verbo *precaver* só possui formas arrizotônicas, ou seja, as que têm o acento prosódico fora do radical. Substituímos, então, *precaver* por *prevenir*, seu sinônimo, quando temos de usar tais formas: **Previna** *seus filhos contra as drogas*! *** *O governador pediu todos se* **previnam** *contra o iminente ciclone.* (e não "se precaveja") *** *É bom que os flamenguistas se* **previnam** *contra os palmeirenses.* (e não: "se precavejam")

768. adeque seu padrão de vida a seu salário

O verbo *adequar*, assim como *precaver*, usa-se apenas nas formas arrizotônicas. Portanto, melhor substituir "adeque" por *adapte, ajuste, molde*. Podemos optar, ainda, pelo uso de uma locução verbal: *Você* **deve adequar** *seu padrão de vida a seu salário.*

769. ânsia e ânsias

Ânsia é o mesmo que ansiedade, aflição, grande desejo: *Todo vestibulando possui a natural* **ânsia** *de saber se passou no exame.* **Ânsias** são náusea, nojo, aquilo que sentimos quando a reação automática é tapar o nariz: *A muita gente ver sangue provoca* **ânsias**. *** *As falcatruas em Brasília não lhe causavam* **ânsias***?*

Em tempo (1) – A palavra *vestibulando* se formou por analogia com *educando* (de *educar*) e *doutorando* (de *doutorar-se*). Atrás dela vieram *bacharelando, odontolando, farmacolando* e *agronomando*, que não derivam de verbo algum, por isso mesmo nunca poderiam existir. Mas a língua tem razões que a própria razão desconhece...

Em tempo (2) – A palavra *vestibular* é curiosa: vem de *vestíbulo* (entrada de edifício ou residência). *Exame vestibular* é, à luz da etimologia, exame que se presta à porta de uma faculdade, para se saber se pode entrar ou não. Com o uso frequente e o passar do tempo, omitiu-se o substantivo *exame*, e o adjetivo se substantivou, fato linguístico bastante comum. Surgiu, assim, o **vestibular**, terror dos vestibulandos, máxime os paraquedistas.

Em tempo (3) – *Máxime* pronuncia-se *máksime* e significa mormente, principalmente.

770. lente corretiva ou lente corretória?

Ambas são lentes que corrigem, se bem que a *lente* **corretiva** acabou tendo a preferência da maioria dos oftalmologistas.

771. o verbo servir

O verbo *servir* é transitivo direto na acepção de *prestar serviço, ajudar* (*Político que não* **serve** *o seu povo, e apenas seu povo, não deve ter mandato. Os militares* **servem** *a Pátria. Como posso* **servir** *meu país?*) ou *pôr na mesa* (*Ainda não* **serviram** *o jantar?).* Como transitivo indireto significa *ser útil, convir*: *O garçom o servia bem, mas, para funcionário da sua empresa, não lhe **servia**.* *** *Esse rapaz não **serve** a você, Teresa, esqueça-o!* Como transitivo direto e indireto, significa *fornecer* (comida ou bebida): *O garçom **serviu**-lhe filé.* *** *Ninguém lhe **serviu** champanhe?*

Em tempo (1) – Na frase *que isso lhe sirva de lição*, significa *prevenir* (de mal futuro). Nestas, porém, significa *ser útil*: *O pai lhe **serviu** de exemplo.* *** *O fato lhe **servirá** de lição.* Equivalem a estas: *O pai lhe **foi útil** como exemplo.* *** *O fato lhe **será útil como** lição.*

Em tempo (2) – A oração **sirva à mesa** é uma ordem para servir o almoço, o jantar, a ceia, o chá, o café, etc., na qual a preposição **a** contida em **à** exprime proximidade, não se tratando, portanto, de objeto indireto.

772. existe cheque nominal?

Não, existe apenas o cheque *nominativo*. Os bancários nunca erram, ao referirem-se a esse tipo de cheque.

773. avestruz: palavra masculina ou feminina?

Apesar de o VOLP registrar *avestruz* como substantivo de dois gêneros, prefere-se no Brasil seu emprego apenas como masculino (*o avestruz*, **um** *avestruz*, **dois** *avestruzes*), sendo o feminino preferido em Portugal.

774. em cima e encima, embaixo e em baixo

Em cima se usa por *sobre, na parte superior* (*o livro está **em cima** da mesa*); **encima** é forma do verbo *encimar*, que significa *estar situado na parte superior de, sobre*: *uma cereja **encima** o doce*. **Embaixo** se usa para o que está em posição inferior e se substitui facilmente por *em cima* (*o cão estava **embaixo** da mesa*; *que barulho é esse lá **embaixo**?*; *naquela época, guardava-se dinheiro **embaixo** do colchão*); **em baixo** se usa em oposição a *em alto* (*escultura **em baixo** relevo*; *os adolescentes, hoje, não conseguem ouvir música **em baixo** volume*; *o casalzinho de namorados está conversando **em baixo** tom de voz*).

Em tempo – Existem ainda *debaixo* e *de baixo*; **debaixo** se substitui facilmente por *sob*: *O cão está **debaixo** da mesa*, ou seja, **sob** *a mesa*. Já a locução **de baixo** se usa em oposição a *cima* ou *de cima*: *Ela me olhou **de baixo** a cima.* *** *Ela está sem a roupa **de baixo**.* *** *Os dicionários ficam na parte **de baixo** da estante.* *** *Quantos moram no andar **de baixo**?*

775. as 5.ª, 6.ª e 7.ª séries estão sem aula

Não se usa artigo no plural antes de palavra no singular (5.ª), mesmo que haja uma série delas. Portanto: *A 5.ª, 6.ª e 7.ª séries estão sem aula.* *** *Ângulo* *formado pela 2.ª e 3.ª porções do duodeno.* *** *A 1.ª e 2.ª varas cíveis*, etc. Eis, porém, como escreveu, em manchete, um jornalista do *Diário do Nordeste*: **Pretos e pardos são os mais infectados "nas" primeiras e segunda ondas da Covid-19 no Ceará**. Outro jornalista, agora do *Jornal da Tarde*, mostrou todo o seu "conhecimento" da língua, nesta frase: *Cerca de 500 alunos "das" 1.ª, 2.ª e 3.ª séries do Colégio Objetivo se reuniram pacificamente para uma manifestação na frente do colégio.* N**a** primeira, segunda e terceira vezes, isso passa. Mas n**a** quarta, quinta, sexta, sétima, oitava...

Em tempo – *Cerca de* e *perto de* são locuções que dão a ideia de aproximação e indicam arredondamento; daí por que não se usam com números fora das dezenas ou das centenas exatas. Portanto: *Cerca de **50** pessoas morreram no acidente.* *** *Perto de **120** animais doentes foram sacrificados.* *** *Levei cerca de **dez horas** para chegar.* *** *O automóvel estava a cerca de **300km/h**.* Agora, para "saborear", veja este trecho de notícia do *Diário do Nordeste*: *Os bombeiros tiveram que andar por cerca "que" 1 quilômetro para acessar o local do foco do incêndio e controlaram as chamas por volta "de" 14h30.* Vivam os inventores da nova língua! *Cerca "que"* é a mais nova pérola de jornalista brasileiro, que se recusa, ainda, a usar o artigo antes do nome das horas. V. **848**.

776. o gorila, a gorila?

Não, *o gorila macho, o gorila fêmea*. Não existe *"a" gorila*. Alguns apresentadores de televisão, em vez de usar o que temos (*o gorila fêmea*), enveredam por um atalho perigoso, ao nos escancarem a simplória "a mamãe gorila".

777. o cólera

Eis aí uma doença que não existe; *cólera* é palavra feminina, em qualquer acepção: *a cólera*.

Em tempo – Por falar em doença, nunca use a preposição "para" com o nome de qualquer doença ou estado doentio. Assim, por exemplo: *Ela toma remédio "para" pressão alta.* *** *Você toma antibiótico "para" resfriado?* Substitui-se "para" por **contra**.

778. deputado de Goiás; senador de Mato Grosso

As palavras *deputado* e *senador* pedem a preposição **por**, e não "de". É por isso que só existe o deputado **por** Goiás e o senador **por** Mato Grosso.

779. câmara ou câmera?

Trata-se de formas variantes, portanto, corretas ambas as duas. Dentre as variantes, sempre há uma mais usada ou preferida. Com essas duas, ocorre fato interessante: a forma que se presta a um caso nem sempre se presta a outro. Por exemplo, usa-se *a câmara de ar* (mas não "câmera" de ar), usa-se *o câmera da televisão* (mas não o "câmara" da televisão) e assim também: *a **Câmara** Brasileira do Livro, a **Câmara** dos deputados, a câmara de gás*, etc. Reafirmando: não há erro nenhum em usar uma pela outra, em nenhum caso. O uso generalizado é que firma uma ou outra.

Em tempo – Correta, embora vetusta, é a expressão *ambas as duas*, que se deve usar discretamente.

780. a polícia ficou a distância

É a frase correta. Quando a distância não é determinada, não se acentua o **a**. Portanto, todo bom ensino é *a distância*. Há quem pense diferente. Respeitamos. Também sem acento quando há qualificação da distância. Por exemplo: *Fiquei a boa distância dos manifestantes*.

Em tempo – Se a distância for determinada, precisa, usaremos o acento: *A polícia não interveio, apenas ficou à distância de vinte metros*.

781. pago a vista carro a gasolina

Em Portugal não se usa o acento nesses dois casos; já no Brasil, por tradição, e não por crase, usamos o acento grave. Acontece que, de fato, aí não se dá o fenômeno da crase; tanto não se dá, que, substituída a palavra feminina por uma masculina, não se tem o artigo da masculina. Veja: *pagar a prazo, carro a gás*. Continua a presença apenas da preposição. Repetindo: o uso do acento grave, nesse caso, se dá apenas por tradição e às vezes para desfazer ambiguidades, como em *lavar à mão*, ou em pseudoambiguidades, como *foi ferida à bala, vender à vista*, etc.

782. bife à cavalo

Não, aqui não tem cabimento o **a** acentuado, porque antes de palavra masculina não ocorre crase, a não ser em casos especialíssimos, como em *bigodinho à Hitler*, em que a palavra *moda* está subentendida: *bigodinho à moda de Hitler*.

783. solicito à Vossa Excelência que se digne...

Também aí não é caso de **a** acentuado, já que os pronomes de tratamento não se usam com artigo: *Solicito a Vossa Excelência que se digne comparecer ao 5.º DP*. Por isso, pode solicitar, solicite sempre, desde que seja, **a** Vossa Excelência e até **a** Vossa Santidade...

Em tempo – Usa-se *vossa* quando se fala diretamente com a pessoa; quando se faz referência a ela, usa-se *sua*: ***Vossa** Excelência dormiu bem?* (em conversa com ela); ***Sua** Excelência dormiu bem?* (referindo-se a ela).

❯ 784. Hortênsia é candidata à rainha da festa

Também aí não é caso de acento, embora *rainha* seja nome feminino, porém, empregado de modo indeterminado. Note que, se o substituirmos por *rei*, não aparece a combinação "ao", mas apenas a preposição: *Hersílio é candidato **a** rei*.

Em tempo – Após *candidato(s) a*, usa-se masculino e singular, porque a ideia latente é de *cargo*: *Viridiana é candidata a **prefeito*** (ou *a **deputado*** ou *a **senador***). *** *Nesta cidade são dez os candidatos a **prefeito***. *** *Candidatos a **deputado** havia muitos*. *** *Luísa de Morais e Juçara Góis foram as melhores candidatas a **secretário** que aqui apareceram*. *** *Essas moças são candidatas a **faxineiro**?* A flexão (*secretária*, *faxineira*) só teria cabimento se o cargo estivesse sendo oferecido apenas a mulheres.

❯ 785. a diapasão

Não, *diapasão* é palavra masculina: *o diapasão, um diapasão*. *O diapasão* serve para afinar instrumentos. Em sentido figurado significa *nível, tom*: *O discurso prosseguiu no mesmo diapasão*. *** *Se tudo continuasse naquele **diapasão**, poderia haver uma guerra nuclear*. No meio jurídico muito se usa *nesse diapasão* ou *nesse mesmo diapasão* por *nessa mesma linha de raciocínio*. O MEC do PT, no entanto, aprovou um dicionário que registra a palavra como feminina. Talvez por esse motivo, tenha escrito um jornalista: *O político conquistava a classe trabalhadora e a classe média, sem ter necessidade, sequer, de aumentar "a" diapasão de críticas ao adversário*. Não, não vamos aqui aumentar **o** diapasão de críticas que temos feito a jornalistas. Nem ao MEC do PT...

❯ 786. eu é que rotulo as embalagens

É assim mesmo que se pronuncia essa forma do verbo *rotular*, e não "rótulo". Estes verbos também não têm nenhuma forma com acento na primeira sílaba: *clinicar, copular, modular* e *ultimar*.

❯ 787. distinguir e extinguir: como se pronunciam?

Pronunciam-se *distinghir* e *extinghir*, ou seja, o **u** não soa. Mas os repórteres insistem em dizer "distingüir" e "extingüir", o que não chega a surpreender. Um deles disse, dia desses, sobre um julgamento realizado em Porto Alegre: *A juíza decidiu "extingüir" a punição*. Você consegue, hoje, **distinguir** um repórter competente na mídia de hoje? Ou acha que o mundo moderno **extinguiu**-os todos?

788. os cães são, sim, nossos melhores amigos

Costumo dizer que quem não gosta de crianças e de cães não pode ser classificado como gente. Porque o termo **gente**, a meu ver, implica sentimentos; quem não tem sentimentos, portanto, não pode merecer ser assim classificado. Vejo, portanto, com forte indignação quem propõe morte a esses animais que já provaram ser nossos melhores parceiros e amigos incondicionais. Veja esta notícia colhida na revista *Gente*:

A apresentadora e ativista Luisa Mell usou as redes sociais para expor a sua revolta ao ver um comentário feito por um radialista da Rádio Independente, de Lajeado, no Rio Grande do Sul. Em um programa, foi "discutido" a situação dos cachorros de rua, e o apresentador sugeriu que colocasse estricnina, um tipo de veneno, em pedaços de carne para resolver a situação. A notícia é revoltante, não só pelo seu teor, mas também porque seu autor desconhece a própria língua. *Foi "discutido" a situação*, jornalista? Que língua é a sua? E ao radialista da Rádio Independente, de Lajeado, votos de muitas infelicidades! A Rádio, então, sai-se com esta nota: *Deixamos claro que foi uma posição particular do comunicador no momento em que o tema era debatido na nossa programação. A Rádio Independente faz questão de afirmar que apoia a causa animal e que sempre abriu espaço para organizações que a "defende", o que continuará fazendo.* Organizações *"defende"*? Concordância própria de quem não gosta de cães. Nem de crianças...

789. pixote

A forma rigorosamente correta e tradicional dessa palavra é com **e** na primeira sílaba: *pexote*. De repente, houve alguém que cometeu uma *pexotada*, ao dar a um filme este título: *Pixote*. Até os sábios elaboradores do VOLP se renderam ao "produtor" da película e passaram a registrar a cacografia, que agora já pode ser usada, porque tem registro oficial. Mas para não perder o vezo, os referidos sábios registraram *pixote* como substantivo feminino! E o VOLP tem força de lei! Estamos, portanto, obrigados, a usar apenas *a pixote*!... Qualquer dia destes ainda veremos o VOLP registrar *mapa* como substantivo feminino, como já fez um minidicionário adquirido pelo MEC do PT, distribuído em todas as escolas do Brasil. Este é o nosso país!

790. o fênix

Foi *a fênix* que renasceu das cinzas. Há um filme chamado *O Voo do Fênix*, em que a palavra não se refere à ave lendária, mas a um **avião**; portanto o título está correto. Pronuncia-se *fênis*, embora seja vulgar "fêniks".

791. elef**oa** é feminino de elefante?
Nunca foi; o feminino de *elefante* é *elefanta*, embora muitos ainda aceitem "aliá", palavra de origem cingalesa. Em Portugal ninguém sabe o que é "aliá", nenhum dicionarista teve o desplante de registrar essa "tristeza". A forma "elefoa" surgiu de um erro de composição cometido numa gramática antiga. E muitos acabaram acreditando (até os sábios elaboradores do VOLP). Mas esses já não nos surpreendem.

792. Petrobras, Eletrobras
Embora seja acrônimo oxítono terminado em **as**, *Petrobras* já não recebe acento desde 1994, com o objetivo, segundo seus diretores, de simplificar as operações da empresa no mercado internacional de ações. Em 2010, a Eletrobras a imitou.

793. acertaram uma pedra na cabeça do árbitro
Não foi bem assim; quem acerta, acerta **com** alguma coisa. Portanto: *Acertaram **com** uma pedra na cabeça do árbitro.* *** *Um espectador acertou **com** um ovo na cara do orador.* *** *Estudantes acertaram **com** tomates no político que discursava, fazendo promessas vãs.* Não se usa, igualmente: *"acertaram a cabeça" do árbitro*, mas apenas: *acertaram **na** cabeça do árbitro*. Quando se acerta, se acerta em algum lugar, e não "o" lugar. Acertei na mosca?

794. nenhum detento evadiu ou evadiu-se?
O verbo é *evadir-se* (fugir da prisão), e não apenas "evadir". Portanto: *Nenhum detento evadiu-se do presídio.*

795. caixa de fósforo
Depois de um nome de ideia coletiva, usa-se complemento no plural: *caixa de fósforos, caixa de sapatos, caixa de ferramentas, maço de cigarros, talão de cheques, casal de filhos, turma de vagabundos*, etc.

796. os fora**s**-de-estrada
Compostos em que entra a palavra *fora* (advérbio) ficam invariáveis: *os fora-de-estrada, os fora-da-lei, os fora-de-série*, etc.: *carros fora-de-série*.

797. ponte **e**levadiça
Existe esse tipo de ponte? Não. O que existe de verdade é a *ponte **levadiça***.

798. trabalho agradável de **se** fazer
Depois de adjetivo antecedido de infinitivo, não se usa o pronome oblíquo "se".

Portanto: *trabalho agradável* (ou *desagradável*) *de fazer, música boa de ouvir, assunto fácil* (ou *difícil*) *de entender, remédio ruim de tomar*, etc.

799. machuquei <u>meu</u> dedo

O pronome possessivo (*meu*) está de mais aí. Basta substituí-lo pelo artigo, para que a frase fique perfeita: *machuquei **o** dedo*. E assim, também: *quebrei **a** perna, calei **a** boca, vou lavar **as** mãos e escovar **os** dentes, não abro mais **a** boca*, etc., sempre sem o possessivo, porque em todos esses casos, a ideia de posse é clara, cristalina, apenas pela presença do artigo. Quando você diz *vou lavar **as** mãos e escovar **os** dentes*, alguém irá pensar que as mãos e os dentes são de outra pessoa?

800. assaltos <u>são</u> o que não falta em São Paulo

Para que essa frase escancare um fato ainda mais verdadeiro, basta usar o verbo no singular (**é**), já que concorda com o pronome **o** na função de predicativo, e não com *assaltos*: *Assaltos **é** o que não falta em São Paulo*.

801. e<u>x</u>terce o volante para a esquerda

Será melhor, doravante, *esterçar* o volante sempre para a direita, já que para a esquerda não deu certo...

802. esse tecido p<u>e</u>nica a pele

De fato, há tecidos que *pinicam* a pele. É *pinicar* que significa *coçar*.

803. a frieza da água ou a frialdade da água?

Sem dúvida, *a **frialdade** da água*, já que *frieza* se usa em sentido figurado, equivalendo a *indiferença*: *A frieza dessa mulher chega a incomodar*. Em sentido próprio só se usa *frialdade*: *A **frialdade** da água do mar no Sul do país espanta os banhistas*.

804. local e lugar

Ambas as palavras têm a mesma origem: o latim *localis*, e de *locus, i* (lugar, sítio, localidade). **Local** exprime parte de uma extensão maior, ou seja, de um **lugar**. Este exemplo esclarece: *Em que **lugar** moras aqui no Rio? / Moro no Leblon. / Em que **local** do Leblon? / Na Rua Dias Ferreira*. O **local**, por isso, será sempre mais específico, mais determinado, que o **lugar**. *A polícia já sabe que os foragidos da cadeia estão escondidos na cidade* (lugar), *e está perto de descobrir o **local**.*

805. foi um Deus nos acuda

Antes da Reforma Ortográfica, escrevíamos *deus-nos-acuda*; agora, *deus nos acuda*, sem "D". *Foi um **deus nos acuda** quando a polícia chegou.*

806. vamos jogar dama?

Melhor será jogarmos *damas*; essa palavra, quando designa o jogo, existe apenas no plural, assim como *brócolis*: *jogo de damas, ser bom nas damas*, etc.; *dama*, singular, é heterônimo feminino de *cavalheiro* e nada tem a ver.

807. não faço sempre a mesma coisa

Frase totalmente equivocada: *não* e *sempre* nunca se usam juntos. Substituímos, então, "não" por **nem**, e tudo fica até mais agradável ao ouvido: ***Nem sempre** faço a mesma coisa*. Também não se usa "não" com a expressão *todos os dias*. Assim, usamos: ***Nem todos os dias** se ganha na loteria*. (e não: "Não" se ganha na loteria "todos os dias".)

Em tempo – Em períodos com orações adversativas, porém, é possível o emprego junto de *não* e *todos os dias*. Ex.: *Eleições presidenciais **não** se fazem **todos os dias**, não, mas apenas de quatro em quatro anos.*

808. pais desatentos com os filhos na praia

A palavra *desatento* rege **a**, e não "com": *motorista desatento **ao** trânsito, pais desatentos **aos** filhos na praia, filhos desatentos **à** família, dirigir desatento **ao** trânsito gera multa*. Avaliação de um hóspede de hotel: *Bom hotel, mas desatento "com" a segurança alimentar dos hóspedes*. No *site* JusBrasil, ainda, você pode ler esta manchete: **Jobim admite ter sido desatento "com" documentos da FAB**.

Em tempo – A palavra *atento* rege **a** e **para**: *estar atento **aos** (ou **para os**) acontecimentos, estar com olhar atento **às** (ou **para as**) oportunidades; esteja sempre atento **à** (ou **para a**) palavra do Senhor!* Nos *sites* Blog do Ponto e BrasilEscola, todavia, "ensina-se" que cabe também a preposição "em" com *atento*. Daí por que não me canso de alertar: cuidado com essa rede, que ela o emaranha todo!...

809. periquito é o mascote oficial do Palmeiras

Não é verdade. O Palmeiras hoje tem **duas** mascotes, **uma** oficial, que é o periquito, e a **outra** o porco, adotado como mascote justamente pelos espíritos de porco.

810. deixe de mimimi!

Da próxima vez, a ordem deve vir diferente: *deixe de **mi-mi-mi**!*

Em tempo (1) – O que mais se vê na Internet e na mídia impressa é "mimimi", mas os mesmos que assim escrevem essa palavra não vacilam em escrever **ti-ti-ti**, que até foi nome de telenovela e significa *situação confusa, rebu*.

Em tempo (2) – Também com hifens se escreve *tim-tim por tim-tim*.

811. visto sob esse prisma, o caso é sério

Prisma pede **por**, ou, então, **através de**: *Visto por esse* (ou *através desse*) *prisma, o caso é sério*. A luz se decompõe passando **pelo** prisma ou **através do** prisma, nunca "sob" o prisma. Você pode não ver as coisas *por* esse prisma, mas elas são de fato assim... Mário Gonçalves Viana escreveu: *Cada homem vê a existência **através de** um prisma especial. Assim também acontece às sociedades, tanto no espaço como no tempo*.

812. qua! qua! qua!

Não, não é assim que se representa na escrita uma risada ou uma gargalhada, ao menos na língua portuguesa, que só aceita assim: *quá-quá-quá!* Já no internetês cada um representa do jeito que quer, mas o mais comum é repetir o *k*: *kkkkk*. Na rede vale tudo. O escritor e administrador de empresas Max Gerhringer pergunta: *Será que em 2050 alguém vai entender o tal do kkkkkkk?*

813. está na hora dela chegar

A gramática tradicional não aceita essa construção, porque fere um dos princípios da língua: o sujeito nunca deve vir preposicionado. Portanto, essa mesma frase fica assim: *Está na hora de ela chegar*. Na língua falada, porém, a contração é automática. Na língua escrita, convém não observá-la. Todavia, impossível será modificar a frase popular *Chegou a hora **da** onça beber água*. Se um dia alguém disser, num grupo ou mesmo numa reunião de pessoas circunspectas: *Chegou a hora **de a** onça beber água*, será vaiado. Com razão.

Em tempo – Alguém já imaginou Gilberto Gil cantando: *chegou a hora **de essa** gente bronzeada mostrar seu valor?*

814. é-me difícil aceitar tanta impunidade

É correto usar o pronome oblíquo átono assim? É. Se houver palavra atrativa, porém: *Digo isso porque **me é** difícil aceitar tanta impunidade*. No futuro do presente, geralmente no início do período, fica assim: ***Ser-me-á** difícil aceitar isso*.

815. berinjela ou beringela?

Eis a questão. O *Vocabulário Ortográfico da Língua Portuguesa* (VOLP) só registra a primeira. Como se trata de obra que tem força de lei, somos obrigados a engolir o sapo, sem esquecer, porém, que a correção está mesmo com a segunda. Aliás, o dicionário Houaiss registra **beringela** como verbete principal, contrariando a tal **força de lei**, sem no entanto constituir-se em marginal da língua, porque acerta (finalmente!). Apesar de tudo, num concurso, por exemplo, opte por *berinjela*. É-me extremamente difícil aceitar isso, mas a tal **força de lei** me obriga a levá-lo ao "crime"...

816. estou com um comichão danado!

A palavra **comichão**, assim como *coceira*, sua sinônima, é de gênero feminino: *a comichão*. Então, o que podemos sentir, na verdade, é apenas e tão somente **uma** *comichão daquelas*, **uma** *comichão danada*.

817. filântropo

Não, essa palavra é paroxítona (*filantropo*), assim como seu antônimo, *misantropo*.

818. os fluídos do corpo

Não existem "fluídos" em nosso corpo, mas apenas *flui*dos (flúi), que rima com *gratuito, intuito* e *circuito*. Nem mesmo num isqueiro ou num frio existem "fluídos", mas *fluidos*. Usa-se também como adjetivo: *óleo fluido*. Fluído só existe como particípio: *A reunião tinha fluído bem*.

Em tempo – Cuidado com os "professores" de plantão da internet, que usam "fluído" no seu isqueiro...

819. traslado e translado

São formas variantes, assim como *trasladar* e *transladar*, *trasladado* e *transladado*, mas a primeira de cada dupla tem a preferência. *O **traslado** dos hóspedes do nosso hotel até o aeroporto é gratuito.* *** *O hotel **traslada** os hóspedes gratuitamente do aeroporto.* *** *Mercadoria **trasladada** do depósito para a loja.*

820. já não se vive mais tranquilamente

O uso simultâneo de *já* e *mais* constitui redundância. Ou se usa um, ou se usa o outro. Assim, prefira usar: ***Já** não se vive tranquilamente*. Ou: *Não se vive **mais** tranquilamente*. A primeira construção tem preferência.

821. emprestei dinheiro do banco

Em português, ninguém empresta dinheiro do banco, mas **toma** dinheiro emprestado. Portanto: *Tomei dinheiro emprestado **ao** banco e, para assinar os documentos, tomei emprestada uma caneta **ao** gerente*. Note que a regência é com a preposição **a**, e não com "de".

822. entrega a domicílio

Toda entrega, de algo bom ou de algo mau, é feita *em* domicílio. A palavra *domicílio*, aqui, equivale a *casa, residência*. Se usarmos uma dessas palavras em seu lugar, veremos que é de fato a preposição *em* a que tem cabimento aí: *entrega **em** casa, entrega **na** residência*.

Em tempo – Há os que, além de usarem a preposição errada ("a"), ainda nela colocam acento: *"à" domicílio*, escancarando desconhecimento. Com palavras que indicam movimento, naturalmente, só cabe a preposição **a**. Por exemplo: *Levamos medicamentos **a** domicílio*. (quem leva, leva alguma coisa **a** algum lugar) *** *Vamos **a** domicílio aplicar injeções*. (quem vai, vai a algum lugar) *** *Chegamos **a** domicílio errado*. (quem chega, chega **a** ou *de* algum lugar)

823. fui a casa e voltei

Eis aí uma frase e construção tipicamente portuguesas. Os lusitanos jamais usam a preposição "em" com verbos de movimento, o que caracteriza um brasileirismo. O mais interessante é que nós, brasileiros, dizemos *fui "em" casa*, mas nunca dizemos *os brasileiros foram "nas" urnas em 2020*. Por que será?... Houve, faz alguns anos, uma propaganda de cigarros que nos convidava a **ir a**o sucesso, e não "no" sucesso. Por que será?...

824. aniquilar: pronúncia correta

O *u*, nesse verbo, não soa: *aniquilar*. Há, no entanto, uma canção brasileira, *Canção de amor*, em que a intérprete pronuncia, lamentavelmente, *anikuila*: *Saudade, torrente de paixão / emoção diferente / que **aniquila** a vida da gente / uma dor que não sei de onde vem*. A meu gosto, aniquilou a música...

825. equidade: pronúncia correta

Pronuncia-se com *u* sonoro ou não, indiferentemente: *ekuidade* ou *ekidade*, assim como se dá com *sanguíneo, sanguinidade e sanguinário*. No Brasil, preferimos o primeiro modo de dizer, assim como preferimos *ekuilátero* para *equilátero*. Em Portugal o **u** não soa, assim como não soa em *inquérito*, tanto cá como lá.

826. equidistante: pronúncia correta

Aqui, o caso é diferente do anterior. Pronunciamos apenas *ekuidistante*, assim como *ekuidistância* para *equidistância*. Os portugueses fazem o mesmo.

827. corra, antes de que seja tarde

Não, não existe *antes "de" que* em nossa língua, mas apenas **antes que**. Por isso, melhor é correr. Antes que seja tarde...

Em tempo – Também não existe *depois "de" que* em língua portuguesa, mas apenas **depois que**. Depois que soube disso – estou certo – você nunca mais usou *depois "de" que*...

828. uma curiosidade

A palavra **aula** significava antigamente *palácio, corte*, assim como *áulico* ainda hoje significa *palaciano, cortesão*. Como veio a adquirir o sentido que hoje possui, de lição de uma disciplina? É que antigamente os filhos dos nobres eram educados nos palácios, nas cortes. **Aluno**, na antiga Roma, era todo aquele que se educava fora de casa. Com o advento dos colégios, passou a ser chamado *aluno* todo aquele que os frequentasse, já que se tratava de educação recebida fora do lar.

829. o echarpe, o cal, o vernissagem

São, na verdade, palavras femininas: *a echarpe, uma echarpe, duas echarpes; a cal, uma cal, cal hidratada; a vernissagem, uma vernissagem, duas vernissagens*. Os jornalistas esportivos, até bem pouco tempo atrás, diziam, referindo-se a uma penalidade máxima: *O juiz apontou para a marca "do" cal*. Demorou, mas eles acabaram aprendendo que não existe esse tipo de cal à disposição. Só falta, agora, eles aprenderem o verdadeiro gênero da palavra *entorse*...

Em tempo – No âmbito esportivo, não existe propriamente "juiz", mas *árbitro*. Como exigir, porém, que o público grite *árbitro ladrãããão!*, em vez de "juiz ladrãããão!"? Nunca vamos conseguir essa troca. Nessa o povão vence de goleada...

830. alumiar e iluminar

Alumiar é dar alguma luz ou claridade a: uma vela consegue apenas *alumiar* um ambiente. As estrelas *alumiam* o céu. Já **iluminar** é dar luz ou claridade com profusão, em abundância: O Sol *ilumina* a Terra. Antigamente tínhamos automóveis cujos faróis apenas *alumiavam* a estrada; hoje, eles realmente *iluminam*, tamanho o progresso alcançado no setor. Note, ainda, que todos dizemos: *Deus o ilumine!* (e não, evidentemente: Deus o "alumie"!)

831. casa da Mãe Joana

Essa casa só existirá se a dona da casa chamar-se Joana e se for mãe de quem fala ou escreve. Do contrário, ela não existe. Agora, casa de pouco respeito, de moral suspeita, ou local onde predomina a bagunça, a baderna, é algo um tanto diferente: é a **casa da mãe joana** (que antes da Reforma Ortográfica tinha hifens: *casa-da-mãe-joana*). Apesar de ser assim, um jornalista resolveu que a mãe Joana existe e, então, escreveu: *O governo Lula tem dado prova de que as coisas podem sempre piorar. Nas últimas semanas, a administração petista virou a "casa da Mãe Joana".* A referida administração não só virou a casa da mãe joana, como era a própria mãe Joana...

832. corpo delito
É o que mais se ouve de repórter de televisão. Será que é mais difícil dizer *corpo **de** delito*?

833. a loja comemorou bodas de fundação
Loja nenhuma no mundo comemora "bodas" de fundação, mas sim **jubileu**; *bodas* é termo que se aplica apenas a matrimônio.

834. bom senso
Este é um caso bem exemplar para atestar a falta de cuidado (para não usar outro termo, bem mais comprometedor) dos organizadores do VOLP. A 5.ª edição do referido vocabulário, em papel, saiu *bom-senso*, com hífen. Só tempos depois os sábios elaboradores do VOLP se deram conta de que estavam equivocados. Mas entre um tempo e outro problemas aconteceram. As primeiras edições do **Grande dicionário Sacconi**, por exemplo, saíram com "bom-senso", por causa deste recruta aqui, que não quis contrariar seu comandante, embora soubesse que a tragédia era iminente. Como foi.

Em tempo – Bom senso não é exatamente o que podemos esperar do VOLP, que registra corretamente *vaga-lume*, com hífen, mas *vagalumear*, sem hífen; que registra *ciriguela* a par de "seriguela"; que registra *sub-humano* a par de *subumano* e paremos por aqui, porque a lista é vasta.

835. bom gosto, mau gosto
O *Vocabulário Ortográfico da Língua Portuguesa* (VOLP) não registra tais expressões como compostos (*bom-gosto, mau-gosto*). Do nosso ponto de vista, porém, deveria fazê-lo. Por quê, vejamos: sabe-se que não convém usarmos "mais bom" nem "mais mau", a não ser quando se comparam qualidades de um mesmo ser (*ele é mais bom que mau, ele é mais mau que bom*). Ora, se assim é, como explicar essa aproximação em: *Ele* **tem mais bom** *gosto que os irmãos*? Ou em: *Ele tem* **mais mau** *gosto que as irmãs*? Se, porém, usarmos *bom-gosto* e *mau--gosto*, ou seja, como nomes compostos, o problema desaparecerá, porque *mais* não estará ligado a um adjetivo (*bom* ou *mau*), mas a um substantivo composto.

O mesmo se pode dizer de *bom humor* e *mau humor*, de *boa-fé* e de *má-fé*, de *boa vontade* e de *má vontade* e, também, de *bom senso* e *mau senso*. Não é muito melhor dizer **mais** *má-vontade* ou **mais** *boa-vontade* do que *pior vontade* ou *melhor vontade*? Sim, porque não usado o hífen, teremos "mais má" e "mais boa", combinações que mesmo um recém-nascido já rejeita...

Em tempo – Você, naturalmente, notou que apenas *boa-fé* e *má-fé* estão hifenizadas. É que o VOLP só registra essas palavras com hífen; as demais não. Para entender por quê, é preciso recorrer a complexos teoremas...

836. norma padrão e língua padrão

Eis mais uma das incoerências de nosso mundo ortográfico. O VOLP e os dicionários Aurélio e Houaiss trazem *norma-padrão* (com hífen). O primeiro traz *língua-padrão*, e o segundo, *língua padrão* (sem hífen). O VOLP, então, de sua parte, não traz *norma padrão* nem *língua padrão* (por serem expressões). Mas a correção está mesmo em *norma padrão* e em *língua padrão*, ambas as expressões sem hífen, assim como temos *operário padrão*, *escola padrão*, etc. Tomado por essa confusão, essas duas expressões saíram hifenizadas em duas obras minhas: o **Não erre mais!** e a **Nossa gramática completa**. O malsinado tracinho será retirado na próxima edição.

837. pré-fixar e prefixar

Pré-fixar é fixar com antecipação: ***pré-fixar*** *os juros*. Já *prefixar* é prover de prefixo: *prefixar um radical*. Trata-se de termo estritamente gramatical.

Em tempo – A grafia com hífen, *pré-fixar*, não consta no VOLP, mas, como se vê, é absolutamente necessária.

838. pré-juízo e prejuízo

Pré-juízo significa opinião antecipada ou juízo falso, geralmente adverso e sem conhecimento de causa, sem exame prévio dos fatos; é o mesmo que *prejulgamento*. Não devemos fazer *pré-juízos* contra ninguém. Significa, ainda, *preconceito*: *povo de muitos* **pré-juízos**. Já *prejuízo*, todo o mundo sabe o que significa, porque raras foram as pessoas que, na vida, não tiveram algum...

Em tempo – A grafia com hífen não consta no VOLP, mas, como se vê, é absolutamente necessária. Não há como usar a forma *prejuízo* nos casos em que cabe rigorosamente *pré-juízo*.

839. pré-ocupar e preocupar

Pré-ocupar é ocupar antecipadamente, geralmente por precaução: *Os proprietários do prédio em construção, temendo uma invasão dos sem-tetos, pré-ocuparam todas as suas unidades, mesmo sem instalações elétricas e hidráulicas.* Já *preocupar*, todo o mundo sabe o que significa, porque raras foram as pessoas que, na vida, não se preocuparam com algo ou com alguém...

840. benzinha, eu te amo!

Há namorado apaixonado que assim se declara à amada. Mas *bem*, ser amado, é substantivo masculino, que se aplica tanto a homem quanto a mulher: *Susana é **meu bem, meu benzinho**.* Por isso, homens apaixonados de todo o país, sejam mais românticos da próxima vez, ao se declararem à amada: *Benzinho, eu te amo!* Estejam certos de que – embora estejamos vivendo um mundo muito chato – elas não vão se sentir ofendidas...

841. destrinchar um frango

Não, ninguém faz isso, nem os melhores cozinheiros do mundo. O que cozinheiros do Brasil e de Portugal fazem é **trinchar** *frangos*. Na internet, porém, há cozinheiros que ensinam a "destrinchar" um peru. E até um pato! (*Pato* me parece a palavra certa para definir quem se fia na rede.)

Em tempo – *Destrinchar* é brasileirismo que se substitui com vantagem por *destrinçar*. É o que estamos fazendo aqui: *destrinçando* assuntos.

842. ele não é santo, mas tem boa áurea

Há quem use *áurea*, feminino de *áureo* (dourado: *objeto áureo*) por **aura**, que possui dois principais significados: **1.º**) cada um dos princípios filosóficos que têm interferência nas vidas animal e vegetal: *Há pessoas que têm boa **aura**.* *** *Ele não é santo, mas tem boa **aura**.* **2.º**) emanação, radiação ou halo invisível de luz e/ou de cor em volta de uma pessoa, como se vê nas fotografias Kirlian: *Já fotografei a minha **aura**.* Usa-se muito *aura* em sentido figurado: *A **aura** de invencibilidade de Ayrton Senna.* *** *A **aura** da vitória é um componente essencial do ídolo esportivo.* **Áurea**, de sua vez, possui também dois principais significados: **1.º**) relativo a ouro, dourada: *Quando sorriu, mostrou a boca toda **áurea**.* **2.º**) magnífica, grandiosa, nobre: *Você sabe qual foi a fase **áurea** da monarquia no Brasil?*

843. atemólia

Essa palavra define uma fruta anonácea híbrida, resultante do cruzamento da *ata* (ou fruta-do-conde) com a *cherimólia*. Admite-se a variante *atimólia*. Nenhuma das formas consta no VOLP nem muito menos em qualquer dicionário, exceto no **Grande dicionário Sacconi**. O povo, no entanto, diz "atimoia" (ói). Mas não existe nenhuma fruta com o nome de "cherimoia"...

844. descoberta e descobrimento

Descoberta é a coisa que se descobriu: *A penicilina foi uma **descoberta** por acaso.* *** *Esse novo planeta foi uma grande **descoberta** dos astrônomos.* *** *O Brasil, para os portugueses, foi uma grande **descoberta**.* Já *descobrimento* é o ato de descobrir: *O **descobrimento** de petróleo em Campos revitalizou a economia fluminense* (e engordou a conta bancária de alguns políticos). *** *O **descobrimento** do Brasil, dizem, ocorreu por acaso.* A confusão entre esses dois termos se dá pelo fato de que todo descobrimento produz uma descoberta. Note que todos dizemos *a época dos **descobrimentos**.*

845. deputados ganham em demasiado?

Não, os nossos deputados, os nossos senadores e até os nossos vereadores ganham **demasiado** ou **em demasia**, mas não *"em" demasiado*, que isso não existe. Não existe, vírgula. Na internet sempre se encontra tudo o que não existe. Veja este comentário de quem se pôs a ser crítico de cinema: *Hulk é um filme ruim, chato, com um fraco roteiro e uma tendência "em" demasiado de fazer você simpatizar com o monstro.*

846. Aparecida do Norte

Não, não existe cidade com esse nome. A cidade que possui a única basílica no Brasil se chama apenas **Aparecida**, que todos devemos visitar de vez em quando para fazer promessa de nunca ter que ler asneiras na internet...

847. Salto de Itu

Também não existe cidade com esse nome. A cidade que se situa a cerca de 10km de Itu se chama apenas **Salto**, que se desmembrou de Itu ainda no século XIX. Nunca diga a um saltense que você conhece Salto "de Itu", que a receptividade não vai ser calorosa...

848. a cerca de e acerca de

A cerca de se usa por a *aproximadamente*: *Salto se situa **a cerca de** 10km de Itu.* Tem relação com distância. **Acerca de** substitui-se facilmente por *sobre, a respeito de*: *Não tratei **acerca d**esse assunto na reunião.*

Em tempo – Existe ainda a expressão **há cerca de**, que equivale *a faz quase*: *Não vou a estádio de futebol **há cerca de** vinte anos.* Tem relação com tempo. V. **775**.

849. milico e meganha

Ambas são gírias e têm sentido pejorativo. **Milico** é soldado raso de qualquer classe ou posto; já os oficiais recebem outra denominação: *gorilas*, isto à época do regime militar. **Meganha** é agente da polícia civil.

850. um aguardente

Não, *aguardente* faz parte das palavras femininas: ***a** aguardente, **uma** aguardente, **duas boas** aguardentes*. Esse fato não impediu que um jornalista, certa vez, escrevesse: *Líder absoluto no segmento "dos aguardentes conhecidos" como de primeira linha, a Velho Barreiro vem sendo constantemente ameaçada pelos concorrentes*. Resta, então, agora, apenas uma pequena pergunta, a que só mesmo o jornalista poderá responder: **quantas** já havia tomado quando escreveu o texto?...

851. essa mulher é um<u>a</u> nó-ceg<u>a</u> mesmo

Não, não há nenhuma mulher que seja "nó-cega". O que se vê muito por aí é mulher *nó-cego*, como aquela que, no seu carro, à frente de um barranco, pisou fundo no acelerador, pensando estar pressionando o pedal do freio...

852. a princípio e em princípio

A princípio é o mesmo que inicialmente, no começo; **em princípio** significa teoricamente, em tese, em termos, de modo geral. Assim, podemos construir: *Todo casamento é, **a princípio**, uma verdadeira maravilha. Depois, bem, depois é o fim...* *** *Todo casamento é, **em princípio**, uma verdadeira maravilha*.

853. ioga ou Yoga?

Ambas as palavras existem; a primeira se pronuncia *ióga*; a segunda, *iôga*. A *ioga* nada mais é que a prática do *Yoga*, a filosofia em si. A palavra nos vem do sânscrito *yogah*, união com Deus, através do inglês *yoga*.

854. não faça isso, não

Usa-se sempre vírgula antes do *não*, como nessa frase. Outro exemplo: *Eu nunca diria uma coisa dessas, não*. *** *Não vou lá, não*.

855. sim, senhor

Trata-se de outro uso obrigatório da vírgula. E em qualquer sentido: ***Sim**, senhor, ele foi eleito*. *** *Faço o favor que me pedes, **sim**, senhor*. *** *E ele ainda tem a cara de pau de dizer que é a alma mais honesta que este país produziu. **Sim**, senhor!...*

856. empréstimo <u>temporário</u>

Visível redundância, já que todo empréstimo que se preze tem de ser temporário. Eis, porém, com que topamos num jornal: *Empréstimo "temporário" traz 179 atletas para atuar em Chapecó.* Há, ainda – o que é bem pior – um dicionarista que define assim a palavra **comodato**: *empréstimo gratuito e "temporário" de coisa não fungível, mediante condições preestabelecidas.* Normal...

⬥ 857. dessarte e destarte

As duas formas existem. Usam-se por *diante disso, desta maneira, assim sendo, em vista disso*, etc.: *O acusado se diz pai da criança, **destarte** (ou **dessarte**), não há mais o que discutir.* São muito comuns no meio jurídico.

⬥ 858. sósia

Esse substantivo sempre foi sobrecomum e masculino, o que significa dizer que se usava tanto para homem quanto para mulher: *Meu irmão é **um** sósia de Brad Pitt.* *** *Minha irmã é **um** sósia perfeito de Julia Roberts.* Pois bem, veio a Reforma Ortográfica e resolveram mudar esse nome de sobrecomum para comum de dois gêneros. Observada a mudança, só tem cabimento afirmar que *minha irmã é **uma** sósia perfeita de Julia Roberts.* Convém ressalvar, no entanto, que em nenhuma língua latina é assim.

⬥ 859. ídola

Eis aí uma novidade, uma grande novidade! Assim como *sósia*, *ídolo* perdeu a identidade de nome sobrecomum. Hoje se usa *o ídolo* para homem e *a ídola* para mulher. Mas neste caso, diferentemente do anterior, a causa da mudança é justa, a alteração não se deu em razão de uma canetada ou por um desejo caprichoso de alguém. Registros do século passado nos convenceram de que é assim. *Maria Esther Bueno foi* ídola *de muitos brasileiros durante anos e continua sendo* ídola *de boa parte deles.* Essa frase – que pode arrepiar pelos e cabelos de muitos professores e estudiosos da língua – foi construída portuguesmente, é perfeita. Não porque **ídola** conste do VOLP, que isso não significa muita coisa, como temos demonstrado aqui. O atual VOLP não serve como norte a ninguém, embora arranque todos os cabelos quando passo a pensar que tem força de lei. (MEU DEUS!!!) Convence-nos a existência do feminino *ídola*, porque consta do *Vocabulário Ortográfico da Academia das Ciências de Lisboa*, este, sim, uma publicação com autoridade para nos convencer de qualquer classificação em dúvida. Já em 1824, quase duzentos anos atrás, o autor do primeiro dicionário brasileiro, Antônio Morais Silva, em sua gramática (*Grammatica Portugueza*) já abonava **ídola**: *o feminino regular de **ídolo** é ídola (do mesmo jeito que o de juiz é juíza e o de doutor é doutora).* Portanto, não há mais o que contestar. Assim, podem ficar à vontade os fãs de Rita Lee para dizerem que ela é sua *ídola*. A minha é e sempre será Ava Gardner...

860. israelense e israelita

Israelense é a pessoa que nasce ou habita em Israel. **Israelita** é a pessoa que professa o judaísmo; é sinônimo de *judeu* ou *judia*. Há israelenses que não são israelitas e vice-versa. Ou, por outra: *israelense* é um adjetivo pátrio; *israelita*, um adjetivo gentílico.

Em tempo – Adjetivo *gentílico* é o que se refere a raças e povos (latino, germânico, celtas, vândalos, israelita, etc.), enquanto adjetivo *pátrio* é o que indica lugar: *brasileiro, paulista, carioca, afegão*, etc. Há professores e até autores de gramática que confundem um conceito com outro. Normal...

861. a adid<u>o</u> cultural chamava-se Juçara

O *adido* é um funcionário ligado à embaixada de seu país no exterior, cuja missão é cuidar de assuntos importantes para o intercâmbio entre ambos os países. Assim, existe *o adido cultural, o adido militar*, etc. A palavra tem feminino (*adida*) e rege **a**, e não "de": *Ela é uma adida à delegação brasileira.* *** *Hersílio é o novo adido à imprensa.* *** *Ele é um coronel adido ao Estado-Maior do Exército.*

862. relação í<u>b</u>ero-americana

Não, não existe esse tipo de relação, não existe "íbero", mas *ibero* (é). Portanto, o que pode haver é uma relação *ibero*-americana. Em São Paulo existe a Faculdade *Ibero*-Americana.

863. revistas jurídica<u>s</u>-empresariais

Não existe esse tipo de revista. Quando dois adjetivos se juntam para formar um composto, só o último varia. Portanto: *revistas jurídico-empresariais, despesas médico-hospitalares, relações ibero-americanas, medidas político--sociais, políticos social-liberais, deputados democrata-cristãos, aulas teórico-práticas, problemas econômico-financeiros, ideias marxista-leninistas, símbolos nacional-socialistas, companhias tático-móveis*, etc. A exceção é *surdo-mudo*, que faz *surdos-mudos* no plural e *surda-muda* no feminino. Nossos jornalistas costumam usar *políticos "sociais-liberais", deputados "democratas-cristãos"*, etc. É bom parar.

Veja a principal manchete do *Diário do Nordeste on-line*: **Ceará requisita materiais "médicos-hospitalares" a cinco empresas, para tratar pacientes com Covid-19**. Parar? Que nada! E o "estagiário" ainda escreveu o nome da doença com inicial maiúscula...

864. barranca e barranco

Ambos são terrenos altos e íngremes, mas **barranca** se aplica apenas a rio, sendo, portanto, equivalente de *ribanceira*. Já **barranco** se aplica a estrada e também a rio. Portanto, só existe a *barranca* de rio. Mas há o *barranco* de rio. E o *barranco* de estrada.

865. orquídeas cor-de-rosa

Sem dúvida, existem *orquídeas cor-de-rosa* (repare: o adjetivo composto não varia). Se usarmos apenas *rosa*, também não haverá variação: *orquídeas **rosa**, carros **rosa**, ternos **rosa***, etc. Quando substantivo, porém, varia normalmente: *os cores-de-rosa. Gosto desses cores-de-rosa que aparecem por aí de vez em quando.*

Em tempo (1) – *Cor-de-rosa* também se usa em sentido figurado, por *feliz, próspero, ditoso*: *A geração atual terá um futuro **cor-de-rosa**?*

Em tempo (2) – Usamos hifens em *cor-de-rosa*, por se tratar de um verdadeiro composto, mas não nos demais casos, em que há locução: *cor de laranja, cor de café com leite, cor de limão*, etc.

866. evite de trafegar na contramão

O verbo *evitar* é transitivo direto: quem evita, evita alguma coisa, e não "de" alguma coisa. Por isso é que a gramática tradicional nos manda construir: *evite trafegar na contramão, evite criticar sem fundamentar sua tese, evite dirigir depois de beber*. Pois bem. Ocorre que, na língua cotidiana, a preposição aparece, muitas vezes, com verbos que não necessitam dela. Se não, vejamos: *Entendi **de** sair de madrugada e fui roubado.* *** *Os operários ameaçam **de** quebrar tudo na empresa.* *** *Deu na cabeça dele **de** ser motorista de aplicativo.* *** *Aconteceu **de** chover exatamente na hora do jogo.* Esta frase pertence a um político: *Na hora da raiva, às vezes acontece de alguém dizer coisas de que depois se arrepende*. Na hora da raiva, de fato, acontece de tudo... A língua cotidiana ou popular consagra fatos linguísticos, que acabam se tornando normas. Veja o caso de *inventar de* ou *dar de* no sentido de *resolver*: *Agora, minha filha inventou de* (ou *deu de*) *ser surfista*. Repare na expressividade. Se o mesmo pai disser: *Agora minha filha **resolveu** ser surfista*, não deixaria transparecer tanto sua reprovação ou decepção em razão da nova atitude da filha. Assim sendo, não há por que nos voltarmos contra uma construção de enorme efeito expressivo. A propósito, há que se lembrar das palavras de Domício Proença Filho: *A língua pressupõe uma norma, ou seja, um conjunto de hábitos linguísticos que espontaneamente vão-se firmando nas classes mais educadas da comunidade em determinada faixa de* tempo. *A quebra da norma só se justificará em nome da expressividade, e a inovação para subsistir tem, necessariamente, que atender às tendências que na língua a orientam.* Penso que já basta; alongamo-nos demasiado. Também por que é que fomos inventar de tocar neste assunto?...

867. palato: pronúncia correta
Pronuncia-se com tonicidade na penúltima sílaba. *O pa**la**to ou céu da boca é o teto da boca de todos os vertebrados.* Surpreendi-me em consulta médica, certa feita, com o doutor, ainda jovem, dizendo "pálato". Como o ambiente era hostil a professores de língua portuguesa, me calei...

868. cateter: pronúncia correta
Essa palavra é **oxítona**, e não paroxítona (repare que não tem acento gráfico). Sendo assim, pronuncia-se *cateter* (tér), que rima com *ureter* e *masseter*. O plural é *cateteres*, com acento prosódico na penúltima sílaba (cate**te**res). Agora, nem me pergunte como dizem os médicos!...

869. alopécia ou **alopecia**?
A única pronúncia correta é *alopecia*, perda de cabelos. Agora, nem me pergunte como dizem os médicos!...

870. malácia ou **malacia**?
A pronúncia correta é *malacia*, que rima com *melancia*; *malacia*, em medicina, é amolecimento patológico: *cardiomalacia*, amolecimento do miocárdio, *espondilomalacia*, amolecimento das vértebras. Agora, nem me pergunte como **todos** os médicos pronunciam essas palavras!...

871. bulímia ou **bulimia**?
A pronúncia correta é *bulimia*, que rima com *poligamia*. A *bulimia* é uma condição patológica que consiste em a pessoa ter um apetite insaciável, associada à depressão e a vômito induzido. Por favor, não me vá, agora, perguntar como os médicos pronunciam essa palavra!...

872. estafilococo: pronúncia correta
Pronuncia-se *estáfilo-kóku*. Não, agora não: os médicos dizem direitinho, assim como pronunciam direitinho *estreptococo*: *estrépto-kóku*.

873. ele repetiu *ipsis litteris* o que disse o réu
A expressão latina *ipsis litteris* significa *pelas mesmas letras, literalmente*;

é empregada para indicar que um texto foi transcrito fielmente. Ao falar, é outra expressão latina que se usa: *ipsis verbis*, ou seja, *pelas mesmas palavras*; é empregada para indicar que algo foi reproduzido exatamente do modo como foi dito. Portanto, quando se trata da fala, do verbo, usa-se *ipsis verbis*; quando se trata de texto, escrita, emprega-se *ipsis litteris*. Por isso: *Ele repetiu ipsis **verbis** o que disse o réu.* Ou: *Ele repetiu na carta ipsis **litteris** o que afirmei.* Sendo assim, errônea é esta frase: *O deputado repetiu "ipsis litteris" o que ouviu do colega, na tribuna da Câmara.*

874. pedir para

Só se admite essa combinação, quando a palavra *licença* ou *permissão* está clara ou subentendida. Assim, por exemplo: *O aluno pediu **para** sair da sala.* (ou seja: *o aluno pediu **licença**...*) Não sendo possível tal subentendimento, usa-se *que*: *Pedi **que** me trouxessem um copo d'água.* *** *João Figueiredo foi um presidente **que** pediu que o esquecessem.*

Em tempo – Como quem pede, pede alguma coisa, e não *"para"* alguma coisa, inadmissível é a combinação *"para" que*, como faz a maioria dos jornalistas brasileiros. Portanto, frases como *ela pediu "para" que levasse dinheiro, ele pediu "para" que o esquecessem* são próprias de quem não tem noção da estrutura da língua nem de suas normas. Por isso, peço-lhe que preste atenção sempre que aparecer o verbo *pedir* nos textos jornalísticos. Um jornalista lhe *pediria "para"* que prestasse atenção... Frase de um deles, do portal G1, do Grupo Globo: *O presidente Alberto Fernández pediu "para" que a população mantenha esforços de proteção e não relaxe nos cuidados.* Jornalista brasileiro adora um "para" que...

875. mão-de-obra

Já não se usam hifens aí. Por isso, escreva sempre *mão de obra*. *Os encargos trabalhistas brasileiros correspondem a 32,4 dos custos de **mão de obra** da indústria.* Eis aí uma das razões pelas quais os carros brasileiros custam tão caro. Mas é apenas **uma** das razões. Existem milhares...

876. a primeira vez em que

A primeira vez que é a expressão correta (sem o "em"): *A primeira vez que a vi já me apaixonei.**** *A primeira vez que ele teve relação sexual foi com 15 anos.* *** *A primeira vez que você me enganar, a culpa é sua; mas a segunda vez que você me enganar, a culpa será minha.* *** *A última vez que a vi foi ano passado.* Como se vê, também não se usa a preposição em *a segunda vez que*; nem em *a terceira vez que, a quarta vez que*, nem em *toda* *vez que* ou *todas as vezes que*: **Toda vez que** *chove, goteja aqui em casa.* *** **Todas as vezes que** *há eleições no Brasil renovam-se as esperanças.* No portal G1, do Grupo Globo, leu-se: *É a primeira vez, desde julho, "em" que há alta no número de mortes por Covid de um mês para o outro.* E ainda usam inicial maiúscula em *covid*. Há gente por aí trabalhando sem merecer o salário que recebe.

877. o marmitex

Não, *marmitex* é palavra feminina: **a** *marmitex,* **uma** *marmitex,* **duas** *marmitex.* A palavra, que é eminentemente popular, não consta no VOLP.

878. a mutez

Não, a palavra certa é *mudez*: *A mudez e a surdez são, às vezes, anomalias congênitas.* A surdo-*mudez* é o estado em que a pessoa é muda por consequência de uma surdez congênita.

879. a situação está periquitante

Essa palavra só existe no seio do povo, que não é muito familiarizado com *periclitante*, isto é, que tende a piorar muito, que corre sério perigo.

880. treçol

É outra palavra eminentemente popular. O *terçol* é uma inflamação glandular provocada por bactéria (estafilococo) que se instala na borda das pálpebras, próximo aos cílios. O *terçol* tende a se romper de dois a quatro dias, liberando geralmente pus.

881. ele noiva todos os dias

Se você disse *nôiva*, acertou; se disse "nóiva", errou. O verbo *noivar*, durante toda a conjugação, não tem aberto esse ditongo. Portanto: *Eu* **noivo** *uma vez por semana, mas eles* **noivam** *uma vez por ano.*

882. pixação

Não, *pichação*, com *ch* é que se escreve, palavra derivada de *piche* e substantivo correspondente de *pichar*.

883. andar e caminhar

Andar é mover-se, dando passos para diante. Com um ano de idade, o ser humano normal já *anda*. **Caminhar** é andar por prazer, por esporte, ou com algum objetivo bem-definido. Vamos, *caminhemos* até a praia!

884. a mim me parece
Não há erro; trata-se de pleonasmo literário. A mim me parece que aquele partido jamais vai fazer outro presidente. Que te parece a ti?

885. preferido e predileto
Preferido é o que foi escolhido por um motivo qualquer. Todos os torcedores têm o seu time *preferido*. **Predileto** é o preferido por uma questão de amizade, por ser querido antes dos demais, igualmente queridos. Todos os pais têm seu filho *predileto*. (Eles não confirmam, mas têm.) *** Os professores sempre têm, em cada classe, seu aluno *predileto*. (Eles também não confirmam, mas têm.)

886. voar pelos ares
Visível redundância. Quem voa só pode fazê-lo pelos ares. Ou dá para fazer pelos mares?... Aí nos aparece um brasileiro com uma proposta: *Já podemos voar "pelos ares", mesmo sendo mais pesados que o ar! Já podemos respirar debaixo d'água. Temos capacidade de destruir nosso surrado planetinha mais de 50 vezes. Temos a tecnologia e condições suficientes para erradicar a fome e a miséria de todos os habitantes. Temos a Internet que segue os mesmos princípios da maioria dos instrumentos: pode construir ou destruir. Pois bem, acho que já está mais do que na hora de uma revolução.* Outra?!

887. incesto
Pronuncia-se com o **e** aberto. A pronúncia de *cesto*, no entanto, contaminou essa palavra, embora nada tenha a ver uma palavra com a outra. O *incesto* é a relação sexual entre pais e filhos, que a lei brasileira não configura como crime, se praticado entre maiores.

888. cônjugue
Essa palavra existe? Claro que não. A palavra correta é *cônjuge*, que um juiz paranaense, depois ministro da Justiça, certa vez pronunciou "conge", "comendo" a segunda sílaba. De *cônjuge* sai *conjugal*.
Em tempo – *Cônjuge* é nome sobrecomum e masculino: *o cônjuge,* **um** *cônjuge,* **dois** *cônjuges.* Isso significa dizer que se aplica tanto a homem quanto a mulher. *Manuel* (ou *Manuela*) *é um* **cônjuge** *perfeito para você.* Para distinção de sexo usa-se *o cônjuge masculino, o cônjuge feminino.*

889. Guiana: pronúncia
O **u** forma ditongo com o **i** seguinte: **gúi**. O ideal seria grafarmos **Gùiana**,

com o acento grave, mas este acento é dispensável, por simplificação ortográfica, segundo o Acordo Ortográfico de 1945.

890. plural de til

Palavras monossilábicas tônicas com essa terminação trocam o l por **is** (*vil*, **vis**; portanto o plural de *til* é **tis**: *em português não existem palavras com dois **tis***. Há autores portugueses, no entanto, que defendem o pl. *tiles*. Se aceito, temos de aceitar também "viles" como pl. de *vil*. Ou não estamos sendo coerentes?

Em tempo – A palavra *mil*, quando não se refere à quantidade em si, mas sim ao nome, varia normalmente, como os noves, os setes, etc.: **mis** (a que alguns autores portugueses preferem *miles*). De minha parte, prefiro **mis**: *se você acrescentar um zero a todos esses **mis** aí (1000, 1000, 1000), terá valores dez vezes maiores*.

891. plural de bombril

Trata-se de uma marca que se tornou nome comum. Como todo substantivo terminado em *il* tônico (*refil*, **refis**; *vinil*, **vinis**, etc.), seu plural se faz com troca dessa terminação por *is*: **bombris**.

892. plural de Brasil

Existe: *Brasis*. Mas quando se usa? – perguntará você. Quando se deseja distinguir dois ou mais tipos de país contidos num só. Por exemplo: *existem dois **Brasis**, o dos milionários e o dos miseráveis*. Nesse caso se usa inicial maiúscula. Quando se usa inicial minúscula? Quando se emprega *brasis* por *todo o território brasileiro*, como neste exemplo: *já viajei por estes **brasis** afora e nunca matei nem cacei um animal silvestre*.

893. permita-me aqui abrir um parênteses

Abrir um "parênteses" é o mesmo que tomar um "chopes" e comer um "pastéis"...

Em tempo – No entanto, é preciso fazer uma ressalva: *parêntese* tem a variante *parêntesis*, que se usa tanto para o singular quanto para o plural. Portanto, *abrir um parêntesis* está perfeito, mas não *um "parênteses"*, diferença que só se nota mesmo na escrita, porque na fala não se nota distinção nenhuma entre *parênteses* e *parêntesis*. Exatamente por isso, argumentam assim os que cometem o erro apontado: *Não, eu não disse um parênteses; eu disse um parêntesis*. E se safam...

894. a menina cresceu com ódio da babá

Ódio se usa com a preposição **a**, e não com "de". Quem tem ódio, tem ódio

a alguém, e não "de" alguém. Já *raiva* se pode ter **a** alguém, **de** alguém e até **por** alguém. Portanto: *A menina cresceu com ódio à babá.* *** *Tenho-lhe ódio, Cristina, sempre lhe tive ódio!* *** *Nunca tenha raiva **a** (ou **de**, ou **por**) ninguém, porque a vida é muito curta para perdermos tempo em alimentar sentimentos negativo*s. Note que o pronome *lhe* (= a você) tem emprego correto nesse caso.

▶ 895. quantia de dinheiro

Há redundância aí, porque toda *quantia* é importância em dinheiro. Já em *quantia **em** dinheiro* não existe redundância, porque podemos ter também quantia em cheque, em notas promissórias, em títulos, etc. Assim, construímos: *Os ladrões levaram boa **quantia** dos caixas eletrônicos.* (Já se sabe que se trata de dinheiro.) *** *Os ladrões levaram boa quantia em dinheiro e em cheques dos malotes roubados do carro-forte.*

▶ 896. eu não truxe dinheiro, eu não sube de nada

Não, a forma do pretérito perfeito do indicativo dos verbos *trazer* e *saber*, primeira e terceira pessoas do singular, é *trouxe*, *soube* (pronuncie claramente o ditongo). Portanto: *Eu não **trouxe** dinheiro, você paga o jantar.* *** *Ele ficou apavorado quando **soube** que estava com a covid-19.*

▶ 897. eu reavi tudo o que perdi no jogo

Há, porém, quem não teve a mesma sorte e nada **reouve** do que perdeu... O pretérito perfeito do verbo *reaver*, sinônimo de *recuperar*, tem as formas *reouve, reouvemos* e *reouveram. Vocês **reouveram** o carro que lhes foi roubado? Não, nós ainda não o **reouvemos**.*

▶ 898. nasci em Ijuí, tendo formado-me em Itu

Jamais pronome oblíquo poderá aparecer posposto a particípio. Esse erro é tão grave quanto um professor escrever *xalxixa*... Nesse caso, usa-se o pronome oblíquo depois do verbo auxiliar: *Nasci em Ijuí, tendo me formado em Itu.* O pronome só virá antes do verbo auxiliar se houver fator de próclise: *Nasci em Ijuí, **não me** tendo formado, porém, na cidade.*

Em tempo – Na fala brasileira, mesmo havendo fator de próclise, parece haver nítida preferência pelo uso do verbo depois do auxiliar: *Nasci em Ijuí, **não** tendo **me** formado, porém, na cidade.* Ressalve-se que tal colocação só é admitida na fala. Vamos ver, agora, como procedeu um jornalista da *Folha de S. Paulo*: *As vendas de caminhões leves da Ford têm sido fator importante na nova fase da montadora. A comercialização nesse segmento tem "ajudado-a" a contrabalançar a ausência de lucros significativos dos seus carros.* Como se não bastasse, no mesmo jornal se colheu isto: *O repórter falou com o sobrinho do governador, que teria "aconselhado-o" a evitar...* É i-na-cre-di-tá-vel!

899. será que eu não va<u>lo</u> nada?

A primeira pessoa do presente do indicativo do verbo *valer* é **valho**, que dá origem a todo o presente do subjuntivo (*valha, valhas*, etc.) *Sou um homem prevenido, por isso eu valho por dois.* Aquela frase interrogativa foi ouvida de uma adolescente que, em frente do espelho e em trajes menores, num gesto infantil de autoafirmação, vangloriava-se das suas virtudes físicas.

Em tempo – Repare na escrita da palavra **prevenido**; pronuncia-se *privinídu*, mas se escreve **prevenido**. Da mesma forma **desprevenido**, que assim se grafa, mas se pronuncia *disprivinídu*. V. explicação em **640**.

900. esta noite não preguei <u>o</u> olho

Quem não dorme ou não consegue dormir à noite, na verdade, não **prega olho** (sem o artigo). Coelho Neto escreveu: *Vai caminhando para a meia-noite e ainda não preguei olho.* O Visconde de Taunay, outro dos nossos clássicos, fornece mais um exemplo: *Da meia-noite para cá, não pude mais pregar olho.* (Note o correto uso do artigo antes de *meia-noite*, algo que os jornalistas brasileiros não conseguem fazer.) Mesmo que a referência seja a mais de uma pessoa, o substantivo *olho* fica no singular: *O bebê chorou tanto, que seus pais não puderam pregar olho.*

901. ela se maqu<u>e</u>ia todos os dias

Não, o verbo é *maquiar*, e não "maquear". Sendo assim, não existe a forma "maqueia", mas **maquia**.

Em tempo (1) – O verbo *cambiar* se conjuga por *maquiar*: *ela **cambia** o carro como eu **cambio**.*

Em tempo (2) – Existem oito verbos com a terminação **iar** que se conjugam regular ou irregularmente, de modo indiferente. São: *agenciar, comerciar, licenciar, negociar, obsequiar, premiar, presenciar* e *providenciar*. Assim, você pode dizer, sem medo de errar: eu *negocio* (ou *negoceio*) na Bolsa de Valores, ela *providencia* (ou *providenceia*) todos os documentos para a viagem. No Brasil, todavia, prefere-se a conjugação regular, até por ser mais eufônica.

902. tinham <u>aceso</u> todos os refletores do estádio

Não, não é bem assim. O verbo *acender* tem dois particípios: **acendido**, que se usa com *ter* e *haver*, e **aceso**, que se usa com *ser* e *estar*. Portanto: *Tinham **acendido** todos os refletores do estádio.* Mas: *Todos os refletores do estádio foram **acesos**.*

903. já tinham salvo os documentos

Não, também não é bem assim. O verbo *salvar* tem dois particípios: **salvado**, que se usa com *ter* e *haver*, e **salvo**, que se usa com *ser* e *estar*. Portanto: *Já tinham salvado os documentos, quando o fogo começou.* *** *Os documentos foram salvos a tempo.*

904. falei com todos os rs

O plural das letras se faz de duas maneiras, indiferentemente: os **rr** ou os *erres*; os **ss** ou os *esses*; os **aa** ou os *ás*; os **ii** ou os *is*, etc. Por isso, na verdade, você falou com todos os **rr**. Pus os pingos nos **is**.

905. ninguém faltou do serviço hoje

Não, ninguém falta "do" serviço, "da" aula, "de" algum compromisso; falta-se **ao** serviço, **à** aula, **a** algum compromisso. Quando não se tem caráter, falta-se também **à** palavra.

906. o avião já aterrizou

De minha parte, prefiro que os aviões **aterrissem**, mesmo que seja um galicismo. Em português existe a forma *aterrar*, que não vingou, porque o povo vê nesse verbo apenas o significado de *causar terror* ou *encher de terra*. Sendo assim, melhor é ficar com *aterrissar* e *aterrissagem*, mesmo sendo galicismos. A forma *aterrizar*, muito usada na língua popular, é um brasileirismo, da mesma forma que *aterrizagem*, que perde em preferência, na língua padrão, para **aterrissagem**. Por isso mesmo é que só existe a pista de **aterrissagem** no gelo, área de gelo fluvial, lacustre, marinho ou de geleira, adaptada e mantida para o pouso e decolagem de aeronaves.

Em tempo – Apesar de toda a rejeição ao uso do verbo *aterrar*, temos de lembrar que na letra original da linda canção de Tom Jobim, *Samba do avião*, consta: *Aperte o cinto, vamos chegar / Água brilhando, olha a pista chegando / E vamos nós* **aterrar**. (Minha alma canta...)

907. só ando com gente de minha iguala

Ser da **igualha** é ser da mesma posição social; "iguala" é invenção popular, forma que gente da sua **igualha**, por exemplo, não usa...

908. bandeija

Não, aí o "i" não tem cabimento. Nossa língua tem **bandeja**, *bandejão* e *bandejinha*, todas sem "i", assim como *caranguejo, caranguejada, caranguejola*. Também sem "i": *prazeroso* e *prazerosamente*; *receoso, receosamente*.

909. deu sua palavra de honra <u>de</u> que voltaria

Palavra de honra se usa com a preposição **em**: *Deu sua palavra de honra em que voltaria.* *** *Você me dá sua palavra de honra em que não fez isso?* *** *O presidente deu sua palavra de honra em que combateria a impunidade. Dê sua palavra de honra em que vai cobrar isso dele!* Na primeira página de um jornal, todavia: *Na presença de diversos banqueiros, o ministro da Economia deu a sua palavra de honra "de" que não aumentaria impostos.* Mentira sempre teve pernas curtas...

910. mais de uma pessoa <u>entraram</u> no cinema

Quando **mais de** faz parte do sujeito, o verbo concorda com o numeral que vem posposto. Portanto: *Mais de **uma** pessoa entrou no cinema.* *** *Mais de **duas** pessoas entraram sem pagar.*

911. devolvi errado dois trocos

Se você leu *trókos*, acertou: *um troco, dois **trocos***. O singular tem **o** fechado, já o plural, **o** aberto. *** *Estão faltando **trocos** na praça.* *** *As moedas, que serviam de **trocos**, sumiram-se de circulação.*

912. poça d'água: pronúncia

Se você leu *pôça*, acertou: *a **poça** d'água, uma **poça** d'água.*

913. um<u>a</u> pernoite num hotel de luxo

É muito mais gratificante passar ***um*** *pernoite* num *camping...*

914. um quitinete

Esteja certo de que *uma quitinete* é muito mais confortável, muito mais espaçosa, muito mais agradável, que *"um" quitinete*. Portanto: ***a*** *quitinete,* ***duas*** *quitinetes, muitas quitinetes.*

915. r<u>e</u>cem, r<u>e</u>fem

O acento está em lugar errado. As palavras são oxítonas: *recém, refém*. Mas não são poucos os que dizem "réfem", "récem-nascido".

916. o plural de coca-cola é...

...*coca-colas*, em que o primeiro elemento não varia por designar a marca (Coca), assim como Psi é outra marca, justamente a concorrente.

917. parasita e parasito

Parasita se usa para vegetais: *plantas parasitas*. A orquídea parece, mas não é uma *parasita*. Em sentido figurado, aplica-se a pessoas e, nesse caso, é nome sobrecomum: *Seu irmão é **um** parasita, e sua irmã também é **um** parasita*. **Parasito** se usa para animais. A pulga é um *parasito*, assim como o micuim. Do ponto de vista etimológico (grego *parásitos*, de *pará* = ao lado, junto de + *sitos* = alimento, pelo latim *parasitus*), a forma preferida é **parasito**, para todos os sentidos, mas o uso acabou consagrando a diferença.

918. os pisca-pisca do carro estão queimados

O plural de *pisca-pisca* pode ser tanto *pisca-piscas* quanto *piscas-piscas*, mas a preferência é pelo primeiro, já que o segundo sibila demais.

919. a chuca-chuca

Muitos usam apenas *chuca*, mas tanto *chuca-chuca* quanto apenas *chuca* são palavras masculinas: *o chuca-chuca, o chuca*. O *chuca-chuca*, todo **o** mundo sabe, é o penteado que se faz em bebês, puxando os cabelos molhados para o meio da cabeça e dispondo-os como uma crista.

920. viva os brasileiros de bem!

Para que o seu desejo seja sincero, prefira usar o verbo no plural aí: ***Vivam** os brasileiros de bem!* O verbo *viver* concorda normalmente com o sujeito: *Viva o Brasil! *** Vivam os noivos! *** Vivamos nós, os pobres!*

921. o desempenho do time agradou o treinador

Não, não é bem assim. O verbo *agradar*, no sentido de *satisfazer*, é transitivo indireto, exige a preposição *a*, quando o sujeito é coisa. Por isso, na verdade, *o desempenho do time agradou **ao** treinador. *** A alta dos juros não agrada **ao** mercado. *** O filme não agradou **ao** público*. Já se o sujeito for pessoa, você poderá usar a preposição ou não: *Não passando no concurso, o filho não conseguiu agradar o* (ou ***ao***) *pai. *** Por mais que ele se esforce, não consegue agradar o* (ou ***ao***) *chefe*. No sentido de *fazer carinho, mimar*, é sempre transitivo direto: *Não convém agradar filhos, que eles crescem mimados e cheios de quero-quero*.

Em tempo – Já o verbo antônimo, *desagradar*, é sempre transitivo indireto: *O filme desagradou **ao** público. *** Essa notícia **lhe** desagrada?*

922. os Bolsonaro

Sobrenomes variam normalmente: os *Bolsonaros*, os *Matarazzos*, os *Malufs*, etc.

Os jornalistas brasileiros nunca aprenderam isso. Justamente porque por certo eles nunca leram uma obra-prima chamada *Os Maias*, de Eça de Queirós. Nem nunca passaram pela Rua dos *Gusmões*, em São Paulo. Nem sabem onde fica o Forte dos *Andradas*. Nem nunca assistiram aos *Simpsons*, na televisão. Eles são ótimos! Chegaram até a produzir um programa para a televisão: *Os Kennedy não choram*. Eles são ótimos!

923. meu aniversário, este ano, cai de domingo
Não, seu aniversário só pode cair *num* domingo. O Dia do Professor este ano vai cair *num* sábado, mas o ano passado caiu *numa* segunda-feira.

924. 13 de agosto é dia azíago
Não, 13 de agosto, mesmo que caia numa sexta-feira, não é dia *aziago*. Você acredita em dias *aziagos*? Note: a palavra é paroxítona.

925. ela implorou para que não a matassem
O verbo *implorar* é transitivo direto: quem implora, implora alguma coisa, e não "para" alguma coisa. Portanto: *Ela implorou que não a matassem*. No portal IG deparei esta manchete: **Dona implora "para" que vizinhos não alimentem sua gata**. Jornalista brasileiro adora alimentar vícios...

926. antecipar e postecipar
Temos aí uma palavra legítima e outra que está sendo legitimada. Na linguagem de tabelionatos de protesto e na de finanças empresariais está consagrado o verbo **postecipar** (realizar algo depois do prazo determinado), sendo, assim, visto como sinônimo de *adiar, postergar*. Tem como substantivo correspondente **postecipação**. Assim é que existem *rendas* **postecipadas** e *juros* **postecipados**, para designar capitais ou juros que vencem no fim de determinado período. Os tabeliães defendem hoje a *postecipação* do pagamento dos emolumentos, ao apresentar, o credor, um título a protesto, o que – aliás – é um procedimento justo. O credor já sofreu calote e, ainda, tem que pagar antecipadamente para levar o título a protesto? Também sou um defensor intransigente da *postecipação*...

927. bucomaxilofacial
Tudo junto, sem hífen. Há dentistas por aí, no entanto, que são especializados em cirurgia "buco-maxilo-facial". Cuidado com eles!

928. coeficiente e fator
Coeficiente, em matemática, é o número ou símbolo algébrico prefixado como o multiplicador para uma quantidade variável ou desconhecida. Por

exemplo: em **5x** e **ax**, **5** e **a** são os *coeficientes* de **x**. **Fator** é cada um dos dois ou mais números, elementos ou quantidades que, multiplicados juntos, formam um produto dado; é o mesmo que *multiplicador*. Por exemplo: **5** e **3** são *fatores* de **15**; **a** e **b** são *fatores* de **ab**. O *coeficiente* é sempre um símbolo prefixado com valor desconhecido; não assim o *fator*. Um grande banco nacional anunciou certa vez que tinha o menor "coeficiente" do mercado para financiamentos. Em verdade, tinha o melhor **fator**.

929. não exceda dos limites de velocidade

O verbo **exceder** rejeita a preposição "de", mas não a preposição **a**. Podemos construir, então: *Não exceda os limites de velocidade* ou *Não exceda aos limites de velocidade*. Em alguns elevadores vê-se a advertência: *Capacidade licenciada: 8 pessoas ou 576kg. É proibido exceder "destes" limites, sob pena de multa imposta pela Prefeitura.* E multa para quem espalha um erro? Não há nunca? Aliás, há dois erros numa só palavra: "destes" está por **esses**.

930. maquinária

Não existe "maquinária", mas *maquinaria* e *maquinário* (***maquinaria** agrícola*). *A indústria automotiva brasileira usa **maquinário** de última geração* (mas produz veículos caros, mal-acabados e "acarroçados"...).

931. molho de chaves

Se você disse *mólhu*, acertou; se disse *môlhu*, não foi diferente de nenhum brasileiro, que só diz mesmo *môlhu de chaves*, *môlhu de rabanetes*, *môlhu de cenouras*, quando em todos esses casos só cabe dizer *mólhu*. *Molho*, com **o** tônico fechado, só mesmo no *molho branco*, *molho de tomate*, etc.

932. TV a cores

Já se foi o tempo em que todos usavam assim; hoje o homem progrediu. Progrediu tanto, que já diz TV **em** cores, que já tem impressoras **em** cores. Mas de vez em quando tem uma recaída e diz *ao vivo e "a" cores*. Há até gramático que aceita *"a" cores*. Normal. Por coerência, também tem que aceitar *a TV "a" preto e branco*, o *livro impresso "a" quatro cores* e o *livro publicado "a" uma só cor*. E ainda tem de admitir perguntas assim: *"A" quantas cores vamos publicar o livro?*

Em tempo – A expressão *preto e branco* prevalece sobre *branco e preto*. Por isso é que o corintiano diz que o Corinthians é *preto e branco*. Tom Jobim compôs uma linda canção que, porém, lhe deram um nome estranho: *Retrato em branco e preto...*

933. sua vista está vermelha

Não, a vista não fica vermelha nem adquire qualquer outra cor, porque é um sentido. Vista pode ficar cansada, turva, etc., mas não "vermelha". O que fica vermelho, de vez em quando, são os olhos, coisa física.

934. <u>sofrer</u> melhoras

Eis aí uma boa incoerência. Alguém pode "sofrer" melhoras? Não. Em verdade, pessoas que entram em convalescença *experimentam* melhoras.

935. você <u>colocou</u> bem a questão

Não, não "coloquei nada", apenas **expus** a questão. Quem padece de pobreza de vocabulário, sempre "coloca" uma questão, "coloca" um problema, etc. Convém parar. Um bispo brasileiro da Igreja Católica declarou recentemente: *Não podemos "colocar" a questão do celibato acima da celebração da Eucaristia.* O Papa, seu superior, apesar de argentino, usaria **apresentar** no lugar de *colocar...*

936. fui <u>penalizado</u> por algo que não cometi

Na língua cotidiana é comum o uso de *penalizar* (causar ou sentir pena ou pesar; pungir, condoer) por *apenar* (impor pena a, punir, castigar). Portanto: *Fui* **apenado** *por algo que não cometi.* Vejamos outros exemplos: *A morte do presidente Kennedy* **penalizou** *todo o mundo.* (= causou pesar) *** **Penaliza**-me *o fato de não poder ajudá-lo.* (= Condói) *** *A inflação* **apena** *mais os assalariados.* (= castiga) *** *A justiça* **apenou** *os corruptos.* (= puniu) *** *A população não pode ser* **apenada** *por uma decisão infeliz do presidente.* (= castigada) *** *O TJD* **apenou** *o Coritiba com perda de dois mandos de campo.* (= puniu) Portanto, equivocada esta declaração de um dirigente esportivo: *O Palmeiras foi "penalizado" com um gol no último minuto do jogo.* De um prefeito paulistano: *Vou "penalizar" manifestantes que fizerem buzinaços próximos a hospitais.* Isto é, são frases cujos autores merecem ser apenados...

937. palavra de baixo <u>escalão</u>

Pode parecer incrível ou até brincadeira, mas num portal da internet conseguiram trocar **calão** por "escalão" nesta manchete: **O deputado usou termos de baixo "escalão" para com a deputada Cida, do PT**. Mas – convenha comigo – alguns deputados merecem mesmo palavras de baixo **calão**...

938. prêmio N<u>ó</u>bel

Em português esse sobrenome é oxítono: *Nobel*. Ainda não tivemos nenhum brasileiro agraciado com o prêmio Nobel. Quem sabe este ano!

939. torre Eiffel: pronúncia

Em francês se diz *efél* (esse l soa como o l gaúcho, de *Brasil*), sem o "i". Mas em português se diz *eifél*, e não "êifel".

940. fo<u>ram</u> notada<u>s</u> a<u>s</u> presença<u>s</u> de Jeni e Hilda

Não, nesse caso não há nenhuma necessidade de usarmos o plural (*"foram notadas as presenças"*), por se tratar de nome abstrato (*presença*). Portanto: *Foi notada **a presença** de Jeni e Hilda na festa*. Assim, construímos também: ***A promessa** de Neusa e Susana não foi levada a sério*. *** ***A permanência** de Virgílio e Filipe no aeroporto foi comentada*. Se, porém, o substantivo for concreto, o plural será obrigatório: ***As cabeças** de Ivã e Luís vão rolar*. *** ***Os livros** de Lurdes e Juçara estão na mesa*.

941. estejamos alerta<u>s</u>!

Não, não é assim: **alerta** é palavra invariável, porque se trata de advérbio, e não de adjetivo. Portanto, corretíssimas são estas frases: *Estamos **alerta** a tudo o que acontece no prédio*. *** *As Forças Armadas estão **alerta***. Posso usar "em alerta" em frases como essas? – pergunta você. A resposta é **não**. Mas há repórteres que acham isso possível e, então, anunciam: *Moradores estão "em alerta" com a infestação de escorpiões em Pernambuco*. Só faltou usar *"no" Pernambuco*. Sim, porque alguns repórteres andam agora a usar artigo com o nome desse estado brasileiro. O interessante é que os repórteres usam **alerta** no plural, erroneamente, mas não conseguem usar o plural em frases como esta, proferida por um deles: *Desde 2010 mais que "dobrou" os recursos para o tratamento do câncer no SUS*. De uns tempos para cá, mais do que **dobraram** os incompetentes na mídia brasileira.

942. meu rádio não <u>cápita</u> nenhuma estação

Pois o meu *capta* estação até do Japão... O verbo *captar* tem sempre acento prosódico na primeira sílaba, nas formas rizotônicas: *capto, captas, capta, captam; capte, captes, captem*, etc.

Em tempo – O verbo *optar* também só tem formas rizotônicas com acento prosódico na primeira sílaba; *adaptar*, por sua vez, tem, nessas formas, acento na segunda sílaba. *O pai quer que o filho **opte** por medicina*. *** *Não me **adapto** a esse meio*. Evite dizer "opíti", "adapíti"!

943. risco de vida e risco de morte

A expressão lógica, racional, é *risco de morte* (o elemento final, após *risco*, deve denotar sempre algo ruim ou desagradável); daí por que existe o *risco de **infecção**,* o *risco de **contágio**,* o *risco de **afogamento**,* o *risco de **ser preso**,* etc. Nem sempre, porém, o que é racional, lógico, acaba a braços com a língua, que também agasalha **risco de vida**. Aliás, consta dos mais antigos (e bons) dicionários. Afinal, quando uma pessoa se põe a andar a 200km/h nas estradas brasileiras, arrisca **a vida** (e não a "morte").

944. fazer planos para o futuro

Visível redundância. Alguém já fez planos para o passado? Os planos sempre são feitos para o **futuro**, que, para alguns povos, nunca chega...

945. captura de imagem

Em português, o que existe é ***captação** de imagem*. A palavra **captura**, assim como o verbo **capturar**, é própria do meio jurídico. Podemos também *capturar* um animal selvagem, mas "capturar" a atenção da plateia, "capturar" uma imagem ou "capturar" a opinião de alguém já é querer demais. Qualquer dia destes vai acabar aparecendo jornalista aconselhando-nos a "capturar" a água da chuva, para podermos economizar água tratada...

946. puxa-saca

Qualquer dos mortais, ao ouvir isso, estranha. Há, no entanto, os que se assustam! Mas sustos é o que mais ocorre hoje em dia, principalmente quando semialfabetizados falam. *Puxa-saco* é um nome comum de dois. Isso significa dizer que se usa **o** *puxa-saco* para homem e **a** *puxa-saco* para mulher. Por isso, Luís é **um** grande *puxa-saco*, e Luísa é **uma** grande *puxa-saco*. Nada de "puxa--saca", mesmo porque nenhum ser humano tem saca. Recentemente, porém, a mulher de um conhecido e competente jornalista participou de um programa de televisão e disse que era a maior "puxa-saca" do marido. Ele não merece. Ninguém merece...

947. eu me desavi com todos na empresa

O verbo *desavir-se*, que significa *indispor-se*, é derivado de *vir*. Portanto: *Eu me **desavim** com todos na empresa; você não se **desaveio**? *** Eu soube que vários colegas se **desavieram** com o chefe. *** Ele tem se **desavindo** com todo o mundo.*

948. a psiquê humana

Bem, os psicanalistas falam em *psique humana*, que, segundo Sigmund Freud, está dividida em três partes: o *id* (a parte inconsciente), o *ego* (a parte consciente) e o *superego* (o aspecto moral da personalidade do indivíduo). A *psique* é, enfim, o conjunto das características psíquicas de uma pessoa.

949. seu bebê tem quebrante

Nenhum bebê no mundo tem "quebrante", mas muitos têm *quebranto*, que é quando sofrem mau-olhado. Existem algumas simpatias e benzeduras que tiram o *quebranto* das crianças.

950. a caixa do banco, Carla, era linda

Em referência a uma pessoa que trabalha junto à caixa, pagando ou recebendo, a palavra *caixa* é nome sobrecomum e masculino, ou seja, usa-se *o caixa* tanto para homem quanto para mulher. Portanto: **O caixa do banco, Carla, era lindo**. Daí por que temos, por extensão de significado, *caixa automático, caixa eletrônico*, sempre no masculino, expressões que no início os bancos usavam no feminino.

951. festa beneficiente

Esse tipo de festa não ajuda ninguém, só prejudica, muito diferente da festa **beneficente**, que, esta sim, se realiza para ajudar pessoas ou entidades. Note que existe, ainda, o *Hospital da **Beneficência** Portuguesa*, que – também – ajuda a muitos.

952. ela trabalhava ali há dois meses

Não, esse erro é comum na mídia. Se o verbo da mesma frase de *haver* estiver no pretérito imperfeito, *haver* deverá ficar também nesse tempo: *Ela trabalhava ali **havia** dois meses.* *** *Eu não a via **havia** anos.*

953. leite morno

Se você pronunciou *môrnu*, acertou. Mas em *água morna, águas mornas* e *cafés mornos*, a pronúncia é, respectivamente: *mórna, mórnas, mórnus*.

954. contratei um bom bifê para a festa

Não, nenhum "bifê" no Brasil é bom. Prefira contratar um *bufê*, aportuguesamento do francês *buffet*, que se pronuncia, justamente, *bifê*.

Em tempo – Anote mais estes aportuguesamentos: *borderô, chatô, cuchê, mantô, platô, dossiê*.

955. aluga-se casas

A gramática tradicional exige a variação do verbo nestas frases: *alugam-se casas, vendem-se apartamentos, aviam-se receitas*, etc., nas quais o substantivo exerce a função de sujeito; estando este no plural, o verbo tem de estar no mesmo número. Cresce, no entanto, cada vez mais a tendência de se considerar esse tipo de estrutura frasal, com o pronome **se** e verbo transitivo direto na terceira pessoa do singular, como de sujeito indeterminado (***aluga****-se casas,* ***vende****-se apartamentos,* etc.) equivalente de *alguém aluga casas, alguém vende apartamentos,* etc. Tal estrutura é semelhante a outras, muito comuns na língua, com sujeito indeterminado, como: *Come-se bem em São Paulo, bebe-se muito em Brasília.* Como ficamos, então? Ficamos assim: num concurso ou num exame qualquer, flexione o verbo, porque a banca examinadora estará seguindo o que preceitua a gramática tradicional. Nas demais situações, fique à vontade!

Em tempo – Com qual estrutura fica, então, este autor em particular? Com a segunda.

956. ela não quis vim

Frase comum na boca do povo. Mas *vim* é forma do pretérito perfeito do indicativo (*eu **vim***), e não de infinitivo. Por isso é que ela não quis **vir**...

957. semente oleoginosa

Essa semente não existe, prefira a *semente oleaginosa.*

958. ela vive guspindo no chão

Ninguém deve **cuspir**, não só no chão como em nenhum lugar público. Lugar próprio de **cuspir** é na latrina, ou então, no **cuspidor** do dentista. Há dentistas, no entanto, que nos dão esta ordem, depois de uma fase do seu procedimento: *Pode guspir!* Já houve quem resistisse e não **c**uspisse...

959. Jeni é a melhor estudante da escola

Essa frase só estará perfeita se a escola for frequentada apenas por mulheres; se nela houver alunos e alunas, cabe repará-la: *Jeni é **o** melhor estudante da escola.* (Mesmo com o protesto das feministas...) Repare nestoutros exemplos: *Clarisse é **o** melhor professor da escola.* (Naturalmente, porque na escola há professores do sexo masculino e do sexo feminino.) *Luiza Erundina foi um dos prefeitos de São Paulo.*

960. empregar é verbo abundante?

Não, *empregar* não é verbo abundante, pois só tem um particípio: *empregado*. Não há o suposto particípio "empregue", que surgiu por influência de *entregue*, do verbo *entregar*. Portanto, construímos: *O dinheiro foi bem **empregado**.* *** *A empresa tem **empregado** muita gente.* *** *Quanto dinheiro foi **empregado** nessa obra pública?*

961. o cavalo empinou?

Não, no Brasil e em Portugal, nenhum cavalo "empina". Todo cavalo *empina-se*. O verbo é rigorosamente pronominal, nesse sentido, qual seja, de *erguer-se, levantar-se*, usando apenas um apoio. Portanto, também: *O rapaz gostava de empinar-se na moto: morreu*. Certa feita, alguém se pôs a orientar mulheres grávidas na prática de exercícios. Assim: *Cuidado com a coluna, que deve estar reta. O bumbum não pode "empinar".*

Em tempo – Todos os dicionários brasileiros e portugueses registram **empinar** como pronominal na acepção vista, com exceção do Caldas Aulete, que recentemente resolveu agasalhar o verbo como intransitivo. Mas esse dicionário também registra "mussarela" e "confraternizar-se". Temos que levar em conta, entretanto, que Francisco Júlio de Caldas Aulete nasceu em Lisboa em 1823 e aí morreu em 1878. Naturalmente, não são de responsabilidade do lexicógrafo tais registros. Como se vê, assim como nas redações de jornais e revistas, também nas editoras existem estagiários... V. **179**.

962. anãozinho: redundância?

Não, não há redundância nenhuma aí, embora em *anão* já exista a ideia de *pequenez*. No entanto, não há inconveniente em usar *anãozinho*, porque, além dos aspectos puramente gramaticais, temos de levar em conta os aspectos afetivos da comunicação. A terminação *zinho*, aí, imprime ao termo afetividade, não tendo valor gramatical.

963. colher das de sopa

As pessoas que redigem bulas de remédio pensam que *tomar uma colher de sopa* seja tomar a própria colher com a sopa; então, escrevem: *tome uma colher "das" de sopa uma vez por dia, tome uma colher "das" de chá duas vezes ao dia*. Bobagem esse artifício, pois ainda não temos gente tão insensata que vá tomar a colher junto com a sopa ou junto com o chá.

964. é um governo que aparelha o Estado

Se você leu *aparêlha*, acertou, porque o verbo *aparelhar* tem todas as formas com **e** fechado: *aparelho, aparelhas, aparelha, aparelham; aparelhe, aparelhes, aparelhem*, etc.

Em tempo – *Aparelho* era o nome que se dava, no regime militar, aos grupos organizados de militância esquerdista. **Aparelhar o Estado** significa colocar um "companheiro" em cargos públicos importantes, para exercer precipuamente uma tarefa: arranjar dinheiro para o partido, não importa de que forma seja.

965. e o teu futuro espelha essa grandeza

Verso do Hino Nacional Brasileiro. Se você canta pronunciando *espêlha*, acerta, porque o verbo *espelhar*, assim como *aparelhar*, tem todas as formas com **e** fechado: *espelho, espelhas, espelha, espelham; espelhe, espelhes, espelhem*, etc.

966. devendo as provas ser<u>em</u> realizadas...

Não se flexiona infinitivo que depende de gerúndio. Portanto: *Já foi marcada a data dos exames, **devendo** as provas **ser** realizadas no período da manhã.* Declara, então, famoso político brasileiro: *No MDB os problemas são fundamentais, pois têm raízes ideológicas, ao passo que no DEM as divergências são superficiais, podendo "serem" acomodadas com relativa facilidade.* Parabéns, senador!

967. vigilidade

Forma-se de **vígil** + **dade**, com a vogal de ligação **i** e define-se como qualidade do que é *vígil*. Trata-se de termo usado especificamente no campo da medicina, psicologia e ciências afins; substitui *vigília* e *vigilância*, termos empregados em outras circunstâncias.

968. diga a ela <u>para</u> vir aqui

Nesse caso, não se usa *dizer "para"*. Vejamos por quê: *a ela* é objeto indireto; assim, "para" não exerce função nenhuma. Nem podemos dizer que essa preposição inicia oração reduzida final, porque não há ideia de finalidade. Portanto, construímos: *Diga a ela **que venha** aqui*. Outro exemplo: *Disseram-me **que esperasse** um pouco.* (e não: Disseram-me "para esperar" um pouco.)

969. nossos esforços <u>resultaram</u> inúteis

Resultar não é verbo de ligação, por isso deve ser substituído por *ser, tornar-se, fazer-se* ou *vir a ser*. Os "adevogados", todavia, adoram usá-lo assim, talvez respaldados num uso de Euclides da Cunha, que Francisco Fernandes bem refutou. Também costumam usar os "adevogados": *A audiência de hoje "restou" infrutífera.* Que deem as mãos aos nossos jornalistas e, com guarda-chuvas, saiam cantando por aí, à chuva!...

970. as despesas atingem <u>a</u> soma elevada

O verbo *atingir* não pede a preposição "a", apesar de Rui Barbosa ter abusado desse emprego, que Ernesto Carneiro Ribeiro refutou com mestria. Portanto: *As despesas **atingem** soma elevada.* Frase de jornalista: *A relação dos desabrigados atingiu "a" mais de 150 famílias.*

971. requebro: pronúncia correta

Pronuncia-se *rekêbru*. Também no plural se diz com **e** fechado. Mas um repórter de famosa e antes poderosa emissora de televisão saiu-se com esta, numa reportagem: *Os requébros de Michael Jackson chamam a atenção de todo o mundo*. Para quem está acostumado a dizer "Keóps" e "Roráima", a pronúncia é perfeita...

972. um<u>a</u> *tsunami* devastador<u>a</u> atingiu o Japão

A palavra *tsunami* (registrada no VOLP assim, sem acento, por ser um estrangeirismo) é masculina: *o tsunami,* **um** *tsunami,* **dois** *tsunamis,* etc. Agora, nem me pergunte qual o gênero que o apresentador do ex-principal telejornal do país costuma dar a essa palavra.

973. milênios <u>de anos</u>

Visível redundância. Quem fala em *milênios*, já fala em *anos*, evidentemente. Certa feita, o presidente de uma central sindical de trabalhadores, socialista indignado (se é que não cometo aqui outra redundância) e emocionado, declarou: *Há milênios "de anos" que os trabalhadores estão sendo explorados pelos empresários.* Todo exagero será castigado... Saindo da central sindical, entremos no caso daquela pessoa que desejava explicar a crença em vampiros: *A crença em vampiros nasceu milênios "de anos" atrás, quando o homem descobriu que o sangue é a fonte da vida, e se espalhou pelo mundo todo.* De fato, quando se fala em vampiros, surgem as trevas...

974. aqui chove <u>um</u> dia sim, <u>um</u> dia não

Nessa expressão e noutras com *semana, mês* e *ano*, convém não usar o artigo indefinido: *dia sim, dia não, mês sim, mês não,* etc. Usa-se também *dia sim, outro não, semana sim, semana não*, etc., sempre sem artigo.

975. de <u>um</u> modo geral, de <u>uma</u> maneira geral

Também nessas expressões, convém omitir o artigo indefinido: *de modo geral, de maneira geral, de forma geral.*

976. analisei o caso <u>a</u> grosso modo

A locução latina que significa *de modo grosseiro, por alto, de modo geral*, não tem o "a". Portanto: *Analisei o caso* **grosso modo**. ***** **Grosso modo**, *posso dizer que fui bem nas provas.*

977. Ouviram do Ipiranga às margens plácidas

Tratar-se-ia do primeiro verso do Hino Nacional Brasileiro, não fosse o "às". Não ocorre crase aí, porque não se trata de adjunto adverbial de lugar, mas do sujeito da oração: *as margens plácidas é que ouviram*. Houve emprego de linguagem figurada. Portanto: *Ouviram do Ipiranga **as** margens plácidas*.

978. sou um homem que acredito em Deus

Se fosse com convicção mesmo, você diria *acredita* no lugar de "acredito". A expressão **um** (ou **uma**) + **substantivo** + **que** exige o verbo na terceira pessoa do singular. Portanto, da próxima vez diga assim, para que todos acreditemos: *Sou um homem que **acredita** em Deus*. *** *Somos uma empresa que **confia** na pujança do país*.

979. sou um dos que acredita em Deus

Se é para acreditar mesmo, troque "acredita" por *acreditam*: a expressão *um dos que* ou *uma das que* exige o verbo sempre no plural. Essa é uma regra pétrea, nem mesmo se discute. Portanto: *Sou um dos que **acreditam** em Deus*. *** *Essa empresa é uma das que **burlam** o fisco*.

Em tempo (1) – Há os que considerem concordância facultativa nesse caso. Não. Quando ocorre substantivo antes do **que**, o verbo tem de ir, da mesma forma, ao plural. Ex.: *O Brasil é um dos países que **importam** petróleo*. (O Brasil não é o único país que importa petróleo; daí o verbo no plural.) Já neste caso, bem mais raro, *o Sol é um dos astros que **ilumina** a Terra*, o verbo fica no singular, evidentemente, porque o Sol é o **único** astro que ilumina a Terra. A maioria dos jornalistas brasileiros não têm a mínima noção dessa diferença e usam o verbo no singular em todos os casos. Normal.

Em tempo (2) – Também no plural irá o verbo quando usamos *um daqueles que*: *Sou um daqueles que **acham** que o Brasil vai crescer este ano*. Há um jornalista esportivo na ESPN que só usa o singular nesse caso. Normal...

Em tempo (3) – A jornalista Isolda Morillo, do jornal *El País*, na edição de 5 de abril de 2020, nos surpreendeu com duas concordâncias, uma errônea, outra perfeita: *Ai Weiwei é **um dos** dissidentes chineses **que** mais **denunciou** a falta de direitos humanos que impera no mundo, assim como o dano que a falta de liberdade de expressão causa na China. O artista vivo mais importante do país asiático lidera o ranking mundial de autores que atraem mais visitantes aos museus: no ano passado, 1,1 milhão de pessoas **foi** a uma de suas exposições itinerantes no Brasil, mais do que Van Gogh, Klimt e Munch*. Certamente, Isolda aprendeu que se possa também fazer a concordância com

um, quando aparece a expressão **um dos que**. Infelizmente, aprendeu errado. Quando aparece a expressão **um dos que**, pura e simples, o verbo só pode ir ao plural. Quem põe em discussão tal regra gosta mesmo é de discutir o sexo dos anjos... Quando aparece a expressão **um dos que** entremeada de substantivo no plural (e é o caso em apreço), a concordância em 99% dos casos é com o verbo no plural. O 1% restante você conheceu aí acima, no **em tempo (1)**. A surpresa fantasticamente agradável ocorreu na sua concordância (**foi**) com **1,1 milhão**. Por isso, tenho ainda muita esperança. Muita. Um dia todos os jornalistas a imitarão. Um dia... Que seja breve!

Em tempo (4) – O fato que vem comprovar a concordância do verbo no plural com a expressão **um dos que** é o erro ridículo cometido por um tradutor, da frase do escritor e pesquisador evangélico Josh McDowell sobre a ressurreição ou não de Jesus: *Cheguei à conclusão de que, de duas uma, ou a ressurreição de Jesus é um dos embustes mais "mal-intencionado, cruel e desumano" jamais impostos às mentes humanas OU é o fato mais fantástico da história.* O tradutor achou que os adjetivos no singular estão corretos, porque concordam com o "um". Tal entendimento não constitui apenas uma tolice, mas a mais pura das vigarices!

980. adrede: pronúncia correta

Adrede é um advérbio que significa *de propósito, intencionalmente* (*plano* ***adrede*** *traçado*) e se diz com **e** tônico fechado, apesar de "adevogados" o pronunciarem aberto. Como já é um advérbio, não se junta a terminação "mente", que seria o mesmo que usar "de repentemente", como fazia o personagem Odorico Paraguaçu, da telenovela *O Bem-Amado*. Mas já houve dicionário que o fez. Inacreditável!

981. descongelar-se

É verbo pronominal, na acepção de derreter-se: *Os cubos de gelo já* ***se*** *descongelaram.* *** *Carne congelada não* ***se*** *descongela rapidamente, a não ser no micro-ondas.* Aí aparece uma nutricionista, que adverte: *Se os alimentos estão crus, uma vez que eles "descongelaram", não podem ir para o freezer outra vez, a não ser que passem por cozimento.*

Em tempo – Já o verbo *congelar* é pronominal ou não, indiferentemente: *A água congelou* (ou *congelou-se*) *rapidamente no freezer.*

982. um puro-sangue, dois...

...*puros-sangues*. Os dois elementos variam, tanto como substantivo quanto como adjetivo: *cavalos puros-sangues, chapas puros-sangues*. Um jornalista da *Gazeta do Povo*, porém, revela não pertencer à classe dos profissionais puros-sangues, já que escreveu, sem pejo: *Eles não são "puro-sangue". Mas do sangue de 50 cavalos que vivem em Piraquara, Região Metropolitana de Curitiba, é possível produzir por ano até 20 mil ampolas de 5 ml do antídoto para veneno de aranha-marrom.* E ainda deixou espaço entre 5 e ml. Eles são ótimos!

983. bodas, sequoia: pronúncia correta

Há quem diga "bódas", mas a palavra nada tem a ver com bode. Diga sempre *bôdas*, palavra que só se usa no plural. E também *sekóia* (o *u* não soa), mas na internet, Carlos Rocha, "ensinando" em *Ciberdúvidas da língua portuguesa*, manda-nos pronunciar "sekuóia". Nem mesmo em inglês o **u** soa. E, então? Não é formidável essa internet?

984. não repare a bagunça

Quando alguém visita sua residência, e esta não está lá muito arrumada, tenho certeza de que você já usou essa frase. Mas ela merece reparos. Da próxima vez, peça à sua visita que não repare **na** bagunça, porque o verbo *reparar*, no sentido de *notar*, é transitivo indireto. *Reparar*, transitivo direto, significa bem outra coisa: *consertar. Calasãs, você já reparou o ar-condicionado da sala? Calasãs, Calasãs, você reparou no que eu disse, Calasãs?*

985. comprei um bom ar condicionado

O aparelho sempre será **ar-condicionado** (com o hífen); o que sai dele é que é um *ar condicionado*. Portanto: *O **ar-condicionado** da sala não funciona, por isso é que não temos ar condicionado*. As lojas por aí, no entanto, estão vendendo "ar condicionado" em promoção. É possível?

986. gel, mel: plural

O plural de palavras terminadas em **el** tônico se faz com a troca dessa terminação por **éis**. Portanto, *géis, méis* (os portugueses também admitem *geles* e *meles*).

987. usou o estetoscópio para ascultar o coração

Aliás, para **auscultar** o coração. Você já **auscultou** o pulmão de um fumante? Pois quando **auscultar**, se for fumante, nunca mais vai fumar; nunca mais vai admitir amigo ou ente querido que fume. Você já viu a cor de um pulmão de fumante? Você já sentiu o cheiro que exala? No dia que vir o preto e sentir o imenso fedor, se fumar, vai pedir perdão à sua saúde.

988. mercancia ou mercância?

Apesar de boa parte dos "adevogados" usarem "mercância", a palavra é mesmo *mercancia*. Título de notícia de um jornal gaúcho: **Sem indícios de mercância, juiz rejeita denúncia de tráfico**. Pois é, os "adevogados" sempre têm boa companhia...

989. benzer-se e persignar-se

Benzer-se é fazer o sinal da cruz; **persignar-se** é fazer quatro cruzes, três pequenas com o dedo polegar, na testa, na boca e no peito, e depois a cruz grande, como quando se benze.

990. vot<u>aram</u> um milhão e cem mil eleitores

Se a língua nos manda usar *é uma e quinze, é uma e meia*, também manda usarmos *votou um milhão e cem mil eleitores*. Não há diferença nenhuma entre esses casos. Veja, no entanto, esta promoção pela internet da H20h!: *"São" R$ 1 milhão em prêmios!* E eis aí uma das mais altas expressões de estupidez! Quem escreve uma tolice dessas merece ser apenado com multa. E multa elevada, para nunca mais se meter a difundir estultices. Veja, agora, este título do *Diário do Nordeste*, de Fortaleza: **1,8 milhão de fortalezenses "vão" às urnas**. Jornalistas do Brasil, onde estais?

Em tempo – É preciso afirmar (será preciso dizer *com veemência?*) que **um milhão** é expressão de singular, e não de plural; **milhão** é nome coletivo e exige, como outros coletivos, o verbo no singular: *Um milhão de pessoas* **morreu**, e não *Um milhão de pessoas "morreram"*. Assim como ninguém usa *um bando de gafanhotos "devastaram" a plantação de milho*, não nos cabe usar "morreram" por *morreu*. E ainda existem jornalistas que constroem: *"Morreram" um milhão de pessoas*, erro semelhante àquele que usa: *"Aconteceram" uma série de problemas*. Está quase impossível encontrar jornalista que tenha pleno domínio do idioma. Daí por que faz muita falta a todos nós o saudoso Lenildo Tabosa Pessoa.

991. ambos <u>c</u>asos são iguais

Jornalista brasileiro, agora, deu de omitir o artigo depois de *ambos*, quando este numeral dual antecede substantivo. Então, escrevem: *"ambas empresas" fecharam; "ambos irmãos" brigaram; "ambas frases" estão erradas*. São criativos demais! O doutor Pardal criava muito menos...

992. em face de ou em face <u>a</u>?

Sempre *em face de*: *Em face da alta do dólar, a gasolina sobe*. *** *Em face* *do exposto, restam-nos poucas alternativas.* O uso da expressão "em face a" fez surgir outra, ainda mais irrecomendável: "face a", que os "adevogados" adoram...

993. tampouco e tão pouco

Tampouco se emprega para reforçar um enunciado negativo e equivale a *muito menos*: *Ela não fala inglês e **tampouco** francês.* *** *O pai não permite que a filha trabalhe e **tampouco** que namore.* *** *Ele não trouxe dinheiro e **tampouco** documento.* **Tão pouco**, por outro lado, se usa por *muito pouco* ou por *de tal forma pouco*: *Dormi **tão pouco** hoje, que nem deu tempo de sonhar.* *** *Ganho **tão pouco**, que mal consigo sobreviver.* Eis, porém, como escreveu um jornalista do *site* Autos Segredos: *O presidente da PSA Argentina, Gabriel Cordo Miranda, confirmou ontem (25/8), em coletiva para jornalistas argentinos que o 2008 não será produzido na Argentina e "tão pouco" no Brasil.* Eles são assim...

994. acostumar e costumar

Acostumar significa habituar, fazer (alguém) adquirir um costume ou hábito: *Ele **acostumou** os filhos a escovarem os dentes após as refeições.* **Costumar** é ter por hábito ou costume: ***Costumo** escovar os dentes após as refeições.*

Em tempo – Na vida existem comediantes que nos fazem rir e comediantes que nos fazem chorar. Veja o que declarou um deles, ao deixar a Rede Globo, depois de 44 anos: *São novos tempos, novos parceiros, novos projetos e novos desafios. Minha grande parceira durante esses anos foi a Rede Globo, que "acostumei a" chamar de minha casa. Mas diante "a" novos tempos e políticas internas de contratação, vamos iniciar uma nova fase de trabalhos contratuais.* E ainda usa a preposição "a" depois do verbo já errado, inteiramente descabida. Depois, usa uma locução preposição que a língua desconhece: *diante "a"*, em vez da legítima e correta *diante de*. Enfim, a vida é assim: cheia de comediantes que nos fazem chorar...

995. osseointegração

Técnica moderna, usada tanto na medicina quanto na odontologia, surgida com o médico sueco Per-Ingvar Branemark, radicado no Brasil (Bauru, SP). Embora já se esteja vulgarizando a forma vista acima, a mais aconselhável é *osseointegração*, a exemplo de *osteocartilaginoso, osteopatia, osteoporose*, nas quais o **o** inicial soa aberto.

996. invasão e incursão

Invasão é a entrada à força ou de modo hostil em um lugar, é a ocupação na marra. O que o Iraque fez com o Kuwait em 1990 foi uma *invasão*. Quando os sem-terras ocupam à força uma fazenda, ocorre também *invasão*. Já **incursão** é a invasão rápida, fulminante. O que os Estados Unidos fizeram no Panamá em 1989, foi uma *incursão*, e não propriamente uma "invasão". Se os dicionários registram a diferença? Que esperança!

Em tempo (1) – *Invasão* rege **de**, e não "a": *a invasão **d**o Panamá pelos Estados Unidos, a invasão **do** Tibete pela China, invasão **de** privacidade, invasão **de** domicílio*, etc.

Em tempo (2) – Já *incursão*, no sentido de *passeio, excursão, viagem*, rege **a** ou **por**: *Quando da nossa incursão **ao** (ou **pelo**) Japão, notamos quão educado é esse povo asiático.*

997. deu uma dó dela!

Dó eu é que tenho daquele que diz *"uma" dó*. Essa palavra nunca deixou de ser masculina: *o dó, **um** dó, muito dó*, etc. Por isso: *Deu **um** dó dela!* *** *Estou com tanto dó de ti!* *** *Quanto dó me deu daquela criança!*

998. dolo: pronúncia correta

Pronuncia-se com **o** tônico aberto (*dó*), embora alguns a defendam com **o** fechado. *Em caso de acidente de trânsito com morte, o réu só vai a júri quando ficar caracterizado **dolo** eventual.* *** *Quando o agente assume o risco de cometer um crime, ocorre o **dolo** eventual.*

999. deparei uma onça na estrada

É, em estrada, muitas vezes, se nos depara cada coisa! O verbo *deparar* é verbo transitivo direto, quando significa *encontrar por acaso ou inesperadamente, topar com*: *Deparei uma onça na estrada.* *** *Deparei o Papa na rua, em Roma!* Seu uso como verbo pronominal é recente na língua; passou a ser usado assim por influência do seu sinônimo *encontrar-se*, que rege *com*; daí o surgimento de *deparar-**se com***: *Deparei-**me com** uma onça na estrada.* *** *Deparei-**me com** o Papa na rua, em Roma.* Quando o complemento é coisa, prefira usá-lo como transitivo direto: *Deparei um erro grave no livro.* *** *Deparamos uma pedra no meio da estrada.* Se o complemento é *pessoa* ou ser animado, use indiferentemente como transitivo direto ou como transitivo indireto, como vimos acima.

1000. tinha impresso muito dinheiro

O verbo *imprimir* tem dois particípios: *imprimido* (regular, que se usa com *ter* e *haver*) e *impresso* (irregular, que se usa com *ser* e *estar*). Portanto: *A Casa* *da Moeda tinha **imprimido** muito dinheiro.* Mas: *Muito dinheiro foi **impresso** pela Casa da Moeda.* *** *O motorista do ônibus havia **imprimido** grande velocidade naquele trecho, para não correr risco de assalto.* *** *Grande velocidade naquele trecho foi **impressa** pelo motorista do ônibus, para não correr risco de assalto.*

Bibliografia

ACADEMIA BRASILEIRA DE LETRAS. *Vocabulário Ortográfico da Língua Portuguesa,* 5.ª ed., São Paulo, Global, 2009.
ALI, M. SAID. *Dificuldades da Língua Portuguesa,* 5.ª ed., Rio de Janeiro, Livraria Acadêmica, 1957.
ALI, M. SAID. *Gramática Elementar da Língua Portuguesa,* 9.ª ed., São Paulo, Melhoramentos, 1966.
ALI, M. SAID. *Gramática Secundária da Língua Portuguesa,* 7.ª ed., São Paulo, Melhoramentos, 1966.
ALMEIDA, NAPOLEÃO MENDES DE. *Dicionário de Questões Vernáculas,* São Paulo, Caminho Suave, 1981.
BARRETO, MÁRIO. *Novíssimos Estudos da Língua Portuguesa,* 3.ª ed., Rio de Janeiro, Presença, 1980.
BRANDÃO, CLÁUDIO. *Sintaxe Clássica Portuguesa,* Imprensa da Universidade de MG, Belo Horizonte, 1963.
CÂMARA JR., JOAQUIM MATTOSO. *Dicionário de Fatos Gramaticais,* Ministério da Educação e Cultura, Casa de Rui Barbosa, Rio de Janeiro, 1956.
CÂMARA JR., JOAQUIM MATTOSO. *Dicionário de Linguística e Gramática,* 18.ª ed., Petrópolis, Vozes, 1997.
CRUZ, JOSÉ MARQUES DA. *Português Prático,* 28.ª ed., Melhoramentos, 1964.
CRUZ, Padre ANTÔNIO DA. *Regimes de Substantivos e Adjetivos,* Petrópolis, Vozes, 1941.
CUNHA, CELSO FERREIRA DA e CINTRA, L. *Nova gramática do Português Contemporâneo,* 3.ª ed., Rio de Janeiro, Lexicon, 2007.

DICIONÁRIO AURÉLIO DA L.P. 5.ª ed., Curitiba, Editora Positivo, 2010.
DICIONÁRIO HOUAISS DA L.P. Rio de Janeiro, Editora Objetiva, 2009.
ELIA, HAMILTON. *Gramática Aplicada*, Rio de Janeiro, J. Ozon Editora, 1966.
ELIA, HAMILTON. *Prática da Análise Sintática*, 8.ª ed., Rio de Janeiro, J. Ozon Editora, 1963.
ELIA, SÍLVIO EDMUNDO. *Ensaios de Filologia e Gramática*, 3.ª ed., Porto Alegre, Editora Globo, 1972.
FERNANDES, FRANCISCO. *Dicionário de Verbos e Regimes*, 43.ª ed., Rio de Janeiro, Editora Globo, 1999.
FERNANDES, FRANCISCO. *Dicionário de Regimes de Substantivos e Adjetivos*, 25.ª ed., São Paulo, Editora Globo, 2000.
GOTARDELO, AUGUSTO. *O Emprego da Vírgula*, 2.ª ed., Juiz de Fora, Edição do Autor, 1960.
JOTA, ZÉLIO DOS SANTOS. *Dicionário de Dificuldades da Língua Portuguesa*, Rio de Janeiro, Editora Fundo de Cultura, 1960.
JOTA, ZÉLIO DOS SANTOS. *Glossário de Dificuldades Sintáticas*, Rio de Janeiro, Editora Fundo de Cultura, 1962.
KURY, ADRIANO DA GAMA. *Novas Lições de Análise Sintática*, 7.ª ed., São Paulo, Editora Ática, 1997.
LIMA, CARLOS HENRIQUE DA ROCHA. *Gramática Normativa da Língua Portuguesa*, 35.ª ed., Rio de Janeiro, Livraria José Olympio Editora, 2008.
MACHADO, JOSÉ PEDRO. *Dicionário Onomástico Etimológico da Língua Portuguesa*, 3.ª ed., Lisboa, Livros Horizonte, 2003.
MACHADO, JOSÉ PEDRO. *Dicionário da Língua Portuguesa*, Lisboa, Livraria Didáctica Editora, 1960.
MELO, GLADSTONE CHAVES DE. *Gramática Fundamental da Língua Portuguesa*, 4.ª ed., Rio de Janeiro, Ao Livro Técnico, 1978.
NASCENTES, ANTENOR DE VERAS. *O Idioma Nacional*, 5.ª ed., Rio de Janeiro, Livraria Acadêmica, 1965.
NASCENTES, ANTENOR DE VERAS. *Dicionário de Dúvidas e Dificuldades do Idioma Nacional*, 5.ª ed., Rio de Janeiro, Freitas Bastos, 1967.
OEHLMEYER, AUTOMAR. *Regência Verbal e Nominal*, Livraria Pioneira Editora, 1962.
PEREIRA, EDUARDO CARLOS. *Gramática Expositiva*, 101.ª ed., São Paulo, Companhia Editora Nacional, 1957.
REIS, OTELO. *Breviário da Conjugação dos Verbos da Língua Portuguesa*, 38.ª ed., Rio de Janeiro, Editora Francisco Alves, 1978.
RIBEIRO, JOÃO. *Gramática Portuguesa*, 22.ª ed., São Paulo, Editora Cultrix, 1933.

SACCONI, LUIZ ANTONIO. *Dicionário de erros, dúvidas, dificuldades e curiosidades da língua portuguesa*, 2.ª ed., São Paulo, Matrix, 2021.

SACCONI, LUIZ ANTONIO. *Não erre mais!*, 34.ª ed., São Paulo, Matrix, 2021.

SACCONI, LUIZ ANTONIO. *Tudo sobre português prático*, São Paulo, Moderna, 1979.

SACCONI, LUIZ ANTONIO. *Nossa gramática completa*, 34.ª ed., São Paulo, Matrix, 2021.

SACCONI, LUIZ ANTONIO. *Grande dicionário Sacconi da língua portuguesa*, São Paulo, Nova Geração, 2010.

SAUSSURE, FERDINAND DE. *Curso de Linguística Geral*, 2.ª ed., São Paulo, Cultrix, 1970.

SILVEIRA, A.F. DE SOUSA DA. *Lições de Português*, 9.ª ed., Rio de Janeiro, Presença, 1983.

Índice alfabético

Atenção – Os números se referem aos **itens**, e não às páginas.

A
à (e não na) 432, 434
a (preço individual) 418
à amostra 638
à bateria 394
a cavalo 782
a cerca de 848
à custa de 336
a distância 780
à espera 599
a estas horas 416
a etanol 394
a expensas de 336, 337
a facadas 429
a fim de 332
a folhas 417
a gás 394
a gasolina 394, 781
a gente 51, 296, 696
a grosso modo 976
à Hitler 782
à medida que 341
a meias 263
a menos que 660
a meu ver 38
a mim me parece 884
à mostra 638
a nível 389
a páginas 417
a par/ao par 627
a partir de 197, 410
a pé/a cavalo 444
a ponto de 114
a portas fechadas 429
a posteriori 191
a primeira vez que 876
a priori 191
a que horas? 407
a rigor 58
a segunda vez que 876
a Sua Excelência 783
à toa 131
a turma 64
a última vez que 876
a vista 781
à volta com 336
a Vossa Excelência 783
à zero hora 472
a/em domicílio 822
a/em princípio 852
a/há 239
à/na mão 580
abaixar 40
abaixo-assinado 162
abdome/abdômen 422
abençoar (reg.) 684
abjeção/objeção 713
absolutamente 102
absoluto 102
absolver/absorver 654
abster-se 366
acabar de 152
acabaram as aulas 173
acarpetar 574
aceito (por aceitado) 390
acelerado 745
acenar 174
acender 902
acender/ascender 685
acerca de 848
acertar (reg.) 793
aceso/acendido 902
acidente 132
acochar 227
acontecer (conc.) 61, 716
acordar 408
acordarão (por acordaram) 268
acordeom/acordeão 422
Acordo Ortográfico 14
açoriano 437
acostumar/costumar 994
acostumar-se 155
acréscimo 56

acriano 437
acrobata 216
acrônimo 5
açúcar 633
acurado/apurado 335
adaptar 942
adentrar 374, 409
adequar 768
adiantar-se 744
adido 34, 861
adj. gentílico 860
adj. pátrio 860
Adonirã 185
adrede 980
advogacia 491
aerossol 550
afeito/afoito 734
afeminado/efeminado 422
aferir 118
aficionado 276
afixar/afixado (reg.) 459
aforismo/cataclismo 338
afrouxar 486
agenciar 901
agora há pouco 339
agradar (reg.) 921
agradável de fazer 798
agradecer 279
agronomando 769
agrotóxico 718
água de coco 244
aguar 761
aguardente 850
Águia de Haia 312
Aguinaldo 742
aids 373
aja/haja 401
ajudar (reg.) 683
Alambra 304
Alcibíades 742
álcool (pl.) 427
álcool em gel 5
alcunha 413
alerta 941
alface 465
alfaiata 34
algum 618
algum de nós (conc.) 367
alguns de nós (conc.) 367
álibi 184
alísios 310
almejar 280
alopecia 869

alpargata/alpergata/alpercata 422
alto e bom som 751
alto-falante 719
aluga-se casas 955
aluguel/aluguer 422
alumiar/iluminar 830
aluno/aula 828
alvejar 280
alvinegro 262
alviverde 262
alvo (conc.) 17
amanhecer 701
ambas as duas 779
ambos (sem art.) 991
ambos/os dois 648
ameaçar de 866
americano 27
amigo-oculto 162
amigo-secreto 162
amnésia 216
amoral/moral/imoral 331
anãozinho 962
andaime 36, 190
andar (conc.) 181
andar/caminhar 883
Andes 193
Andrea (it.) 214
Andreia 214
Andronico 443
anexo 386
Anhanguera 215
animaizinhos 598
aniquilar 824
ano passado 207
ano V (como ler) 553
ano-novo 373
ânsia/ânsias 769
ansiar 146
ansioso 93
anta 187
Antártica 596
ante 735
antecipar 926
antedatar/pré-datar 330
anteontem 574
antepor 368
antes de mais nada 493
antes que 827
antever 79
anti (pref.) 438
antiguidade 215
Antioquia 552
antipatizar 601

Antofagasta 119
Antônio 379
ao (e não no) 432
ao aguardo 599
ao derredor 46
ao encontro de 342
ao invés de 241
ao meio-dia 73
ao ponto de 114
ão por am 268
ao redor 46
ao volante 432
aonde/onde 255
aos 10 para as 9 200
aos domingos 441
aos sábados 441
aparecer 469
Aparecida 846
aparelhar (pron.) 964
aparelhar o Estado 964
apartamento (abrev.) 43
apaziguar 267
apedrejar 280
apelar/apelo 475
apenar 936
apêndice 507
apenso 386
apesar de que 647
apetite 633
apologia 176
apor 212, 368
após + infinitivo 153
apostar como 364
apóstola 34
aprendiza 34
aproveitar 11
apud 291
apurado/acurado 335
aquele um/aquela uma 748
Aquidabã 185
arará 44
árbitro/juiz 829
ar-condicionado 985
arear/areado 130
arejar 280
armar-se 449
arraigar 352
arrasar 9
arrepender-se 468
arrepiar-se 448
arroz (pron.) 424
arroz-doce (pl.) 565
arruinar 352

artigo (c/ pr.poss.) 695
artigo (uso do) 727, 728
artigo no pl. 775
arto (por alto) 752
as 5.ª e 6.ª séries 775
às avessas 266
às direita/esquerda 651
as margens plácidas 977
ascendência 177
ascender/acender 685
asfixiado 167
aspirar (reg.) 671
assim como (conc.) 544
assistir (reg.) 59
assoalho/soalho 422
assoprar/soprar 422
assustar-se 448
asterisco 304
atazanar 235
atemólia 843
atenazar 235
atenção (reg.) 46
atenciosamente (abrev.) 43
atender (reg.) 569
atento/desatento 808
aterrar 906
aterrissagem 906
aterrissar 906
aterrizagem 906
aterrizar 906
ater-se 366
atimoia 843
atingir 970
atrasar-se 744
através de 387
audiovisual 574
auferir 118
aula/aluno 828
aumentar ainda mais 722
aumento (reg.) 621
aura/áurea 842
Aurélio 192, 526, 733, 836
auscultar 987
austero 111
auto (prefixo) 426
auto-falante 719
automobilística 254
automotivo 254
autópsia 217
ave, Maria 567
ave-maria 567, 568
averiguar 267
avestruz 773

avir-se com/haver-se com 425
avisar 377
aziago (pron.) 924
azul-bebê 285
azul-celeste 655
azul-marinho 655
azul-turquesa 285

B

bacanal 413
bacharela 34
bagdali 269
baixar 40
baixo calão 937
Bajé 122
banana 705
bandeirantes 752
bandeja/bandejão 908
bando de (conc.) 546
barguilha 422
barranca/barranco 864
basculante 422
bastante (conc.) 609
bastar 501
bastidores 16
bater (horas) 393
batom na boca 84
bêbado/bêbedo 422
bebê 725
Bebiano 742
beijo (pronúncia) 424
beliche 455
beltrano 738
bem como (conc.) 544
bem-feito! 593
bem-me-quer 244
bem-vindo 592
beneficente 951
benfeito 593
benzer-se 989
benzinho 840
berganhar/barganhar 422
beringela 815
besouro 277
bicama 455
bicampeão 69
bicampeonato 69
bigodão (pron.) 757
bilhão/bilião 422
binóculo 41
biopsiar 33
biótipo/biotipo 606
biscoito/biscouto 434

blasfemar 314
BMW 168
boa de ouvir 798
boa vontade 835
boa-fé/má-fé 835
Bocaina 36
bocejar 280
bochechar 513
bodas 193, 983
bodas de fundação 833
boemia 294
bolão (pron.) 757
bólido/bólide 422
bom de ouvir 798
bom gosto 835
bom humor 835
bom senso 834, 835
bomba 447
bombril (pl.) 891
borderô 954
bororos 700
bossa-nova 634
bosta 187
braba 422
braguilha 422
Brasil (pl.) 892
brasileiras e ... 121
brasilo-argentino 435
brocha/broxa 672
brócolis 760
Brodowski 490
bucomaxilofacial 927
bufê 954
bulimia 871
burocracia 738
burocrata 738
Buscapé 404
Butantã 185

C

cabeleireiro 154
cabine/cabina 422
Cabriúva 122
caçar 76
cacoepia 216
cacófato 252
cacofonia 252
cada (isolado) 418
cadafalso 586
caderneta 103
caderno aspiral 404
cães e crianças 788
cãezinhos 598

câimbra/cãibra 422
cair (reg.) 534
cair num domingo 923
cair um tombo 515
Cairo 758
caixa (o) 950
caixa (pronúncia) 424
caixa de ferramentas 795
caixa de fósforos 795
caixa de sapatos 795
caixa postal 499
cal 829
calão 937
Calasãs 403
calça/caução 699
Caldas Aulete 179, 326, 961
caldo de galinha 613
calejar 280
Calisto 742
câmara/câmera 779
cambiar 901
caminhar/andar 883
caminhoneiro 323
Campos Elísios 310
Camucim 122
canalha 327
candidatos a 784
cândido/candidato 327
canja 613
Capela Sistina 116
Capibaribe 117
capitã 34
captar 942
captar/capturar imagem 945
cara 187, 748
caractere 304
caramanchão 574
caranguejada 908
caranguejo 908
caranguejola 908
caráter 304
cardiomalacia 870
Carlos Marinheiro 350
Carlos Rocha 983
Cármen 31
carnaval 373
caroços/carocinhos 757
carpetar 574
cartão de visita 6
cartão-postal 226
carteira 34
casa da mãe joana 831
casa geminada 85

casaizinhos 598
casal de filhos 795
caso (e verbo) 488
cassar 76
cassetete 731
Cassilda 31
castanho-claro (pl.) 623
castanho-escuro (pl.) 623
Castilho A.F. 533
cataclismo/aforismo 338
catafalco 586
catálogo 738
Catar 303
cata-vento 474
cateter 867
caução 231
cavaleiro/cavalheiro 588
cavoucar 486
CDs 228
Ceagesp 509
Ceasa 510
Cebolinha 752
cecear/ciciar 659
cê-cedilha 573
ceder-mos 251
celerado 745
Celso Cunha 491
censo/senso 668
centésimo 316
centímetro (abrev.) 460
centroavante 551
CEP 539
cerca de 775
cerda 315
cerrar/serrar 549
cervo 324
cerzir 199
cesariana 383
cessão/seção/sessão 669
cesta 208
chamar à atenção 250
chamar-se 147
champanhe 26
chassi 743
chatô 954
chau/tcheco 641
chave 447
chefe 34
chego (por chegado) 390
cheio 307
cheirar 281
cheque nominativo 772
cheque/xeque 415

cherimólia 843
chofer 614
chope 139
chopim/chupim 422
chuca-chuca (gên.) 919
chuchu 574
chupa-cabra 6
Cíbele 112
Ciberdúvidas da LP 350, 983
ciclone tropical 449
cidadão (pl.) 430
Cínara 112
Cingapura 128
cinquenta 109
cinza (conc.) 285
circuito 658, 818
ciriguela 129
ciriguela/seriguela 834
ciúme 661
cível/civil
Clarisse 158
classificar-se 147
clinicar 786
clipe 142
clitóris/clítoris 643
cobrão (pron.) 757
coca-cola (pl.) 916
cóccix 89
cócegas 193
coeficiente/fator 928
Coelho Neto 900
coerança 127
coerdar 127
coerdeiro 127
coerência 482
coirmão 262
coisíssima 667
coldre 308
cólera 777
colhão (pron.) 640
colher das de 963
colocação pronominal 492, 898
colocar uma questão 935
colombina 44
com certeza 105
com nós/conosco 630
comandante 34
combinar 408
come 382
começaram as férias 173
comediante 32, 34
comentar sobre 271
comercializar 113

comerciar 113, 901
cometer erros 636
comichão 816
como 99
comodato 856
companhia 66
compor 368
comprimento 108
comunicamos-lhes 663
comunicar 500
concerto 37
conclave 383
condor 658
confessar 365
confirmação (reg.) 556
confraternizar 179
congelar 981
conjetura 584
cônjuge 888
conjuntura 584
conserto 37
conservar-se 459
consigo 629
consistir 151
consultar 747
consumar 225
consumir 225
conta-gotas 98
contemporaneidade 688
conter 366
contra 777
contralto 566
contrapor 368
contrapropor 368
convalescença 738
copo d'água 547
copular 786
cor de café com leite 865
cor de laranja 485, 865
cor de limão 865
cor-de-rosa 865
Corinthians 50, 261
corintiano 50, 262
cornos/corninhos 757
coronela 34
corpo de delito 832
corré 127
correr atrás do prejuízo 482
corréu 127
corsos 635
corvos/corvinhos 757
coser/cozer 403
costa/costas 229

costumar/acostumar 994
Cotinguiba 246
covarde/cobarde 422
covid-19 5, 373
crânio (fig.) 532
crase 305, 429, 780, 781, 782, 783
creações 428
Creusa 742
crianças de 0 a 2 anos 582
cromar 738
cromossomo 764
croqui 743
crosta 180
crucial/cruciante 483
cruz-maltino 508
cuchê 954
cujo 376
culote 733
cultivar (gên.) 693
cumprimento 108
cupim 44
cuspido e escarrado 232
cuspir 958
custar 710
custei a 711
Cutia 122

D

d' 22
da onça beber água 813
dado(s), dada(s) 620
dama/damas 806
daqueles 581
daqueles que (conc.) 68
daqueloutro 64
daqui (por aqui) 470
daqui a 234
daqui a/em 656
dar (bastar) 265
dar (horas) 393
dar à luz 724
dar de 866
dar entrada 169
das de sopa 963
de 0 a 2 anos 582
de a pé/a cavalo 444
de acréscimo 56
de bruços 574
de cócoras 574
de cocre 574
de domingo 441
de encontro a 342
de forma/maneira geral 975

de formas que 431
de greve 297
de hipótese nenhuma 622
de mais 54
de maneira/modo geral 975
de maneiras que 431
de menor/de maior 560
de modo algum 618
de modo nenhum 618
de modos que 431
de nada 399
de novo 105
de que/dequeísmo 679
de recuperação 512
de repente 105
de sábado 441
de segunda época 512
de si mesmo 355
de vez que 736
de... a 385
de/em férias 297
de/em pé 297
debaixo/de baixo 774
debruçar-se 136
decemestre 19
decência 177
decente 177
decompor 368
deferir/diferir 414
défice 184
deficit 184
defunto/função 327
degote/degotado 491
deitar-se 408
deixar + pr. oblíquo 746
Dejanira 742
dela chegar 813
dele mesmo 355
demais 54
demandar 409
demasiado 845
democrata-cristão 863
demonstrar/demostrar 422
dengue 287
Dênis 742
deparar (reg.) 999
depois que 827
depor 368
depor na polícia 12
deputado (reg.) 778
Dersa 511
derreter-se 625
desabafar 135

desagradar (reg.) 921
desagradável de fazer 798
desaguar 761
desapercebido 561
desarraigar 352
desatento/atento 808
desavir-se 947
descargo 134
descarrilar/descarrilhar 422
descascando (pele) 137
descascar 137
descendência 177
descoberta 844
descobrimento 844
descomentar 51
descompor 368
descongelar-se 981
descriminalizar 402
descriminar 402
desculpar 477
desde 411
desejar votos 612
desencargo 134
desenxavido/desenxabido 422
desfechar 513
desfrutar 57
designar 104
desinteressar-se 452
desmistificar 90
desmitificar 90
desobedecer 295
despensa/dispensa 463
despercebido 561
desperdício 676
desprevenido (pron.) 640, 899
dessarte/destarte 857
dessas 581
destes 581
destoutro 64
destrinçar 841
destrinchar 841
deter 366
deus nos acuda 804
deveres escolares 481
18 de dezembro 755
dia a dia 407
dia sim, dia não 974
diabetes 161
diálogo 738
diapasão 785
Diário do Nordeste 53, 517, 775, 990
dica (gír.) 748
diferençar/diferenciar 697

diferir/deferir 414
difícil de entender 798
digladiar 738
Dilma 177, 378, 451
dinheiro (pronúncia) 424
Dinis 742
Diocleciano 742
discrição 343
discriminar 402
disenteria 92
disparado 737
dispor 368
distanciamento 125
distinguir (pron.) 787
dito documento 496
dizer para 968
dó (gên.) 997
do meu ponto de vista 317
do que/que 313
do/pelo avesso 363
dois terços (conc.) 81
dois/dous 434
dois-pontos 358
dois-quartos 358
dolo (pron.) 998
Domício Proença F.º 866
dona (abrev.) 378
Doroteia 214
dossiê 954
dourar 486
doutorando 769
dragoa 44
drope 143
ducentésimo 316
Dulcineia 214
duzentas e vinte pág. 574
DVDs 228

E

e (antes de etc.) 499
é muito (conc.) 70
e nem 398
é pouco (conc.) 70
é suficiente 70
Eça de Queirós 922
echarpe 829
econômico-financeiro 863
Edgar 419
educando 769
eficaz/eficiente 348
Eiffel (pron.) 939
eis que 736
elaborar 361

Elaine 190
elefoa 79
elencar 292
elenco/plantel 328
Eletrobras 792
Eliakim Araújo 200
Elisabete 356
Elísios 310
Elizabeth 356
em (a mais) 334
em alerta 941
em alto e bom som 751
em anexo 386
em cima/encima 774
em cores 932
em demasia 845
em demasiado 845
em derredor 46
em face de 992
em função de 20
em greve 297
em hipótese nenhuma 622
em mão 516
em meu ver 38
em nível 389
em palácio 522
em que pese a 388
em redor 46
em rigor 58
em vez de 241
em via de 336
em/a domicílio 822
em/a princípio 852
em/de férias 297
em/de pé 297
embaixo/em baixo 774
embora + gerúndio 605
é-me 814
emergir/imergir 527
Êmerson 189
emigrar 632
eminente/iminente 391
emissão 101
emitir 101
empatado 150
empatar 150
empate 150
empecilho 18
empinar-se 961
empregar 960
emprestar 821
empréstimo temporário 856
encarar de frente 515

encarpetar 574
ênclise a particípio 898
encoxar 227
endeusar 196
endoidar 195
ênfase 535
enfrentar de frente 515
engambelar/engabelar 422
enquanto a mim 653
enrugar-se 756
entender de 866
entorse 413
entrar de sócio 333
entrar dentro 613
entre eu 238
entre mim 238
entre... e 146, 385
entregar-mos 251
entregue (por entregado) 390
entrepor 368
entretanto 538
entreter 366
entrever 79
enviuvar 423
enxaguar 761
enxaqueca 315
equidade 825
equidistância 826
equidistante 826
equilátero 825
éramos em sete 334
esbaforido 400
esculpido e encarnado 232
esfirra 738
esmeraldino 262
espavorido 400
espectador/expectator 624
espelhar 965
esperto/experto 615
espiar/expiar 467
espinha 570
espírito de porco 146, 448
esplêndido 505
espondilomalacia 870
espontaneidade 687
esporte (conc.) 282
esquecer 370
esse/este 351
estada/estadia 325
estadiamento 326
estádio/estágio 326
Estados Unidos (os) 517
estafilococo 872

estágio/estádio 326
estagnar 104
estalar ovos 213
estalar/estralar 422
estância 610
estar + gerúndio 55
estar em cinco 334
estar entregue 390
estático/extático 442
esteja/seja 519
Estela 356
esterçar 801
esterno/externo 611
estória 759
estourar 486
estoutro 64
estragar-se 766
estrambótico 576
estrato/extrato 607
estrelar ovos 213
estreptococo 872
estupidez 525
estupro 673
etimologia (h mantido) 127
EUA (conc.) 517
Euler 302
Eurípides 742
evadir-se 794
evaporar 602
evitar de 866
exame vestibular 769
exceção 280
exceder (reg.) 929
existir 207
exoplaneta 7
exorbitar 258
experimentar melhoras 934
explodir 203
expor uma questão 935
extinguir (pron.) 787
extra 164

F

fácil de entender 798
Fala Brasil 485
falecimento/morte 528
Falkland 445
falo (por falado) 390
faltar (conc.) 362
faltar (reg.) 905
faltar 473
Família Real 317
fantasma 447

faraó 210
farejar 280
fariseia 34
farmacolando 769
fator/coeficiente 928
faz (pronúncia) 424
fazer (conc.) 363
fazer erro/pecado 636
fechar 513
fedor 278
feio 307
feito 99
feiura 567
Felisberto 742
femininos 34, 44
fênix 790
férias 166
festejar 280
fezes 193
ficar de bruços 574
ficar de cócoras 574
ficar de cocre 574
ficar-mos 251
figuraça 647
filantropo 817
Filipe 158
flecha 637
flocos 637
fluido 818
fogos/foguinhos 757
folha 417
fome 382
fora de si/de mim 319
fora, Dilma 484
fora-da-lei 796
fora-de-estrada 796
fora-de-série 796
forão (por foram) 268
formular votos 612
fornos 24
fornos/forninhos 757
foro 204
Forte dos Andradas 922
fórum 204
fosquinha 439
foto 164
Fox Sports 494
fragrância 574
freada 130
freado 130
frear 130
freio 130
Freud 302

frieza/frialdade 803
frio 307
friolento 604
friorento/friento 604
fruto (conc.) 17
fulano 738
furta-cor 655
futebol (pl.) 564
futebol (pron.) 640
futessal 446
futevôlei 446
futsal 446
fuzil/fusível 520

G

gabine 491
gaguejar 280
galicismo 317
garagem 591
gari 383
Garrett 715
gás (pronúncia) 424
gastrenterite 637
gastrenterologista 637
gastrintestinal 637
gel (pl.) 986
gelo 447
geminada 85
gênio 28
genitor/progenitor 707
gente 788
geringonça/gerigonça 422
germinada 85
gerúndio com infinitivo 966
gerundismo 55
giganta 44
Gilberto Gil 813
Gislaine 190
glosa/grosa 578
goleada 50
gorila 776
gotejar 280
Goulart 714
governanta 451
gozar 57
gradação/graduação 495
grã-fino 185
grama 462
Grande dicionário Sacconi 266, 737, 834, 843
grandessíssimo 666
grandíssimo 666
granizo 754

gratuito 658, 818
grosa/glosa 578
grosso modo 976
grossos/grossinhos 757
Guaianases 742
guaraná 23, 292
Guaratinguetá (pron.) 742
Guarujá 758
Guerino 202
Guevara 202
guia 187
Guiana 889
Guido 202
guincho/guinchamento 664
Gumersindo 419
guspida 491

H

H2O 88
h etimológico 127
há (por havia) 952
há cerca de 848
há... atrás 109
há/a 239
habituar-se 155
haja vista 396
haja/aja 401
haver (conc.) 82
haver 207
haver-se com/avir-se com 425
Hedviges 514
hein!/hem! 65
Helena 356
hemorroida 760
Hersílio 403
hidravião 637
hidrelétrica 637
hidrossanitário 637
hieróglifo 216
hífen/hifens 244
Hilca/Hilda 356
Hino Nacional 965, 977
hipocorístico 205
hipopótama 44
hoje é dia dois 318
hoje são dois 318
homem 381
homilia 216
horas (nome das) 479
horas (repres.) 358
Hortênsia 112
Houaiss 326, 499, 526, 733, 836
houve/ouve 257

houveram 82
humorista 32

I

i/j (pingo) 558
íamos em nove 334
ibero 862
ibero-americano 863
ídola 859
idoneidade 688
Iguaçu 122
igualha 907
iguar (por igual) 752
iluminar/alumiar 830
imagine! 399
imergir/emergir 527
imigrar 632
iminente/eminente 391
imissão 101
imitir 101
impassibilidade 39
implicar 372, 603
implorar (reg.) 925
impor 368
importar-se 223
imprimir 1000
impugnar 104
inapto/inepto 461
incesto (pron.) 887
incidente 132
incipiente/insipiente 454
inclusive 371, 587
incluso 386
incursão 997
indefeso/indefesso 575
independentemente 253
indignar 104
indispor 368
ind. automotiva 254
industriar 201
inexorável 13
infinitivos (o r dos) 585
infinitivo com gerúndio 966
infinitivos como suj. 275
infligir 145
informamos-lhe 663
infringir 145
inicial maiúscula 266, 373, 755
inicial minúscula 266, 373, 755
inquérito 825
instância 610
inteirar-se (pron.) 741
intemerato 165

interesse(s) 171
intermediar 146
internet 46, 258, 283, 366, 375, 402, 404, 579, 752, 810, 818, 846
internetês 812
intervir 457
intimorato 165
intoxicar 718
intrincado/intricado 422
intuito 818
invasão 996
inventar de 866
IOFs 228
ioga 853
Ipauçu 122
ipsis litteris 873
ipsis verbis 873
IPTUs 228
IPVAs 228
ir (reg.) 823
ir a óbito 373
ir a/ir para 758
ir ao sucesso 823
ir às urnas 823
iraquiano 437
irascível 110
Isabel 356
Isolda Morillo 979
israelense 860
israelita 860
isto é 273
italianismo 333, 334
item/itens 381
Ivã 185
Ivete Sangalo 395

J

j/i (pingo) 558
já...mais 820
Jaboticabal 123
Jaime 190
jantar 194
japonês (pronúncia) 424
Jeni 419
joanete 315
jogar de goleiro 333
jubileu de fundação 833
Jubim 730
Juçara 112
judaico 206
judeu 206
juiz/árbitro 829
júnior (pl.) 433

junto a 20
jurar como 364
jurídico-empresarial 863
justapor 368
justo/logo hoje 530

K

k 380
Kennedy (pl.) 922
kiwi/quivi/quiuí 692
km/h 458

L

labareda/lavareda 422
laborar 361
lacrimejar 280
lactante/lactente 582
lagartixa 103
lagarto 103
Lajes 122
lambdacismo 752
lambri/lambril 743
lança-perfume 462
lânguido 215
laranja (conc.) 286
largue mão! 639
latejar 280
lateral direito/esquerdo 600
lavrador (fem.) 709
Leça 249
legiferador 359
legiferante 359
legiferar 359
lembrar 370
lente corretiva/corretória 770
letra k 380
levantar-se 408
leviano (por leve) 405
lhe (por o, a) 657
libido 753
licenciar 901
língua padrão 836
líquido (e derivadas) 712
lista/listra 148
litro (abrev.) 360
local/lugar 804
locução (inv.) 485
logo/justo hoje 530
loiro/louro 434
lojão (pron.) 757
longevo 47
longíssimo 667
losango 419

lotação 462
louco (pronúncia) 424
louvemos o (ou ao) 159
lugar/local 804
Luís 158
Luís E. Magalhães 504
Luísa Mell 788
Luiza Erundina 959
Lurdes 31
lustre/lustro 506
lutulento/lutuoso 583

M

má por mal 160
má vontade 835
macérrimo 491
machucar-se 147
machucar-se 468
machuquei o dedo 799
macio 307
maço de cigarros 795
má-fé/boa-fé 835
má-formação/malformação 422
maiores 83
mais de um/uma (conc.) 910
mais grande 313
mais pequeno 313
mais superior que 572
mais/mas 242
maiúscula (inicial) 266, 373, 558, 755
Majé 122
mal e parcamente 233
mal súbito 536
mal/mal 236
mala 187
malacia 870
malgrado/mau grado 579
mal-intencionada 160
malmequer 244
malvadez 526
mandachuva 415
mandado/mandato 243
mantém/mantêm 366
manter 366
manter-se na mão 543
mantô 954
Manuel 248
mão de obra 875
mapa 789
maquiagem/maquilagem 422
maquiar 901
maquinaria 920
maquinário 920

marcar-mos 251
marceneiro (pron.) 640
marmitex 877
Marrocos (art.) 720
marxista-leninista 863
más 706
mas/mais 242
mascote 262, 809
masculino (e não fem.) 959
maternal/materno 222
matiz 141
Mato Grosso/do Sul 320
mau gosto 835
mau humor 835
mau senso 835
mau-caráter (pl.) 304
Maurício Kubrusly 79
Max Gerhringer 812
máxime 769
máximo 13
me dá 492
MEC do PT 60, 559, 785, 789
mecânica 34
média (por médium) 392
mediar 146
médico-hospitalar 863
médium 392
medrar 523
meganha 849
megassena 45
meia dúzia 529
meia-noite (a/à) 385
meia-noite (art.) 900
meio (adv.) 347
meio milhão (conc.) 559
meio-dia (ao/o) 385
meio-dia e meia 73
mel (pl.) 986
melhor (por mais bem) 464
melhorar ainda mais 723
membro 533
mencionada testemunha 496
menos 440
mercancia 988
merda 187
meritíssimo 104
mertiolate 115
mês (pronúncia) 424
mês sim, mês não 974
mesmíssimo 667
mesmo (conc.) 502
mesmo + gerúndio 605
metades iguais 594

meteorologia 95
metiolato 115
metro (abrev.) 460
mictório 691
migrar 632
mil (pl.) 890
milênios de anos 973
milhão 60, 545, 990
milhar (gên.) 559
milico 849
mim fazer 237
mi-mi-mi 810
minha opinião 642
minúscula (inicial) 266
minúscula 373, 558, 755
miolos 658
miolos/miolinhos 757
misto 574
modular 786
Moji 122
Moji das Cruzes 122
Mojiguaçu 122
Mojimirim 122
molho (col.; pron.) 931
monstrengo 702
Monteiro Lobato 422
morada/moradia 521
morador (reg.) 555
Moraes 729
Morais Silva, A. 859
moral/amoral/imoral 331
morar (reg.) 555
mordida 646
moringa/moringue 422
morno (pron.) 953
mortadela 574
morte/falecimento 528
mostrengo 702
moto 164
motosserra 678
mourisco 304
movimentar-se 147
muçarela 106
muçulmano 738
mudez 878
muitíssimo 667
muito embora 71
muitos de nós (conc.) 367
multiuso 456
música 34
musse 144
mutez 878

N

na folha 417
na medida em que 341
na página 417
nacional-socialista 863
nada a ver 288
namorar 332
não abro mais a boca 799
não lhe vi 657
não pagamento 732
não...sempre 807
não...todos os dias 807
nascença 738
Natã 185
necessário 307
necropsia 217
nefelibata 216
negociar 762, 901
nem 398
nem sempre 807
nem sequer 258
nem todos os dias 807
nem um 617
nenê 725, 726
nenhum (conc.) 616, 617
nenhum de nós (conc.) 367
nesse/neste ínterim 538
nestoutro 64
nhoque 574
no aguardo 599
no ano passado 207
no avesso 363
no entretanto 538
no volante 432
Nobel 938
nó-cego 851
noivar 881
nome das horas 385, 479
nome dos números (pl.) 537
nome genérico (conc.) 765
nomes coletivos (conc.) 546
nomes de automóvel (pl.) 497
nomes de cidade (conc.) 504
nomes de clube (art.) 728
nomes de doença 777
nomes de país (art.) 727
nomes de revista 677
non/noningentésimo 316
nonagésimo 316
norma padrão 836
norte-americano 27
nós (pronúncia) 424

nos meus melhores dias 557
nós se perdemos 468
novidade (conc.) 17
novos/novinhos 757
nuance/nuança 141
num dos meus melhores dias 557
número (abrev.) 384
números (pl.) 537
nunca jamais 94
núpcias 193

O

o ano passado 207
o mesmo 272
o qual (uso de) 665
o s do plural 585
OABs 228
Obama 560
obedecer 295
Oberdã 185
objeção/abjeção 713
obrigado 279, 399
obsequiar 901
obter 366
Oceania 216
octingentésimo 316
octogésimo 316
óculos 15, 193
odiar 146
ódio (reg.) 894
odômetro/hodômetro 422
odontolando 769
Odorico Paraguaçu 980
oficiala 34
Oiapoque 298
oleaginoso 957
olhar (reg.) 67
olheira 760
olheiras 192, 193
olhos/olhinhos 757
Olimpíadas 264
ombrear-se 283
omelete 144
onde (impr.) 210, 375
onde/aonde 255
opinião pessoal 642
opor 368
optar 942
ordenança 644
Orinoco 219
ortoepia 216
os Bolsonaro 922
os Corolla 497

os dois/ambos 648
Os Lusíadas (conc.) 518
Os Maias 922
Os Ratos 518
Os Simpsons 922
Os Três Mosqueteiros (conc.) 518
Osmã 185
osseointegração 995
ossos/ossinhos 757
Oswald de Andrade 492
ou seja 273
ou... ou 701
ouve/houve 257
ovos chocos 658
ovos estrelados 213

P

padrão 447
padre-nosso (pl.) 568
Paes 729
pagar 306
página 417
pai e filho sofrem do coração 765
Paiçandu 245
paina 36
pai-nosso (pl.) 568
palácio (em) 522
palato 867
palavra de honra 909
palinha (gír.) 748
Palmeiras 262, 647
palmeirista 262
palpite 186
Pamela 300
pan-americano 548
panorama 489
pão-duro 74
papagaia 44
para (impróprio) 777
para (verbo) 14
para maiores 83
para mais 83
para recuperação 512
para segunda época 512
para/pra 237
para-brisa 1
para-choque 4
para-lama 3
paralelogramo 738
paraninfa 34
paraquedas 96
paraquedismo 96
paraquedista 96

para-raios 98
parasita/parasito 917
parecer 8
parecer-se 531
paredes-meias 263
parenta 451
parêntese 893
parêntesis 893
parestatal 637
Pascoal 742
passar na porta 259, 301
passar/repetir de ano 333
passiva sintética 955
pastel (tons) 447
pastel 139
Patada Atômica 160
paternal/paterno 221
patim 140
patinete (gên.) 645
Paulo Buschbaum 737
paz (pronúncia) 424
pecha 345
pedir (reg.) 68
pedir para 874
pé-frio 721
pegadas 717
pegado/pego 674
pegar-se a 35
peixe-boi 44
pelejar 280
pelo/do avesso 363
Peloponeso 345
penalizar 936
peneirar (pron.) 741
perante 735
pé-rapado 75
perca/perda/perdo 340
percentagem/porcentagem 453
percentual (no suj.) 453
percentual/porcentual 453
perder (placar) 48
perder a direção 476
perder de 5 a 0 482
perder o controle 476
perdoar 305
periclitante 879
periquito 262
perita 34
Pernambuco (art.) 53, 941
pernoite (gên.) 913
peroba/perova 422
persignar-se 989
Persival 403

personagem 590
perto de 775
perturbar 597
pés cúbicos (gel.) 360
pese 388
Pessanha 58
pessoal 62, 64
pestanejar 280
petiza 34
Petrobras 792
pexote 789
Piaçaguera 742
picada 646
pichação 882
pierrô 44
pigarro 78
piloti 743
pingo no i/j 558
pinicar 802
pinta 44
Pio X (como ler) 553
pior (por mais mal) 464
Piraçununga 122
pirata 447
Pireneus 357
pisca-pisca (pl.) 918
pixel 49
pixote 789
plaga/praga 321
plágio descarado 752
planejar 280
planos para o futuro 944
plantel/elenco 328
platô 954
plebiscito 738
pleito 157
pleonasmo literário 884
plural das letras 904
plural desnecessário 940
pobres de espírito 448
poça d'água (pron.) 912
poços/pocinhos 757
poeta/poetisa 38
polainas 36
polegadas (TV) 360
política 34
político-social 863
poncã 694
ponte levadiça 797
pontiagudo 156
ponto (uso do) 563
ponto final (com abrev.) 498
por (preço total) 418

por causa que 322
por conta de 28
pôr do Sol 607
por isso 33, 105
por isto 105
por nada 279, 399
por ora/por hora 344
por si só 260
porção de (conc.) 64
porco 262
porque/por que 256
porta-luvas 97
porta-malas 97
portanto 33
português (pronúncia) 424
porventura/por ventura 682
pospor 368
possa ser 369
possível (conc.) 21
postar-se 188
postecipar 926
posto que 138
postos/postinhos 757
poupar (reg.) 763
poupar 471
pouquíssimo 667
povos/povinhos 757
pra mim fazer 237
pra/para 237
praga/plaga 321
praguejar 280
prateleira 103
prazerosamente 908
prazeroso 908
precário 307
precaver 767
preconceito 395
preconceito social 422
pré-datar/antedatar 330
predileto/preferido 885
predispor 368
preeminente 354
preferencial 124
preferido/predileto 885
preferir/preferível 313
pré-fixar/prefixar 837
pregar olho 900
preito 157
pré-juízo/prejuízo 838
premiar 762, 901
prêmio Nobel 938
pré-ocupar/preocupar 839
prepor 368

presenciar 901
presidenta 451
pressupor 368
pretensioso 93
preto e branco 932
prevenido (pron.) 640, 899
prever 79
primeiranista 133
primeira-sargenta 34
primeiríssimo 667
primeiro (do mês) 100
prisma (reg.) 811
privilegiar 107
privilégio 107
probo 308
proceder 10
prodígio 447
proeminente 354
profeta/profetisa 38
progenitor/genitor 707
proibido (conc.) 487
projetil 216
pronome poss. (art.) 695
pronome possessivo 799
prontos-socorros 25
própolis 161
propor 368
propor-se (a) 46
prostrar-se 188
protótipo 606
prova dos nove 537
providenciar 901
pseudo 252
psique 948
pudico 436
puro-sangue (pl.) 982
puxar de 247
puxa-saco 946

Q

Qatar 303
quadragésimo 316
quadringentésimo 316
qual (variação) 750
qual de vós (conc.) 367
qual seja 662
qualquer (neg.) 350
qualquer um 195
quantia de dinheiro 895
quanto a mim 653
quanto é hoje? 318
quantos de vós (conc.) 367
quantos são 2 + 2? 318

quantos são hoje? 318
quá-quá-quá 812
quartanista 133
Quasímodo 703
quatorze 619
que (coisa) 1
que (conc.) 10
que dirá eu! 299
que horas são? 318
que horas tem aí? 318
que nem 99
que se dirá de mim! 299
que tal? 749
que/do que 313
que/quê 211
que/quem (conc.) 364
que? (por a que?) 407
quebra-cabeça 6
quebranto 949
queijo prato 574
quem (conc.) 10
quem (pessoa) 1
quem (por o qual, a qual) 665
quem/que (conc.) 364
Quéops 210
quer... quer 701
questã 204
questão 379
questionar 379
questionário 379
questiúncula 379
quiche 144
quilo (abrev.) 460
quilômetro 380
quinquemestre 19
Quincas Borba 748, 749
quingentésimo 316
quinquagésimo 316
quintanista 133
15 de Novembro 755
quiproquó 293
quite 120
quitinete (gên.) 913
quiuí/kiwi/quivi 692
quociente 619
quota 619
quotidiano 619

R

racismo 395, 422
radiativo/radiatividade 637
radioamador/radiamador 540
radiopatrulha 540

rádio-vitrola 540
raiva (reg.) 894
raspar/rapar 675
rastejar 280
rastelo 315
ratificar 63
reaver 897
reboco/reboque 218
recém/refém 915
receoso 908
rechear/recheado 130
Recife 53, 504, 758
recompor 368
recorde 42
redundância 84, 421, 489, 515,
  594, 613, 642, 820, 856, 886, 944
referida arma 496
reincidir de novo 421
reivindicar 738
relâmpago 447
relampejar 280
remediar 146
remédio contra 777
reouve 897
reparar (reg.) 984
repercutir 183
repetir outra vez 515
repetir/passar de ano 333
repor 368
réptil 216
repugnar 104
requebro (pron.) 971
residente (reg.) 555
residir (reg.) 555
responder (reg.) 571
restar 969
resultar 969
reter 366
reticências (com etc.) 499
retificar 63
retornar 289
retorquir 215
Retrato em branco e preto 932
rever 79
Ribeirão Preto 504
ridicularizar/ridiculizar 422
rinxa (por rixa) 764
Rio de Janeiro 758
Ririteba 220
risco de vida/morte 943
rissole 738
rixa 262
rodízio 608

rolimã 574
Roraima 36
rosa 447, 865
rotacismo 752
rotular 786
roubar 486
rubrica 212
rufar 91
ruflar 91
Rui Barbosa 312
ruim 52
ruim de tomar 798

S

saber isso/disso 149
safado 505
saia justa 29
salário mínimo 170
salchicha 499
Salma Hayek 305
salobra/salobre 309
Salto 847
salvar/salvo/salvado 903
salve! 503
Samba do Avião 906
sanguinário 825
sanguíneo 825
sanguinidade 825
são o que não falta 800
São Vicente de Paulo 680
sapo (fem.) 709
sargenta 34
sars 763
saudar 159
se caso/acaso 681
se eu ver 79
se/si 311
seção/sessão/cessão 669
século I (como ler) 553
sedã 185
segmento/seguimento 349
segundanista 133
segundo quem 665
seis/sexcentésimo 316
seja...seja 701
seja/esteja 519
seleção brasileira 551
semana sim, semana não 974
semi 541
sem-terra 292
sem-teto 292
senador (reg.) 778
senão 23

sênior (pl.) 433
senso/censo 668
sentar 209
sentinela 644
sequer (isolado) 258
séquito 215
sequoia (pron.) 983
ser (conc.) 70, 494, 800
Sergipe 53
série (conc.) 181
seriguela 129, 834
sério 307
serrar/cerrar 549
servir 771
sessão/seção/cessão 669
sesta 208
7 de Setembro 755
setimestre 19
setingentésimo 316
setuagenário 316
setuagésimo 316
seus respectivos 594
sexagésimo 316
sexta 208
sextanista 133
sextar 208
sexy 284
si (e não ele) 355
sicrano 738
Sigismundo 158
sigla 5
sim, senhor 855
simpatizar 601
Singapura 128
sino-americano 435
sintaxe 77
Sistina 116
situado/sito (reg.) 555
soar (horas) 393
sob esse prisma 811
sob meu ponto de vista 317
sobre mim 238
sobrepor 368
sobressair 178
social-liberal 863
sociedade a meias 263
socorros 25
sofrer melhoras 934
soldado (fem.) 34
soletração 88
somali 269
somatório 689
somos em quatro 334

soprano 566
sósia 858
SOSs 228
soteropolitano 226
soube 896
Sousa 158
STF 359
suar 554
sub- 126, 127
sub-humano/subumano 834
subida honra 406
subir (reg.) 740
súbita honra 406
suboficial 34
subpor 368
subsídio 480
subsistir/subsistência 480
suficiente (conc.) 70
suj. composto 274, 275
sujeito preposicionado 813
sumário 307
suor 308
superavit 184
supercampeão 542
supercampeonato 542
superinteressante 708
superior 524
superior que 572
superpor 368
supor 368
surdo-mudo 863
surpresa 447
surrupiar/surripiar 422
sursis 743
suscetível 637
suster 366
SUVs 228

T

tá (por está) 422
taberna/taverna 422
Tabuão da Serra 122
tal (variação) 749
tal qual 750
talão de cheques 795
talvez (e verbo) 488
tampão 447
tampouco/tão pouco 993
tantíssimas 667
tanto faz... como 739
tão (por estão) 422
tão somente 328
tapar/tampar 412

tarco (por talco) 752
tático-móvel 863
taxar/tachar 346
tchau/tcheco 641
técnica 34
TED 230
teleducação 589
telentrega 589
Telessena 45
tem/têm 240
tenção 163
tensão 163
teórico-prático 863
ter (por haver) 450
ter à mão/na mão 580
ter de/ter que 704
terceiranista 133
terçol 880
termeletricidade 637
termelétrico 637
terminar de 152
terraplenagem 72
testemunha (reg.) 260
têxtil/têxteis 172
tigre 44
tijolos/tijolinhos 757
til (pl.) 890
tilintar/tiritar 534
tim-tim por tim-tim 810
tipo (vício) 562
tipos de (conc.) 565
tiritar/tilintar 534
ti-ti-ti 810
tive (por estive) 422
tô (por estou) 422
toalete 353
toda vez que 876
todas as 182
todo (adv.) 347
todo o mundo 2
todo/todo o 182
todos dois 648
todos os 182
todos três 648
Tom Jobim 906, 932
tomar emprestado 821
Toninho/Tonhão/Tonho 650
toque (gír.) 748
torácico 574
torcer (reg.) 50
torre Eiffel (pron.) 939
tortos/tortinhos 757
toxicidade 718

tóxico 718
toxicômano 718
trago (por trazido) 390
transpor 368
trás/traz 397
trasladado/transladado 819
trasladar/transladar 819
traslado/translado 819
tratar na 555
trata-se de 378
Travaços 249
treçol 880
tremer 198
TREs 228
tri/trecentésimo 316
tribuna 34
trigésimo 316
trinchar 841
triplex/tríplex 626
trocar-se 631
trocos (pron.) 911
trouxe 896
tsunami 972
tudo (por todo, toda) 270
tufão/furacão 449
tupi-guarani 595
Turiaçu 595
turma 62, 64
TV em cores 932

U

Ubiratã 185
ultimar 786
ultravioleta 628
um (do mês) 100
um bando de 64
um daqueles que (conc.) 979
um dos que (conc.) 979
um mil 87
um milhão (conc.) 545, 990
um tanto ou quanto 132
um terço (conc.) 81
um(a)... que (conc.) 978
uma coisa dessas 581
uma equipe de 64
uma porção de 64
umas par delas 224
usar/usar de 686
usufruir 57

V

vaga-lume 474
vaga-lume/vagalumear 834

vai para 423
valer 899
valo (por valho) 899
Vanderleia 214
vão para 423
vaporar 602
vara (conc.) 181
varrer 422
vasculante 422
veado 76
Veja 677
velejar 280
vender cara a derrota 482
ventos alísios 310
ver (reg.) 657
ver 79
vereador municipal 515
veredicto 690
vermelho-sangue 285
vernissagem 829
verruga 422
vestibulando 769
vestibular 769
véve (por vive) 466
vez (pronúncia) 424
viagem/viajem 290
viemos (por vimos) 86
viger 577
vigésimo 316
vigilidade 967
vim (por vir) 956
vimos 86
vínhamos em quinze 334
vinho 447
violeta 447
vir 80
vir a óbito 373
Virgílio 419
vírgula (antes de etc.) 499
vírgula (antes de mas) 706
vírgula (uso da) 484, 485, 499, 563
vírgula antes de não 465, 854
vírgula antes de senhor 855
visar (reg.) 670
Visconde de Taunay 900
vista vermelha 933
vitamina E 88
vitral 329
vitrô 329
vivam os noivos! 920
viver (conc.) 920
víveres 193
voar com 107

voar pelos ares 886
vocês (pronúncia) 424
vogais (pronúncia) 88
volatilizar 602
voleibol (pl.) 564
VOLP 26, 106, 122, 127, 128, 129, 184, 192, 244, 292, 304, 329, 353, 480, 491, 499, 525, 526, 604, 689, 690, 691, 725, 726, 733, 760, 764, 773, 789, 791, 815, 834, 835, 836, 837, 838, 843, 859
Vossa Excelência (abrev.) 498
Vossa Senhoria (abrev.) 498
votos 612
vultoso 471

X

xalxixa 898
Xavier Fernandes 491
xênon/xenônio 175
xeque/cheque 415
xeque/xeique 415
xereta 652
xérox 478
Xuí 298

Y

Yoga 853

Z

zângão 216
zangar-se 468
Zósimo 205
zumbido/zunido 698
Zusa 205

MATRIX